# CONSULTING UNDERGROUND

**Du même auteur**

*Comment parler de philosophie aux enfants ?*
Éditions Le Baron perché, 2013.

*L'Ambassade*
Éditions Léo Scheer, 2012.

*Fignon !*
Éditions le Pas d'oiseau, 2011.

*Mordre la poussière*
Éditions Dialogues, 2010.

*La Fleur au guidon*
Éditions Ramsay, 2009.

**Sous le pseudonyme de Lance Bellamy**
*Extramuros, conte de la banlieue ordinaire*
Éditions Hors Commerce, 2006.

ISBN : 978-2-3647-8111-5


52, boulevard Malesherbes – 75008 Paris
www.editions-ipanema.fr

Dominique Julien

# CONSULTING UNDERGROUND

Roman

LES EDITIONS IPANEMA

*À toutes les plantes inconnues.*
*À Mike Tyson.*

« Elle aurait probablement perdu l'argent et se serait fait critiquer par ses banquiers, mais un an ou deux plus tard elle périt dans un accident d'avion – durant sa lune de miel en fait – et donc quelle importance ? »

James Salter. *Une vie à brûler.*

## PREMIÈRE PARTIE :

# UN PETIT PAS POUR L'HOMME MAIS UN GRAND PAS POUR L'HUMANITÉ

# LA DÉFENSE

En quelques années de pratique professionnelle, mon assimilation rapide des rouages du consulting et l'évanouissement progressif d'abord, plus expéditif ensuite, de toute conscience morale m'avaient permis de quitter le rez-de-chaussée un peu lugubre de ma banlieue pour un bureau lumineux en cime de tour à La Défense. J'étais très fier de ce bilan.

À trente-cinq ans passés, il ne me gênait pas d'être une caricature de manager sans vergogne dénoncée par la bonne conscience de gauche – j'avais d'autres lièvres à courir que celui de l'originalité, de la générosité feinte et de l'éthique indolore.

À 18 heures, les pieds sur le mobilier laqué noir de mon bureau, ma casquette Hansen sur la tête (je m'appelle Hansen, Anton Hansen), j'avalais mon expresso du soir dans mon gobelet en plastique. Pas besoin d'une tasse *I love Wall Street* pour annoncer la couleur et dire qui j'étais.

Il faut me reconnaître ce talent : j'étais devenu le genre de mec très à l'aise avec un gobelet d'expresso. Et dire qu'à mes débuts, je me cachais derrière mon bol, je n'osais rien dire par peur de la bourde. Je n'avais même pas le culot d'aller à la machine à café. Je me faisais un vilain jus de chaussettes dans une vieille cafetière italienne qu'un manager avait sortie de sa poubelle et m'avait refilée.

Maintenant, entre deux gorgées, je débitais connerie sur connerie en sachant très bien que, pourvu qu'on y mette un maximum de conviction, c'était la meilleure façon d'emporter l'unanimité. Tout le monde m'écoutait. Par exemple, un collègue manager me demandait un tuyau pour un de ses consultants qui trimait à redresser un club de vacances, j'écoutais, l'air ailleurs, je faisais semblant de réfléchir, puis, sûr de moi je lui suggérais d'organiser des activités ludiques et sportives fortement sexualisées. « Il faut que la salle de gym soit vitrée. Que tout le monde en ait pour son compte. L'exhibitionniste et le voyeur. »

Un autre avait un consultant en mission dans la grande distribution et le pauvre gars peinait pour rassurer les patrons sur l'image que les clients percevaient de leur structure ; j'apportais un diagnostic pertinent et un remède adapté :

« Ce qui cloche, c'est qu'aujourd'hui, le supermarché, c'est Kafkaland. Les clients ont l'impression d'être broyés dans l'inhumanité du lieu. La convivialité a disparu. Il faut remettre l'humain au cœur du système. J'essaie d'être plus clair : l'humain doit se réapproprier l'espace. Ça veut dire quoi ? Les patrons doivent payer des mecs gaffeurs pour casser des ampoules ou des bouteilles ou n'importe quoi ! Un client aime retrouver un alter ego dans le personnel. Que ton gars leur conseille d'embaucher des Arabes au rayon fruits et légumes : il faut renouer avec l'esprit du petit commerce, l'échoppe de proximité ouverte même le dimanche. Un truc pas mal serait d'engager des types qui joueraient des faux voleurs et qui réussiraient à franchir les portiques sans les faire sonner, histoire de montrer que tout n'est pas infaillible. Dernière idée : des hôtesses de caisse ou des employés de rayon qui parleraient de leur nuit assez fort pour que les clients entendent… Consommation doit rimer avec érotisation, pigé ? »

Pour frimer jusqu'au bout, je me la jouais avant-gardiste ; je pensais contre les idées à la mode et je justifiais cette attitude par du baratin jargonneur : « Tu veux être à la page ? Sois dans la projection, pas dans la rétention. »

En fait, j'allais seulement contre le bon sens. Ça me donnait un côté alternatif vraiment pertinent, comme disaient tous les petits connards qui voulaient se mettre Anton Hansen dans la poche. Ces petits blancs-becs ne restaient pas longtemps familiers. Je les prévenais d'entrée : « Fiston, un manager n'est pas là pour jouer à frérot et frangin avec son junior. Pas question de se dire qu'entre potes, on se dit tout. Dans le consulting, ne compte que sur toi pour réussir à caser chez le client tes consultants à mille euros la journée. Les autres sont là pour te pourrir tes coups. La solidarité, c'est un concept qui ne sert qu'à faire mousser le DRH. Et ne compte pas sur le DRH pour te faire ta marge… »

Engueuler mes subalternes, faire semblant de refuser les modes, c'était seulement deux astuces parmi d'autres pour rester une star du consulting. Vous en voulez d'autres ? Apprenez cinq ou six citations dans un manuel de philo de terminale et placez-les dans les discussions à la machine à café ou à la gargote avec vos collègues faux amis. Parlez le dernier dans une réunion et surtout, ne fréquentez jamais les ex-stars sur la touche.

*

La pause expresso de 18 heures : une trêve hautement nécessaire avant de repartir au combat. Sans un bon potentiel de caféine, impossible de boucler avant la fin de la journée des négociations ardues sur la mise en place de divers projets. Ma position en hauteur dans l'organigramme de la boîte m'obligeait à avoir un œil sur tout. Ainsi, depuis trois jours, je passais le plus clair de mon temps à surveiller un junior à qui j'apprenais le boulot. Le petit faisait ses premières dents sur un projet d'ajustement d'une chaîne de production en lubrifiants pour des pièces de mécanique auto. Il devait constituer un binaire d'ingénieurs consultants et envoyer les deux gaziers chez le sous-traitant d'une grande marque automobile pour diagnostiquer un problème de je ne sais plus quoi. Qu'importe, le boulot du manager consiste à faire semblant de comprendre.

Le diagnostic émis, on leur enverrait d'autres mecs pour résoudre le problème. Chaque chose en son temps. En réalité, c'était une façon de les baiser deux fois et de caser un maximum de nos gars.

Il était 18 heures et je goûtais un peu au calme avant de retrouver la tempête : un manager a obligation de s'occuper de tout… Outre le management proprement dit, il y a le commercial (qui consiste à faire connaître sa boîte aux futurs clients, puis à leur vendre les services de nos consultants), les ressources humaines et une grande partie de l'administratif, soit un certain nombre de missions tierces dans lesquelles la direction de la société n'investit jamais. « Des pertes idiotes », assure-t-elle. Mieux vaut presser au maximum le manager. C'est un inconvénient mais aussi un avantage : on peut virer qui on veut sans user d'aucun intermédiaire. Pour obliger un consultant ou un manager aspirant ou encore un chargé de recrutement à se diriger de lui-même vers les services du Pôle emploi, il suffit d'exercer sur lui un harcèlement subtil (nom scientifique : management à l'américaine). Par exemple en le comparant à celui qui occupait sa place avant, en l'humiliant devant un collègue. Autre ficelle : lui faire promettre de ne pas répéter un truc et lui tomber dessus deux jours plus tard, même s'il a gardé le secret, avec le discours culpabilisateur habituel : « Tu m'as beaucoup déçu en répétant à… »

À condition de suivre ces principes, on réussira sans difficulté majeure à faire signer au bougre une de nos lettres de démission pré-écrites.

Pourquoi pré-écrites ?

À la fois pour ne pas perdre de temps et pour ne pas laisser au démissionnaire viré le temps de la réflexion.

D'accord, le manager est un peu comme le pilote dans son bateau, il peut liquider tranquille le personnel. Mais il y a un revers à la médaille : il découle de ses prérogatives un gros volume horaire à absorber. Bref, pas le temps de glander. Les managers vivent en permanence l'alerte rouge. Et malgré tout, il leur faut garder cet air cool des mecs persuadés que toute la vie n'est qu'un jeu et que le boulot fait partie de la grande farce universelle. C'est pour ça que nous avions du plaisir à détruire ce qui nous faisait bander. Juste histoire de se prouver qu'on pouvait le reconstruire d'un claquement de doigt. C'est ainsi que je me suis pourri quelques contrats exprès. En une journée, puis en une matinée, et bientôt en dix minutes, je me refaisais. Une façon de montrer que je faisais partie des meilleurs.

À ce petit jeu de darwinisme économique, les moins costauds jettent l'éponge au bout de deux ans. Pour survivre, pas d'autre moyen que de s'endurcir et devenir soi-même méchant. Le monde du consulting vous rend nuisible, puis dangereux car on finit par prendre plaisir au mal qu'on fait. Bref, on arrive là-dedans naïf et tendre et le capitalisme vous tanne la peau, on s'endurcit et on devient dur avec tout le monde, on n'y peut rien bien sûr. Ou plutôt, on se le fait croire.

C'est ainsi qu'en quelques années, j'ai laissé derrière moi un tas d'idées, de préjugés qui me gâchaient l'existence : la culpabilité, la conscience professionnelle, ou encore l'amour du prochain. J'espère ne plus jamais croire à nouveau en ça. C'est trop d'efforts pour aucun résultat.

# BEAU COMME UN GHETTO

Je ne me suis pas retrouvé du jour au lendemain à faire la pluie et le beau temps en haut de ma tour de La Défense. En fait, ça avait démarré un peu plus bas dans les profondeurs mystérieuses, et que certains disent effrayantes, du ghetto, à la fin du XXe siècle…

C'était à Fleury-Mérogis.

Au tout début de cette histoire, je venais de boucler un master d'informatique appliqué à l'économie en milieu rural. Je dois, d'entrée de jeu, confesser une passion pour la ruralité qui date de mon jeune âge et qui m'est venue naturellement : je n'ai jamais participé à une classe nature et découverte où un barbu échappé des années soixante-dix, et sûrement naturiste, vous apprend les noms des bêtes et des plantes. Non, c'est au Bois des trous de Fleury-Mérogis que j'ai fait, en pur autodidacte, l'expérience de mes premières sensations paysannes. Là-bas, non loin de la célèbre centrale pénitentiaire, j'ai posé un matin ma main d'enfant sur un tronc d'arbre et j'ai senti l'arbre respirer. Ce qui ne peut pas arriver : un arbre n'a pas de poumons mais des branches sur lesquelles je m'amusais à grimper toute la journée.

J'ai très tôt appris à grimper aux arbres, bien avant que ma croissance ne me fasse passer le mètre, et j'ai souvent eu l'impression que les arbres avaient grandi pour moi.

Comme si j'exauçais un de leurs vœux secrets en les escaladant jusqu'à la cime. De là, je contemplais la banlieue. Je la trouvais bucolique et belle. Preuve que l'existence urbaine n'est pas contre nature.

Je m'étais fait un semblant de cabane en haut de mon arbre fétiche : un sapin qui s'élevait dans la zone orientale du Bois des trous, domaine d'élection des dealers et junkies. Le sapin fleurait l'odeur des bonbons contre l'angine et son écorce libérait un surplus de sève dont je me mettais plein les mains. Il fallait se râper doigts et paumes contre les murs pour s'en débarrasser.

J'exagère un peu quand je dis que j'avais en haut du conifère une cabane. C'était un amas de cartons et de planches dépourvu de vraie structure d'ensemble ; en fait, il s'agissait d'un brouillon ou d'un essai de cabane mais c'est ce qu'on tente qui dit ce que l'on est.

Pas à dire, cet arbre a été l'un des grands héros de mon enfance. Ainsi qu'un éducateur. Observer le monde de quelques mètres de haut m'a peut-être conféré un détachement, une distance, un côté au-dessus de la mêlée. C'est ce qu'avanceraient les psys que j'aime aller voir pour le plaisir de les faire tourner en bourrique. Ils rajouteraient que me jucher dans les arbres m'a prédisposé à chercher à gravir les hauteurs du consulting et des tours de La Défense. Il est possible que ce soit vrai, pas impossible que ce soit autre chose. On n'est jamais sûr de rien.

Ce qui est acquis, c'est que mes grimpettes m'ont donné à m'enthousiasmer pour la nature et l'élément champêtre. J'aime me ressourcer au Jardiland les week-ends : les allées de gravier en matériau de synthèse m'émeuvent et j'avoue un faible pour les petites cabanes en bois exposées dans ce temple du bricolage bon marché.

J'ai aussi pour objectif de découvrir un jour une espèce de végétal encore jamais répertoriée et de lui donner mon nom.

Comme quoi en un même individu peuvent parfaitement se concilier esprit citadin et âme naturelle.

Plus tard, j'ai suivi mes études d'économie rurale avec certainement un brin de dilettantisme. Il n'était guère dans mon tempérament de bûcher un point de théorie si je ne comprenais pas d'entrée de jeu. La vie de l'être humain est somme toute assez courte, un siècle au mieux, et je trouvais dommage de consacrer du temps à trop se creuser la tête. *Carpe diem.* De là mes redoublements fréquents et la réputation, un tantinet usurpée il me semble, de jouisseur désinvolte que mes camarades et professeurs m'ont parfois prêtée. On ne contrôle pas ce que les gens pensent de nous, et c'est tant mieux. Vive la liberté.

Et vive ma liberté surtout.

Je n'ai pas eu trop de presque dix années pour empocher mon diplôme. À quoi bon se dépêcher : quand je l'ai eu, et accroché à mon CV, ce n'était pas encore assez pour trouver un boulot stable… Le sacro-saint CDI.

J'étais sorti des études plutôt confiant. En manœuvrant bien, mon master m'ouvrirait quelques portes. Je n'avais pas l'exigence de pouvoir rentrer partout. Je ne voulais même pas sortir de ma banlieue. J'ai toujours aimé ce qu'on appelait jadis la « zone » avec un mixte d'appréhension et de fascination. J'aime mon ghetto et les mille aventures qu'on peut y vivre.

Ce qui tombe bien car peu de temps après la fin de mon cursus universitaire j'ai dû intégrer la sphère des actifs précaires de cette chère banlieue.

Ceci réclame une explication : après plusieurs mois de stages intensifs – et parfois rémunérés – dans le secteur de l'industrie du bois, de l'économie rurale et des banques agricoles, je fus contraint de siffler la fin de la récré. Je reconnais que j'étais à cet instant pressé par le besoin. Si je voulais rembourser mon prêt étudiant, et garder mon HLM à Fleury, il me fallait un salaire. Pendant un certain temps, j'ai donc fait la ronde des petits boulots : manutentionnaire, postier, livreur de pizza, etc. J'aime la variété.

À chaque fin de CDD, je courais les agences d'intérim pour me dégoter en vitesse un nouveau boulot. Mal payé, ça va sans dire. Qu'importe ceci, c'est la richesse du cœur qui compte.

J'exerçais préférentiellement mes talents dans le convoyage de pizzas : je livrais des pizzas à domicile. Ce qui consiste à piloter à des allures insensées des mobylettes extrêmement peu puissantes mais fort dangereuses. Pour atteindre des vitesses vertigineuses, j'exploitais la topographie des parcours en prenant le maximum d'élan dans les descentes. Il faut vivre dangereusement. C'est le risque qui m'intéressait. Le risque seul. Rien que le risque. À quoi bon jouer de façon prudente au casino ?

Relativisons tout ça. Le seul risque, c'était de me faire réveiller à l'hosto par une infirmière à l'haleine de menthe fraîche : « Monsieur Hansen ! Vous avez foncé dans un lampadaire, il y a trois nuits. »

Quitte à tuer le suspens, je préfère dire tout de suite que je n'ai jamais fait partie des éclopés allongés sur la route au milieu des éclats de pizza. Le SAMU récupérait une fois par mois un de ces pauvres bougres. Ensuite, aux infirmières des urgences de mettre le vrai sang d'un côté et le ketchup de l'autre.

Je fonçais certes mais pas pour obéir aux recommandations pressantes des patrons. Au contraire même, je prenais plaisir à les faire enrager. Je m'amusais à tarder le plus possible après ma dernière livraison. J'arrivais vraiment bon dernier. Je revois les patrons, ces braves grandes masses de viande, m'accueillir vers 3 heures du matin en rugissant. Leur moustache napolitaine frisait. Je restais impassible, toujours. Et souvent j'étais viré. Puis je revenais en échange de tuyaux sur les recettes de la concurrence. C'est grâce à moi qu'ils se copiaient tous. Au bout du compte, la clientèle n'était pas gagnante, les pizzas étaient plus dégueulasses les unes que les autres. Il n'est pas dit que le principe de libre concurrence tire l'homme vers la perfection.

Pour ces livraisons express, j'étais payé quasiment au pourboire, pas d'heures sup, obligation de bosser les jours de match. Je n'ai jamais eu d'affinités marquées avec le foot, donc je n'étais en rien dérangé. Aucun besoin de négocier une absence un soir de PSG-Real. Mais qu'y avait-il à négocier avec des patrons polyglottes vociférant un mélange d'arabe, de français et d'italien ? Je me contentais de vivre à fond mon existence de livreur, de ne pas me plaindre et de profiter des bonus.

Travailler dans l'hôtellerie mobile avait maints avantages, notamment celui de combler mes carences alimentaires de fin de mois difficile car je tapais sans scrupule dans les pizzas. Ça se passait comme ça : je pilotais mon bolide phares éteints pour le diriger incognito vers quelque lieu secret du Bois des trous. Des planques même pas connues des dealers où j'ouvrais l'emballage des pizzas pour me livrer à des rapines sur les bouts de jambons, les olives chaudes et encore juteuses. Les anchois, je les gobais sans décortiquer les arêtes. Ventre affamé ne craint pas l'appendicite. J'avais aussi une paille pour siphonner la moitié de l'œuf. Tout en sirotant, je regardais les tours qui s'élevaient vers les étoiles. Magnifique. Pour moi il n'y avait rien de plus esthétiquement abouti que la banlieue la nuit.

Voilà comment j'échappais au décès par dénutrition.

Après le casse-croûte, je remettais les gaz et, phares allumés, je brûlais tous les feux rouges. Je pilotais mon Solex en gardant la poignée des gaz contre la butée. J'y arrivais à force de bravades délibérées au code de la route, doublage par la droite, sens interdits niqués.

La vitesse, c'était aussi une façon d'exorciser des envies souterraines de dévorer mon poids en steak. J'allais à fond pour semer mes hallucinations. Pour y arriver, après chaque virage, je tournais d'un coup sec la poignée des gaz, ce qui mettait à la torture les cordes vocales du pot d'échappement. Effet recherché : on m'entendait me pointer, les clients avaient le temps de sortir les billets pour le pourboire. Défier les tympans des zonards, je me dis que c'était courageux : dans la banlieue dangereuse, les flics avaient peur de mettre leur sirène. Ils tremblaient encore plus de grimper dans les étages. Moi, j'y allais sans frayeur. Mais il est vrai que mes arbres m'avaient habitué à côtoyer les hauteurs.

Un soir, je monte au douzième sans ascenseur avec sept ou huit pizzas. Le plus dur à gérer avec un chargement pareil, c'est d'éviter les merdes de chiens dans les escaliers. Le tas de pizzas limite pas mal la visibilité.

Dès le rez-de-chaussée, j'entends un rap sauvage poussé à fond.

Ça vient du haut. Plus précisément de l'appartement où je dois livrer. Je m'en rends compte en arrivant devant la porte.

Inutile de sonner. On ne m'entendra pas.

J'ouvre donc la porte d'autorité et je me trouve face à une dizaine de jeunes gens nus comme des vers. Autant de filles que de garçons. Ça batifole. Tous sont en nage. Il faut dire que l'exercice physique est intense. Certains sont à trois sur la même partenaire pendant que d'autres profitent du spectacle. Je fais pareil. J'ai cinq minutes ! Je pose mes pizzas et je mets les mains dans mes poches.

Tout de suite, je repère une jeune beurette teinte en blonde, elle est sur les genoux, elle a le corps gluant, un sourire dément, j'ai l'impression qu'elle me fixe, mais non. Son regard me transperce et cherche ailleurs. À côté, dans la même pose, une autre beurette aussi blonde (sa sœur ?) mais avec un chapeau de cow-boy essaie de repousser de la main le type qui s'occupe d'elle. Puis elle ouvre la bouche, comme pour crier. Je n'entends pas son cri. Il y a trop de bruit.

Un peu à l'écart, un petit gars trapu et à l'air satisfait essuie avec une serviette la sueur sur son front, ses bras et ses mains. Le débours calorique est fort quand on pratique ce genre d'activité. D'où les pizzas.

Ce soir-là, je serais bien resté avec la clientèle mais on ne me proposa pas d'être payé en nature. À la place, j'eus droit à un solide pourboire. Cadeau d'un gros Black. Je le revois à l'ouvrage sur une petite Blanche, le mouvement des épaules si gracieux, décrocher sa main de la hanche de la Blanchette, et m'indiquer du doigt les billets pour les pizzas et la commission. J'ai encore l'image un rien insolite des billets coincés sous une boîte de Durex lubrifié. Je me souviens aussi du clin d'œil du gros Black. Pour la patrie, frère !

Je remerciai d'un signe du doigt – « Merci, Alpha Tango ! » – et m'éclipsai en laissant la jeunesse de Fleury à ses plaisirs.

J'espère que ces jeunes gens ont trouvé le temps d'avaler les pizzas. Je n'aime pas gâcher.

En fait, j'ai rêvé tout ça.

Un étrange rêve prémonitoire.

Un soir, je monte pour de vrai en haut d'un HLM.

Des marches et des marches et du rap. Sacré boucan. On aurait dit que la cage d'escalier vibrait. J'ignorais que Fleury était situé sur une zone sismique.

J'arrive en face d'une porte NTM. « *Fuck your mother* ! » D'après les inscriptions, on y fuckait tout ce qui bouge, et surtout des membres de très proche parenté : fuck your father, your sister, your brother. À lire ces hiéroglyphes même le chat avait droit aux derniers outrages. Pas de passe-droit.

Et si c'était la même scène que dans mon rêve ? J'avais pensé jadis que les caves avaient le monopole de ce genre de petites réunions conviviales. Mais visiblement non ! Sur les hauteurs, on peut aussi s'éclater en collectif. Comme quoi, il existe des préjugés sur tout.

J'ouvre la porte avec un concentré d'espoir, j'ai l'impression qu'une flèche monte en moi à pic.

Et retombe.

Personne derrière la porte. Il n'y a qu'un meuble bas et dessus une sorte de mitraillette, du genre kalachnikov. Quelque chose de très létal à première vue.

J'ouvre une seconde porte. Me voilà dans la pièce principale. Personne encore !

Mais je brûle, la musique est de plus en plus forte.

J'ouvre une troisième porte.

Gagné ! Enfin du monde. Une grappe de cinq ou six énormes bonshommes affalés sur un sofa défoncé, en pleine dépense d'énergie à la PlayStation. Ça m'a tout l'air d'être un sommet intellectuel devant un écran géant.

Les lascars sont concentrés sur leur jeu de guerre, ils ne m'accordent aucune importance.

La pizza encore dans les mains, je demande à être payé.

Rien.

Je répète un peu plus fort.

Là, un type se retourne, m'arrache la pizza et me remercie d'un « va chier ! »

À quoi je réplique : « Chie dur, chie mou, mais chie dans le trou. »

Ce bon conseil contre l'occlusion ne le fait pas réagir, il retourne à sa partie, la pizza sur les genoux. Le gourmand !

J'analyse rapidement la situation. Aucun doute, cette masse d'inactifs refuse le paiement de la pizza. Qu'y faire ? Le nombre fait la force, il paraît préférable de battre en retraite. Ce que je fais, sans éprouver le moins du monde le sentiment cuisant d'une retraite en rase campagne. Je suis étranger à l'esprit de vengeance et de rancune. Grincer des dents en jurant « ça se mange froid ! », jamais de la vie. Je ne veux que m'amuser ! Au détriment des autres peut-être mais j'évite toujours la méchanceté.

En redescendant vers ma mobylette, j'ai le souvenir d'une petite péripétie survenue la semaine dernière. J'ai eu un souci de visière, le mécanisme de fermeture s'est enrayé, j'ai dû parer au plus pressé en dévissant le dispositif puis en recollant la visière à la super-glu. Depuis, la réparation a parfaitement tenu mais j'ai conservé, au cas où, la colle forte dans un des rangements de mon top-case. Je retrouve facilement le petit tube et je remonte voir les joueurs de PlayStation. J'ai pris la précaution de me munir d'une pizza. Celle-ci sera mon alibi si je me retrouve nez à nez avec les gros Blacks dans leur appart et qu'ils m'interrogent sur les raisons de ma présence à leur domicile.

J'ouvre la porte sans faire de bruit. J'entends des grognements, ils viennent de la pièce du fond. À coup sûr, les gros Blacks ont raté une manœuvre meurtrière (exécution d'une centaine de civils en Afrique subsaharienne). Ce loupé les empêche d'accéder au level suivant : épandage de napalm sur une forêt congolaise.

J'enlève le capuchon du petit tube. Je badigeonne avec soin le côté gauche de la kalachnikov, je vide tout le tube, j'hésite à en mettre dans le canon… Non, les plaisanteries les plus courtes sont les meilleures. Je n'ai jamais eu grand goût pour les excès.

Une fois que j'ai fini d'enduire l'arme, je la repose délicatement sur le meuble bas.

Important, la notice d'utilisation de la colle stipule d'exercer une pression forte sur l'objet à réparer pendant une trentaine de secondes. Je m'assois donc trente secondes sur la kalach, ma pizza sur les genoux. J'ai l'impression d'être Mario Bros.

assis dans son stock-car et qui défie le monde avec ses pizzas. Les jeux vidéo sont incontestablement la thématique phare de la soirée.

Durant ces trente secondes, j'ai aussi une pensée pour Mikhaïl Kalachnikov, l'inventeur du fusil d'assaut. Le pauvre n'a jamais profité financièrement de son invention, il a été déporté en Sibérie et il est mort à plus de quatre-vingt-dix ans dans un total anonymat.

C'est triste mais je n'ai pas le temps de m'apitoyer. Je vérifie que le collage a bien été fait et je redescends quatre à quatre les escaliers.

Sur ma meule, j'ai eu du mal à étouffer mon fou rire. J'imaginais les gros Blacks se succéder devant le meuble bas pour essayer d'arracher l'arme. En vain. Les plus forts ne sont pas nécessairement ceux qu'on croit.

Je ne sais plus ce que j'ai trouvé à raconter au patron pour expliquer le non-paiement de la pizza. On ne peut pas se souvenir de tout. Il n'est pas bon de ne vivre que dans le passé.

La jeunesse débauchée n'était pas toute ma clientèle. Un mot sur les vieilles femmes ivres. Saïd, un collègue, en vérité notre expert gérontologue, m'avait informé les concernant.

À toutes fins utiles…

« Elles s'en foutent de la pizza. Elles sont tellement pétées que pour elles, appeler la pizzeria, c'était commander de la bite. »

Ah oui ?

L'info n'était pas tombée dans l'oreille d'un sourd. Un jeune précaire intéressé par le gain facile, et qui veut améliorer ses relations avec son banquier, peut vouloir tirer parti de ce genre de petites opportunités.

Ce n'était pas du tout ma démarche.

J'ai toujours voulu tenter de nouvelles choses, quitte à me planter. Dans la vie, l'important n'est pas de donner des coups mais d'en prendre et d'avancer quand même. Sans se plaindre. Et tant pis s'il faut parfois éprouver de grandes peurs.

Je ne nourrissais pourtant aucune crainte en arrivant avec ma pizza quatre fromages chez Madame X ce soir-là.

« Madame X » Ce patronyme à l'aura de concupiscence et de mystère m'était tout à fait familier. Madame X était une cliente fidèle. Elle se faisait livrer une ou deux pizzas par semaine. C'est le petit Saïd qui se chargeait de les lui apporter.

Gérontophile en plus d'être gérontologue !

J'ai le fantasme assez facile. J'imaginais Madame X en intrigante, une sorte de Mata Hari dont la domiciliation, en bordure du ghetto, n'était pas un échouage social mais le point de chute d'une espionne protégée par un programme de sécurisation des témoins commandité en haut lieu par les services secrets. Je savais que c'était sûrement faux mais l'idée me plaisait.

En effet, j'étais loin du compte. À en croire Saïd, Madame X était laide à faire peur, en état de boisson du matin au soir, et nymphomane au dernier degré. Elle se planquait derrière la porte et essayait de le choper dès qu'il entrait dans la maison. Saïd, très disert sur Madame X, ajoutait que ça puait là-dedans. Crédible, l'hygiène n'était pas le fort des endroits où nous autres, travailleurs motorisés, livrions nos pizzas. L'odeur était souvent rude. J'ignore ce que certaines glandaient au fond de leur appart. J'ai bâti quelques hypothèses : la production d'un fumier d'un genre spécial, efficace pour les plants de cannabis mais particulièrement mal odorant et agressif envers les neurones. Je n'exagère pas. Le cerveau de certains clients était tellement saccagé par le rap, le shit et tout le reste, qu'ils avaient du mal à bien compter les billets, et je devais les reprendre jusqu'à ce que la somme y soit.

Bref.

Saïd racontait que le grand chaos régnait dans la maison de Madame X. Assiettes sales par terre. Des piles de journaux jaunis. Des mégots entassés en pyramide. Et bien sûr des bouteilles. De vin, de vodka, de scotch. Impressionnante, la collection.

Question existentielle : où poser la pizza ?

C'est cette question que je me passe et repasse ce soir où Saïd n'est pas là. J'ai été désigné pour aller livrer une quatre fromages à Madame X.

En chemin, je me refais mille fois la scène qui va suivre.

J'arrive. Je sonne. Madame X m'ouvre, elle m'attrape par le col, me pousse chez elle, m'assomme avec sa bouteille de Loch Lomond, profite de mon état de quasi-inconscience pour m'éplucher comme un oignon. Je me réveille. Mais combien de temps après la première escarmouche ? Tout ce que je puis dire, c'est que Madame X me colle de près, que je sens son haleine forte et qu'elle brandit un vieil opinel rouillé. Sous la menace de cette arme, je suis contraint de distribuer l'amour en respirant par la bouche (odeur trop forte et nez fracturé). Plus tard, je manœuvre difficilement pour me dégager parce que Madame X m'est lourdement tombée dessus en voulant m'attraper lors d'un trot érotique dans son salon. Pas de panique, trente secondes après sa chute, elle ronfle. J'en profite pour déguerpir. Bientôt, je suis sur ma mobylette et j'éprouve une vraie fierté. Madame X et moi, nous nous sommes aimés. Une larme a coulé sur sa joue fripée. Je pense que j'ai réussi à lui rappeler ce passé glorieux où elle avait su s'y prendre pour accueillir les soldats américains en 44 et faire honneur à notre patrie.

Je suis fasciné par ce que je vais commettre.

Je n'ai pas peur en marchant sur l'allée de gravier qui mène à la porte de sa maison. C'est la même allée qu'au Jardiland, celle qui sillonne vers les cabanes en bois.

Maison coquette. Toujours se méfier des apparences.

Je sonne à la porte.

J'attends.

Rien.

Ou Madame X est un peu dure d'oreille. Ou elle s'est endormie avec sa bouteille. Ou elle est en train de subir les assauts d'un livreur concurrent.

Je sonne à nouveau.

J'entends un bruit étrange. On dirait que quelqu'un traîne les pieds pour venir ouvrir.

Et Saïd qui m'avait dit que Madame X était une fonceuse toujours partante pour la bagatelle…

Je devine une ombre.

Je me rappelle ce que Saïd m'a dit : « Madame X se cache derrière la porte et… »

Pas le temps de me rappeler la suite, Madame X est face à moi. C'est une petite dame aux joues roses. Grosse méfiance !

Elle me propose une tisane.

Aphrodisiaque à mon avis. L'inverse de la bonne vieille tisane nuit tranquille.

J'accepte. Pendant qu'elle file en patins jusqu'à sa cuisine, je profite pour dresser un rapide état des lieux. Sa maison sent un peu le vieux, mais l'odeur n'est pas désagréable. Je dirais même qu'elle apaise. Niveau déco, on se croirait dans un épisode de Maigret. C'est un peu daté mais plein de charme. J'aime beaucoup les coussins carrés dispatchés çà et là. Coup de cœur à la dentelle sur le téléphone années cinquante, celui au cadran qui tourne. Je me souviens avoir vu mon grand-père s'épuiser à faire d'un seul doigt des tours de manivelle acharnés pour appeler un correspondant. Interrogation sur la télé Philips. Diffuse-t-elle les programmes de l'ORTF en couleur ou en noir et blanc ? Drôles et trop mignons les vélos miniatures sur le buffet de la salle à manger. Je me dis que tout ça pourrait très bien enchanter un bobo en quête de sens et d'authenticité.

Saïd m'a dit vrai sur un point : il y a des journaux jaunis. Ce sont des coupures de *L'Équipe.* Madame X est sur les photos, elle me montre. Je vois une brunette au regard piquant qui remet des bouquets de fleurs à des cyclistes.

« C'était moi dans les années cinquante. »

Elle a eu quelques amoureux parmi les coureurs.

« J'aimais beaucoup Jacques Anquetil. »

Elle a rencontré son mari sur le Tour de France. Il s'appelait Gino.

Je me suis dit « Gino X, chercher ça sur le Net. »

C'était un coureur italien.

« Un *gregario* ».

J'ai de piètres connaissances en cyclisme. Elle m'explique que les *gregario* sont les coureurs qui portent à boire et à manger aux champions. Les livreurs de pizza du peloton en somme.

Sa carrière terminée, Gino a appris la coiffure. Elle aussi. Ils ont ouvert un magasin de coupe à Fleury. Puis un autre à Grigny. Ils ont possédé jusqu'à cinq boutiques.

Elle a acheté cette maison à la fin des années cinquante. Avant que les blocs d'immeubles ne bouchent l'horizon. Gino est décédé en 1991. Elle vit seule depuis.

« Gino adorait les pizzas. »

Elle ne tenta rien avec moi. Peut-être que je ne lui plaisais pas.

Je suis reparti en sifflotant sous mon casque. J'avais l'impression d'avoir fait corps, un moment, avec une tranche historique révolue et plus heureuse qu'aujourd'hui. Étrange car je suis tout à fait persuadé de vivre à la meilleure époque qui soit. Mais il est juste que les vrais paradis sont ceux qu'on a perdus.

Pour ma livraison, j'ai eu droit à un copieux pourboire. L'équivalent d'un semi-RMI en billets de dix. Jolie liasse. La coiffure a dû rapporter gros aux époux X.

Je comprends pourquoi Saïd m'a raconté tout ça sur Madame X. La peur de perdre son complément de revenu. Respect à Saïd de s'être donné tant de mal pour mettre sur pied son histoire de vieille nympho.

Question subsidiaire : d'où lui est venue l'idée du patronyme de Madame X ?

Je connus par la suite des expériences moins platoniques avec des dames moins avancées en âge que Madame X.

Je fis grincer quelques matelas.

Je tapais dans toutes les époques et dans tous les types. Je n'avais pas de grille de tarifs attractive à proposer. C'était selon le bon vouloir de ces femmes. Et ces femmes, il y en eut quelques-unes. Ça allait de celle qui s'était déhanchée dans les années quatre-vingt sur les sons aguicheurs du *Boys Boys Boys* de Sabrina, fameuse Italienne poitrinaire, à l'éternelle nostalgique des seventies qui me jeta un soir sur le lit, juste après avoir posé délicatement un vinyle d'ABBA sur son tourne-disque. Elle s'appelait Gisèle, mais appelons-la « Gigi » en hommage à la grande Dalida. Gigi était une merveille de sexagénaire. Elle avait dû être belle dans les seventies. Elle n'avait pas tout perdu : visage orné de bajoues, de beaux yeux défendus par un pourtour de pattes d'oie et, pour compléter l'armement, des ogives visant le centre de la terre. Un samedi soir, je lui tins sur le palier un langage un peu voyou appris par cœur à force de côtoyer le parler rude de la zone. Excellente tactique, en cinq sec, l'affaire fut pliée.

Inutile d'entrer dans le détail de l'escapade érotique qui nous unit : il faut voir au-delà de l'itinéraire de chair et de rides que je suivis des dents et des lèvres toute la nuit. La chair n'est pas triste et celle de Gisèle, même un peu défaite, me donna le sillon à suivre pour pénétrer dans la décennie joyeuse où ABBA faisait danser la France, l'Europe et le monde. Gigi et moi, nous ne nous déçûmes pas l'un l'autre.

Je regrettais juste un peu de ne l'avoir pas connue quarante ans plus tôt, quand les cambrioleurs des cœurs s'affichaient en chemise des Bee Gees sous une veste en cuir de vache et conduisaient des grosses bagnoles dévoreuses d'essence. Pas à dire, ces bonnes bagnoles étaient moins légères que les mœurs de votre héros.

Je ne faisais pas mon petit marché seulement parmi les matures.

J'avais aussi un peu de succès auprès de mes contemporaines.

Grâce à ma conduite sportive, et disons-le plutôt virile, je réussissais, parfois, à épater de façon décisive une des petites Géraldine qui traînaient en bande dans la zone jusque bien tard. Certaines n'étaient pas farouches. Elles ne s'effrayaient pas à ce que je vienne faire zigzaguer mon tonnerre mécanique entre elles. À l'issue du gymkhana érotique, il m'arrivait d'en faire monter une à l'arrière de ma pétrolette. Elle se calait entre la boîte à pizza et moi. Un poste stratégique depuis lequel elle se livrait à divers types de manipulations. Une sorte de langage par le geste pour m'ordonner de nous dégoter vite fait une alcôve. Je fonçais vers le Bois des trous. En habitué des lieux, je dénichais facilement une cavité et hop, « frénésie, frénésie », dixit la chanson, c'était parti pour le grand show.

Je me revois au fond d'un de ces fossés. Sur le dos. Je regardais les arbres. En haut de ces arbres, j'avais découvert, enfant, ma vocation rurale. Depuis, j'avais parcouru pas mal de chemin mais c'était toujours le même itinéraire que je faisais suivre à mes Géraldine, en les amenant, le week-end, dans les cabanes en bois de Jardiland. J'adorais les regarder marcher sur les petites allées de gravier blanc sillonnant vers les cabanons. C'était un concentré de désir et d'attente. Je pensais aux bricoles que j'allais leur faire. Et pour y arriver, les tournevis de tout gabarit vendus au Jardiland étaient sans utilité. En revanche, je me suis parfois fait aider de quelques binettes.

Ce boulot était le contraire d'une déprime. Tous les jours, je vivais quelque chose de nouveau ; et pour Anton Hansen, la nouveauté est comme des pommes d'or suspendues aux arbres. En repensant à cette époque, l'image qui me revient immédiatement, c'est celle de la petite cage à pizzas installée à l'arrière de la mobylette et décorée des armes de la maison : une pizza souriante qui téléphonait des instructions en s'aidant d'une fourchette et d'un couteau pour saisir le combiné et préparer la table. Appétissant. J'avais la même mine réjouie. J'étais raccord avec la tête de la pizza.

Le seul inconvénient du transport de pizza était de devoir se coucher tard. Or j'étais par obligation sportive un vrai lève-tôt. Dès cinq heures du matin, je partais brûler mes graisses dans le ghetto sur des parcours tortueux empruntant des tunnels pissotières et de petits escaliers en forme de jardinières de crottes.

Le caractère hypermatinal de mes foulées ne se déduisait pas de ma crainte des mauvaises rencontres. La décision de caler mon réveil sur 5 heures n'était pas dictée par une politique d'évitement de ces petits barons de la drogue qui sauvent la banlieue de l'anarchie en la maintenant dans une semi-anarchie.

Simplement, le matin, je trouvais une tonalité expressive, expressionniste même, à ma banlieue.

Je ne saurais dire plus pour expliquer pourquoi elle m'apparaissait superbe.

Peut-être parce que ce qu'elle offrait d'insurpassable esthétiquement parlant, à cet instant, était offert à moi seul et non pas à un large public. Un caractère aristocrate aime l'exclusivité.

Peut-être parce qu'elle était comparable à une Babylone corrompue et cependant différente.

Après le cross, vers 6 heures du mat, j'enchaînais par un petit pionçage jusqu'à 10 heures, puis un café fort pour me donner le tonus d'entamer quelques lots de pompes qui précédaient le grand défi : la descente vers la boîte aux lettres. Soit l'épreuve des épreuves pour le jeune précaire. J'étais sollicité par des courriers divers mais toujours de nature financière. Il s'agissait un jour d'une invite pressante à m'acquitter d'une dette Sofinco avant le dix. Un autre jour, c'était mon banquier qui prenait la plume pour m'inviter à faire franchir à mon compte chèque le seuil du zéro – ma richesse évoluant dans la zone toujours dangereuse des entiers négatifs (moins trois cents, moins quatre cents).

Je séchais mes tête-à-tête avec les banquiers jusqu'à la troisième lettre recommandée. Plus possible ensuite : ma carte de crédit était restée coincée dans l'automate et j'en avais un besoin urgent pour contracter de nouvelles dettes.

À l'agence, on me faisait volontiers attendre. Une heure parfois. Deux heures souvent. Ça me plaisait. Gamin, je restais des heures en haut de mon arbre. Ou tout en bas, si j'avais chuté par maladresse. Je préférais attendre que quelques os se ressoudent avant de tenter un premier geste. Au Jardiland, mes Géraldine et moi, nous devions parfois attendre au carreau du cabanon que la clientèle se soit éloignée pour nous défaire de nos vêtements et démarrer nos étreintes.

À la banque, je patientais en jetant un œil sur les prospectus. Des plaquettes décorées avec des photos de petits couples heureux qui faisaient plein de projets. Ces livres d'images proposaient des têtes de chapitre irréelles. Ça parlait de refaire la cuisine, de préparer la chambre de bébé. Ou d'acheter une voiture et, tant qu'à y être, une maison. Ces gens touchants avaient une définition du bonheur qui m'interpellait. Je ne comprenais pas qu'on puisse s'endetter pour acheter une maison, une voiture ou quoi que ce soit. J'ai toujours pensé que l'argent n'a d'autre utilité que d'être jeté par les fenêtres.

Mon banquier s'appelait Monsieur Valentin. Costaud, look de mètre cube, ventre prospère, pas le mauvais type mais un peu postillonneur sur les bords et surtout très tatillon. Je pense qu'il tirait vanité à être intraitable. J'avais beau indiquer le lien étroit nouant ma situation financière à ma situation professionnelle, il ne voulait rien entendre et persistait à disséquer la chronologie de mes dépassements de découvert. Par chance, j'étais rompu aux négociations : comme mon employeur s'engageait à rembourser *in extenso* aux clients les pizzas si elles arrivaient froides, je devais marchander sans cesse la température de mes livraisons. Rapidement, j'avais pu me doter de cet art de la négo qui constitue un vrai kit de survie quand on a à affronter quelqu'un de la trempe de Monsieur Valentin.

Une fois, je faillis ne pas réussir à récupérer ma carte bleue. J'avais obtenu de Monsieur Valentin un ultimatum de trois jours pour éponger une partie de mon passif. Je devais lui trouver quelque chose comme mille euros avant soixante-douze heures. Top chrono.

Je rassemblais d'un seul coup les trois quarts du pactole grâce à Gigi, la fan d'ABBA. Hélas, je passais plus des vingt-quatre heures suivantes à récupérer des excès d'exercice qu'elle m'avait imposés.

Une fois remis d'attaque, le temps pressait.

J'avais besoin d'un peu de chance. Celle-ci sourit aux audacieux. Comme à Saïd le Téméraire. À J-2 de la fin de l'ultimatum, j'écoutais sa dernière histoire entre deux livraisons : la veille, un couple de clients lui avait offert cinq cents euros pour les regarder batifoler. Soi-disant.

Je n'aime pas pourrir le trip d'un copain mais j'avais du mal à imaginer le client sauter sur le lit tout autour de madame comme un petit chat sur un trampoline. « Où je vais mordre ? Où je vais sucer ? » Pendant que son mari hésite sur les zones érogènes à attaquer, madame est absorbée dans son programme télé de soirée hommage à Laurent Gerra, dixit Saïd. Je crois à l'extravagance de la réalité mais ça ne m'empêcha pas de dire à Saïd qu'il abusait franchement de ma crédulité. Évidemment, je n'employai pas ces mots mais un jargon qu'il pouvait comprendre.

– Juré, Anton ! Écoute-moi. Monsieur Hachoui m'ouvre, il m'invite à entrer, me tape un brin de parlotte et sans transition, il m'offre trois cents euros pour le mater avec sa dame. Il m'implore presque. Je lui dis six cents ! Il dit quatre cent cinquante. Je dis cinq cents ! Il dit OK. On monte dans la chambre, la télé est allumée, Madame Hachoui termine de se laver les dents. Monsieur Hachoui pousse un gros fauteuil au pied du lit. Il me dit de m'asseoir dessus. J'obéis et je regarde la météo. Pendant ce temps, le mari se prépare. Il enlève ses fringues. Je fais celui qui ne voit pas. À la fin de la météo, Madame Hachoui se pointe. Une grosse avec une jolie tête. Elle prend son temps pour faire glisser sa nuisette. Elle a du bide, mais elle se rattrape côté nichons. Deux montagnes jumelles. Elle porte une petite culotte blanche, elle l'enlève. Elle fait pareil avec ses chaussons avant de grimper dans le lit. Je suis resté une petite demi-heure dans la chambre. J'étais assis dans le canapé, je ne pouvais rien rater. Cinq cents sacs, tu te rends compte ! Je vais faire la fête.

Je crois qu'il ne mitonnait pas. Le lendemain de notre petite conversation, Saïd s'est planté en mobylette. Deux mois d'ITT (incapacité totale de travail). Conduite en état d'ivresse. Il a été licencié illico. On m'a demandé d'aller livrer Madame X à la place de Saïd.

Le lendemain, j'ai passé une petite visite de courtoisie à Monsieur Valentin pour lui déposer en mains propres une forte somme d'argent.

Il m'a félicité pour mon efficacité.

En dépit des péripéties passionnantes auxquelles m'exposait mon métier, je ne souhaitais pas devenir un vétéran de la pizza. Je n'avais pas renoncé à m'orienter vers des activités extra-culinaires et à donner de l'utilité à mon diplôme.

Plusieurs esprits chagrins m'avaient incité à m'expatrier en lâchant la main courante du périph et en pénétrant, vaille que vaille, en intra-muros de Paris. D'après eux, si je ne me dédiais pas corps et âme à cet effort, j'allais continuer à tourner et virer dans cette triste Fleury, cité pénitentiaire tenue par de très sombres pourcentages. Ceux du chomdu et des gens vivant sous le seuil de pauvreté. Pour passer au-dessus du seuil, il fallait faire saute-mouton au-dessus du périph.

Suivant ces conseils, aux premiers mois de mon retour sur zone je passais encore quelques entretiens en intra-muros de Paris, mais pour rien. Je me souviens surtout des salons de recrutement. Notamment le fameux salon Prosearch sous le CNIT. Rendez-vous pour l'épate, le bluff et le baratin fumeux. Il m'arrive souvent de me sentir vulnérable à la souffrance d'autrui, je le suis à l'extrême dès que je vois s'agiter ces braves types tirés à quatre épingles. Costards et tailleurs à perte de vue. Une marée humaine de chômeurs bac plus cinq, six, sept. Des queues d'inactifs et, au bout des files, des recruteurs débordés devant des piles de petites plaquettes en papier glacé présentant leur boîte. Cette littérature, le diplômé encarté au Pôle emploi la connaît bien. Il la lit dans la salle d'attente avant les entretiens (quand il en a).

Dans les salons, on file son CV à une petite jeune en tailleur sexy, elle le pose sur une pile de quatre cents et en cas de besoin urgent et ponctuel, la boîte nous rappelle pour nous proposer un entretien. En fait, ça n'arrive jamais.

# LE TOURNANT

Tout seul, j'ai fouiné en vain pour trouver un raccourci jusqu'au CDI. Sans résultat. Excellente raison de persévérer. Et j'ai bien fait !

Le tournant intervint par un jour bouillant de juillet qui suivait un printemps magnifique d'exultation du corps. Je m'étais passionné pour Morgane, une jeune fille en surcharge pondérale. C'était une magnifique obèse. Visage magnifique et elle était d'une grande douceur. Tempérament parfait : sympa, marrante. Vraiment la brave fille. Je l'avais rencontrée au Jardiland, le 21 mars, le premier jour du printemps. Elle venait acheter des graines de cactus. Ce jour-là, pour l'épater, j'ai grimpé dans le premier arbre que j'ai trouvé. Un palmier. Arbre des régions chaudes. Autant dire qu'il n'y en avait pas au Bois des trous. Je n'étais pas habitué à ses palmes tranchantes. Je me suis coupé. Morgane m'a ramené chez elle pour me soigner et moins de trois heures après notre rencontre, je rebondissais sur sa bidoche. C'était du sport ! Il m'aurait fallu des gants de base-ball pour bien peloter ses nichons énormes. Et ses fesses, leur épaisseur et leur profondeur invitaient aux derniers outrages en même temps qu'elles l'empêchaient. Qu'est-ce qu'on s'amusait tous les deux ! On trempait des matelas et nos embrassades se consumaient en goutte-à-goutte sous le lit. Il faisait si chaud. C'était la belle saison !

Pour nous faire de l'air, je feuilletais un annuaire de pages jaunes. En même temps, je cherchais dedans des numéros de téléphone de boulots potentiels.

Fin juin, le jackpot ! On me dit oui pour un job qui consistait à recharger les distributeurs de friandises du métro. La conscience professionnelle était exigée, ou tout au moins fortement suggérée par une promesse de titularisation en CDI si le gars soudé à sa charrette se révélait sérieux !

« Hé ! hé ! trouver un patron définitif, l'idée a du charme... À défaut de trouver une nouvelle espèce de végétal pour lui donner mon nom ! »

J'ai tout de suite adoré le job.

Le paradis sous terre !

Clodos et musicos sympas (je leur filais des Fanta). Et je me promenais sous Paris toute la journée.

Anton Hansen, haute autorité en matière de commerce itinérant. Mort de rire !

OK, la charrette à friandises était un peu lourde mais tant mieux. J'en profitais pour muscler abdos et biceps. De l'art de joindre l'utile à l'agréable ! J'avais besoin de développer ma musculature pour projeter Morgane dans un nouvel univers érotique... je veux parler de positions inédites exécutées sur notre lit renforcé. Je ne m'étais encore jamais risqué à les tenter par peur de me démettre un os. J'espérais que le gain musculaire me permettrait de les réaliser sans trop pâtir au niveau osseux et articulatoire.

Parfois, je remontais à la surface. En plus du métro, j'étais en charge des grandes gares de Paris. J'aimais bien l'endroit. Y avait du passage. Ce n'était pas figé. Chez moi, rien ne bougeait, sauf ma chemise quand elle tombait de la chaise. Ah si, j'oubliais Morgane ! Quand elle venait dans ma piaule, elle bougeait les meubles pour réussir à passer.

Dans les gares, on avait l'impression que quelque chose pouvait arriver. Peu importe que ça arrive ou que ce soit pour rire. L'impression comptait plus que la réalité.

Ce fut gare du Nord que la chance me mit le grappin dessus.

– Anton !

– Léon le Gitan !

Léon de Vlaminck alias le « Gitan ». La surprise ! Et en costard, SVP ! J'ai eu un recul pour me rendre compte, oui, c'était bien lui !

– C'est quoi, ce costard ? T'es représentant chez De Fursac ?

Il avait aussi un attaché-case.

– Tu trimballes des pornos dans ta valisette, j'espère !

– T'as toujours ton regard infrarouge, Anton !

– Toi, tu t'es rangé des voitures ? Ou alors tu vends des Rolls, mon salaud !

*Adios* l'ambiance cassos en folie de nos années fac ! Ce vieux Léon ! L'alcool fort, la place Clichy, la Sorbonne (joli, le contraste sociologique), les plans dragues, les petites étudiantes de la rue Descartes et les Erasmus de tous pays.

J'avais dû à Léon de me montrer d'une assez piètre assiduité en cours. Bien trop tôt les cours à 8 heures. Vraiment trop tard, les TP à 16 heures. Nous arrivions au mieux à 10 heures. Et jusqu'au goûter, on cherchait les amphis, en vain. Petit tour de chauffe avant la grande nuit. J'évoque des plongées de plus en plus profondes dans Paris by night. Après les cours (hum !), on s'achetait des bières chez l'Arabe et en avant. On picolait en marchant. Ces *walking apero* à dix à l'heure nous propulsaient dans Paris en quête de damoiselles. Bistrot après bistrot, on dépiautait tout le quartier latin. Mais on ne sévissait pas que rue Mouffetard. On a épluché aussi comme un oignon Rochechouart, la rue des Martyrs, Pigalle, ce cliché. Les soirs sans veine, en panne de gibier, on tournait autour de l'Étoile, apparemment dans le flou mais bien décidés à dégoter le meilleur rapport qualité/prix en termes de relations tarifées.

En vrai, les mauvais coups du sort étaient rares. La baraka nous aimait bien. Chaque nuit ou quasi, on montait avec notre butin sous les toits de Paris avec assez de jambes et de bras pour construire une cage à poules dans les nuages de Paname.

– Allez, viens ! me disait Léon.

– Non, je suis pacifiste !

Mais je le suivais quand même.

La suite : une jeunesse impudique et fiévreuse, des vêtements abandonnés en tas ou carrément jetés par les fenêtres, des filles de nationalités diverses, des bouteilles remplies d'alcool plus ou moins transparent, des cocktails vite mixés. Parfois deux ou trois objets gonflables. Je me souviens encore que les surnoms volaient. La « Girafe », le « Gorille » ou « Balthazar » pour Léon. L'ambiance était fraternelle, chaleureuse, tactile, charnelle bien sûr.

Il n'y avait jamais relâche. Tous les soirs, nous émigrions rue Descartes où nous formions une paire redoutable pour satisfaire en idées, en bières, etc., les jeunes étudiantes du paddock de Paris I, II ou IV, j'étais trop pété pour me rappeler le numéro.

Notre spécialité : les étudiantes Erasmus. Qui a chassé ce gibier sait à quel point l'espèce est souvent peu sauvage ; on leur paie un coup et go ! Ces Erasmus crèchent dans des foyers pas gueule-dé. Et pour peu qu'elles aient montré leur culotte au gardien, ce vieux crado laissait tout le monde entrer et on pouvait s'amuser sans problème dans les couloirs. Moi, j'adorais ouvrir les portes des turnes, allumer et jouer avec Espagnoles, Allemandes, Italiennes. On glanait aussi de ces petites boniches qui marchent en tablier au Quick, McDo, tous les restos américains du Quartier latin. Nous avions plus de difficulté à amarrer les fillettes à papa qui dominent le faubourg Saint-Germain de leur spacieux T10. Impossible de réchauffer ces snobinardes, même par une démonstration de grimpée d'arbre.

La fête n'était jamais finie. Vers 3-4 heures, on montait souvent jusqu'au Sacré-Cœur pour péter les vignes de Montmartre et on se frittait avec les branches. Escrime viticole. Tant pis pour le raisin. Peut-être que je me vengeais ainsi de n'avoir pas déniché sur les hauteurs de Montmartre la nouvelle espèce de végétal à qui je rêvais de donner mon nom.

Ensuite, on allait souvent plonger du pont des Arts en caleçon. Bain de minuit au petit matin.

On rentrait tout le temps à l'aube en vrac. Belle performance car nous n'avions pas toujours un endroit où rentrer. Je nous revois dormir à la belle étoile sur un banc du square Boucicaut qui tutoie le Bon Marché, ou dans le feuillage du studio Gabriel face à l'Élysée. Je montais dans les arbres en espérant voir le président en pyjama.

La nuit suivante, pour récupérer, je crois qu'on dormait dans les trains couchettes à Montparnasse. À 10 heures du mat, jamais avant, encore couverts de la poussière de nos batailles, on repartait parfois en cours.

Il y avait aussi ces défis du midi qui nous pliaient bien. À la gare de Lyon, on faisait les nudistes dans cette galerie vitrée qui rejoint deux grands blocs d'architecture totalitaire au-dessus des voies. Mon grand regret, c'est d'avoir toujours échoué à faire dérailler les trains.

Et puis on repartait vers je ne sais où. Parfois vers la fac pour une heure d'un cours interminable. Et le soir, c'était *bis repetita*. Nouvelle déchirure. Parfois chacun de son côté. Au petit matin (11 heures au plus tôt), on mettait en commun les avatars de la nuit en vidant un gobelet de caféine à la fac de Jussieu.

Je me rappelle qu'un matin de décembre, j'ai filé à Jussieu pour raconter au Gitan qu'un duo de Polonaises m'avait séquestré dans une chambre de cité U durant la nuit. Elles m'avaient attaché à un radiateur, s'étaient éclipsées cinq minutes et je les avais vues réapparaître dans une chambre du bâtiment d'en face, à quinze mètres à peine de la cellule où j'étais détenu. Après un strip-tease intégral (un peu longuet), les deux Sorbonnardes (elles étudiaient le vieux français à La Sorbonne) avaient entamé les grandes manœuvres. Galipettes et autres sports. Tout juste sorti de mon cachot, j'allais raconter l'anecdote croustillante à Léon. Mais le Gitan avait nettement mieux. De minuit à l'aube, il avait participé, « dans une immense salle » et en compagnie d'une centaine de jeunes gens vigoureux, à une grande débauche avec alcool et accessoires. Il y avait pas mal de détails exaltants. J'exigeais de Léon qu'il m'y amène dès la nuit suivante. Hélas, impossible de se rappeler l'itinéraire vers ce pays enchanteur ! J'étais vert.

« Putain, si t'avais moins picolé ! »

Le lieu-dit de la grande partouze fut notre paradis perdu et notre motif obsédant durant le reste de notre cursus.

Bref, la sèche frénétique des cours nous laissa le temps pour foule de périples.

Qu'importe de doubler voire de cuber sa première année, autant bien faire les choses et profiter à fond. Un jour, les feux de la jeunesse ne sont plus sur vous et alors place aux regrets. Et ceux-là sont les plus amers. Aussi, il semble préférable de tirer flèches et cartouches tant que la cible est en vue et basta. Dans mon souvenir, ce passé universitaire, c'était des jours d'une douceur de vison et des nuits à rallonge au cours desquelles je faisais subir une forte activité sismique aux divers plumards où j'étendais mon corps et mes érections sublimes. La cloche n'empêche pas de rester classe. À condition d'avoir le panache !

Ma jeunesse avec Léon, c'était comme ce qu'on demande à un bon film, peu de psychologie, des scènes de saccages et de paniques – pensez à tous ces gens que nos rapines terrorisaient. Parfois les flics n'étaient pas très loin. Tantôt ils nous chopaient. Sans conséquence. Le bagou de Léon les endormait. Et puis, dans le pire des cas, on se dit qu'une garde à vue permet de se recentrer un peu sur soi.

J'ai éprouvé, j'avoue, en cellule de dégrisement, plusieurs fois le même regret : de n'avoir toujours pas trouvé une espèce de végétal à laquelle donner mon nom.

Après ces franches rigolades, retour à la banlieue. La fête était finie mais toutes ces jambes, ces bras, ces nichons qui piquaient les tee-shirts, ne me manquèrent pas. J'ai fait autre chose. Pendant quelques années. Jusqu'à ces retrouvailles avec Léon.

– Qu'est-ce que tu deviens ? Dis-moi ce que tu fous ? je lui demandais.

Il était manager dans le conseil en entreprise. Une SSII : société de services et d'ingénierie informatique.

– Et toi, Anton ?

J'expliquais mon boulot avant de conclure :

– La réussite par le diplôme !

En souvenir du bon vieux temps, Léon se fendit d'un conseil mémorable :

– Ils recrutent le premier venu dans le consulting ! me jura-t-il.

J'ai demandé à être éclairé sur la définition exacte du consulting. Léon m'a fait l'article.

– Basiquement, c'est du conseil en entreprise. Ma boîte emploie un certain nombre de consultants. Mon taf consiste à transformer ces consultants en prestataires. Un prestataire est un consultant employé par un client qui paie pour un service, c'est-à-dire l'exécution d'une tâche sur une opération bien déterminée.

J'étais soufflé. Encore plus que si j'avais découvert à l'instant une nouvelle espèce de végétal. Léon n'était plus le même. Linguistiquement, il avait muté. Comme certains arbres à Tchernobyl.

– Hansen, crois-moi, une boîte de conseil pourrait tirer un gros parti de tes qualités d'expertise dans les domaines économique et informatique. Je pense par exemple à Jezix. Attends, je te donne leurs coordonnées. Dis-leur que tu viens de ma part.

Il m'a laissé les coordonnées de Jezix, ainsi que sa carte et il a filé.

– Mon train, tu comprends ?

J'ai raconté tout ça à Morgane. Léon, alias le « Gitan », sa devise « un problème, une solution », ma jeunesse, l'alcool, les femmes. Elle a écouté sans un mot et elle m'a dit qu'elle me quittait.

– C'est lamentable. Je ne pensais pas que tu avais pu faire ça dans ta vie. Descendre aussi bas.

– Je suis monté très haut dans bien des arbres.

Je n'en ai évidemment pas voulu à Morgane. Je ne pouvais lui en vouloir d'être moins fascinée que moi par la poésie des cimes et des abysses.

Ensuite, je suis resté trois jours à repenser à ce que m'avait dit Léon.

– Ils recrutent le premier venu dans le consulting !

Le premier venu ? Mais comment ça se fait ?

J'ai rappelé le Gitan pour lui demander des éclaircissements. Il m'a sorti ce baratin :

– Anton, un nombre important d'entreprises ont besoin d'une main-d'œuvre flexible pour exécuter des tâches de courte durée. Le problème est que le droit français n'autorise pas une telle flexibilité ; c'est pour ça que les SSII, qui pourvoient à ces besoins ponctuels, rencontrent en France un vif succès. En revanche, elles en ont fort peu aux États-Unis et en Angleterre, où le droit du travail est bien moins prégnant.

« Un vif succès », « Bien moins prégnant ». Mon Léon de jadis ne maniait pas ce genre d'argot. Il n'aurait jamais dit cela. Incontestablement, le gentilhomme avait su évoluer et s'adapter ni une ni deux aux impératifs linguistiques de son gagne-pain. C'était tout Léon ! Dégourdi comme pas deux. Malin et astucieux. « Un problème, une solution ! » J'allais applaudir mais j'ai laissé le Gitan poursuivre son impro de petit cours magistral sur le consulting.

– Ce qui est au poil en ce moment, c'est que la croissance va bien.

On était avant la crise des subprimes.

– Pour satisfaire la forte demande des entreprises, les SSII embauchent sans être très regardantes. Les débutants sont les bienvenus. Et on leur propose même un salaire confortable. Le consulting est l'eldorado des mecs à faible CV.

– Comme moi, ah ! ah !

– Revers de la médaille, le consulting est certes de l'intérim de luxe, mais ça oblige à vivre dans le provisoire et dans une autre forme de précarité.

Ça m'allait, j'aime les arbres mais prendre racine n'est pas mon truc. Se baigner deux fois dans le même fleuve, niet ! Le changement : ma devise.

– L'emmerdant, c'est qu'il est presque impossible pour les consultants de se positionner sur les étapes amont des projets. Au sein du cycle en V, méthodologie de gestion de projet très prisée par nos industriels, les tâches de spécification et de conception, un consultant n'y fourre jamais son nez. On lui confie les simples tâches de réalisation (du développement à la validation) et une fois que le boulot est fait : adieu. De l'intérim de luxe, je te dis !

J'ai moins compris cette dernière partie du topo mais j'ai assimilé l'essentiel : ils prenaient le premier venu.

À l'aube du quatrième jour, j'ai enfin fini par m'avouer : « Le premier venu, mais c'est moi ! »

Léon appela quelques-uns de ses petits copains de jeu et il me coacha sur les points décisifs :

– Anton, ce n'est pas sur la réponse que tu seras évalué, mais sur ta manière de répondre. Le RH sait que tu sais. Il te prendra si tu lui montres que tu sais qu'il sait que tu sais. Pour le reste, montre-toi obéissant, malléable, discipliné et ça passera à l'aise. T'attends surtout pas à faire le plein d'émotion. Ça, ce sera pour plus tard.

Et après quatre entretiens concluants, je pouvais lever les bras. C'est le Gitan qui décrocha son téléphone pour m'apprendre la nouvelle.

– Anton, c'est OK ! T'es OK aussi ?

On me filait le taf et on me demandait mon avis. Tu parles que j'ai dit oui et que j'ai accepté le job !

# PASSAGE

C'est après le périph que je devais démarrer vraiment la biographie de mon activité dans le tertiaire. Autrement dit, je quittais la banlieue ! En tout cas jusqu'à 20 heures.

Fin d'un arc narratif. Début d'un tout droit rectiligne vers l'ascension sociale et le pognon. J'espérais devenir riche. Et rapidement. Pas du tout dans un but de revanche sociale ou pour une simple finalité mercantile. Sérieux, l'argent ne m'intéressait pas : je préfère être juché en haut d'un cèdre du Liban qu'installé, façon oncle Picsou, sur des piles de pièces en or. En fait, je voyais la richesse comme une expérience nouvelle. De l'inédit. C'était comme retourner la peau d'un marron et l'inspecter dans le détail. Un exploit que j'avais accompli jadis en lisière du Bois des trous. Il y avait là-bas un marronnier géant.

Bref.

Pour croire à ma nouvelle vie, j'ai pris le temps de franchir à pied la frontière entre l'extra et l'intra-muros parisien. D'un bord à l'autre de la vie. C'était comme de bondir entre sapin et chêne, conifère d'un côté, feuilles caduques de l'autre. Derrière moi, je laissais l'extra-muros, mes aventures trépidantes d'actifs précaires. Je disais « bye » à ces jeunes types du ghetto qui tenaient les murs. Des heures, des jours et des jours, puis des semaines, et des mois, enfin des années zébrées par la glande ; c'est en s'ennuyant que ces malheureux limaient le temps sur les bancs de la banlieue, par fournée de dix, quinze glandeurs, diplômés, surdiplômés et CAP, ou BEP. Ils attendaient je ne sais quoi. Je ne leur jetais pas la pierre. En temps ordinaire, on ne sort jamais de la banlieue. Dans les esprits, et dans les manières, Paris est trop loin. Il faut une occasion pour s'absenter. Grâce à Léon, je l'avais trouvée.

C'était donc la première fois que je trottais en col blanc au-dessus du périph. J'avais contracté un crédit auprès de Monsieur Valentin pour le costard et le caleçon. Tout le filon y était passé. N'ayant plus assez pour m'acheter du cirage, j'avais craché sur mes pompes pour les faire briller. Il faut ce qu'il faut.

Sortis de leur réserve, certains pauvres se demandent ce qu'ils font dehors. Passé le périph, rien n'est plus très sûr. Est-ce de la haine, de la gêne qu'ils ressentent ? En tout cas, ils ont tort d'éprouver des sentiments négatifs. Moi, Anton Hansen, j'avais l'impression d'être dans le coup. Je méritais ce qui m'arrivait. Je méritais mon costume. Je méritais mon nouveau travail. Mais je n'oubliais pas que la vie n'est qu'un jeu et qu'un jour, tout peut s'écrouler. Je me garantissais ainsi de l'amertume, de son fiel et des vieilles rancœurs. Et puis, je regardais les arbres. Je pensais au Bois des trous. À tout ce en quoi l'existence m'avait comblé, déjà. Les souvenirs des bonnes choses vécues en banlieue ne me seraient jamais retirés. Pas même par un Alzheimer profond. Je pensais aussi au Jardiland. En cas de pépins, je trouverais toujours une base de repli dans une des petites cabanes en bois proposées à la vente par cette grande et belle chaîne de magasins verts.

Le périph franchi, j'ai piqué sous terre et après quelques enjambées entre quelques stations, le métro a ouvert une bouche sur ma nouvelle existence.

En banlieue, la couleur du béton assure l'unité urbaine. Le gris ne fatigue jamais. La vie en banlieue, c'est l'endurance de la grisaille. À vous d'y mettre la lumière !

Dans la banlieue, tous les gris s'étalent. Le périph les arrête. Il faut passer dessous pour découvrir d'autres couleurs. Paris, c'est un autre béton, plus tendre, paraît-il. Même les trottoirs du 19^e^ et du 20^e^ sont moins sombres et durs que les pavés de la banlieue nord. Certains le disent, je n'y crois pas mais l'idée est charmante, elle me plaisait. J'ignore si c'est pour ça que j'ai souri en posant le pied dans le 12^e^. Rue de Charenton.

J'ai souri aussi en me tapant un petit épisode narcissique dans une vitrine. Je me voyais, j'étais tout beau dans mon costume.

Il ne restait plus qu'à débusquer les bureaux de mon nouveau job.

J'ai souri une troisième fois en trouvant les bureaux grâce au logo sur la façade. Il y avait aussi une porte à tourniquet. Comme dans les palaces. Il manquait seulement le plancton devant. Pour rattraper, on avait mis trois bimbos à l'accueil. Une brune, une blonde, une rousse. Le trio parfait. Avec un petit avantage à la rousse à cause de sa chevelure en feuillage d'automne. Ça m'a rappelé mes chênes en septembre octobre.

Les trois bossaient (ou faisaient semblant) assises et cambrées. Elles portaient des tailleurs confectionnés dans des trois fois rien. La première chose que je me suis dite en entrant, c'est : « Quelqu'un leur a fauché leur jupe ! »

Je revois leurs jambes sublimes, installées sur des grandes chaises de comptoir, et cette lumière aveuglante que leurs cuisses jetaient alentour, je m'en étais, une nuit, rapproché en rêvant que j'escaladais les branches d'une femme arbre que Léon tentait d'abattre à la tronçonneuse. Presque un cauchemar.

Je me suis annoncé (« Anton Hansen ! ») et on est passés directement aux choses sérieuses.

Un jeune gars est venu me chercher.

« Jérôme Peltier, enchanté. »

Souriant. Très blanches, les dents. On s'est installés dans une petite salle. Il y avait le logo de la boîte sur les quatre murs. J'ai laissé Jérôme parler. Il avait l'air convaincu par ce qu'il racontait. Comme quoi dans la boîte, chacun est un individu à part entière et on se serre tous les coudes. La hiérarchie n'est pas là pour vous enfoncer mais pour vous supporter. On performe ensemble ou on ne performe pas. Du par cœur. C'était touchant. Il a aussi pris un temps pour me dire de me méfier des ragots et légendes urbaines circulant sur le monde du consulting. Jérôme s'est mué en pédagogue pour m'expliquer que ces rumeurs étaient le fait de jaloux qui n'étaient jamais parvenus à se faire embaucher et qui ne connaissaient rien, je cite, « à la vraie réalité » des SSII. Là, Jérôme ne rigolait pas. Un bref instant, il a perdu son sourire. On parlait de choses sérieuses ! Il a utilisé des mots très forts. « Anton, je dois employer des mots très forts. Ces gens sont des menteurs et des envieux ! Oui, j'ose le dire ! »

Jérôme était sûrement un nouveau venu qui devait recruter et défendre l'honneur de sa corporation pour montrer qu'il était compétent et que son adhésion à l'esprit de chevalerie de Jezix était totale. Lui et moi, on devait faire nos preuves. Heureuse coïncidence. J'avais hâte de démarrer !

# DÉBUT

« Vos nouveaux collègues ont hâte de faire votre connaissance ! » m'avait confié Jérôme avant de m'indiquer, je cite : « la voie sacrée vers le pôle opérationnel ».

En poussant la porte du pôle opérationnel, j'ai cru que j'arrivais dans le conduit d'une cheminée célébrant un grand feu de joie. Une fête pour honorer mon arrivée ?

Pas exactement. Ça ne sentait pas le bois qu'on brûle mais la clope à plein nez. La très restrictive loi antitabac de 2006 ne serait votée, et appliquée, que quatre ou cinq années plus tard. Perdus dans le fumoir, mes nouveaux collègues.

Première info : question clope, ils étaient tous au diapason. Sur les tables d'un open space, j'ai deviné des masses de cendriers pleins. Les cigarettes débordaient, y en avaient par terre, dans les tasses d'expresso, partout.

En fait, les collègues ne risquaient pas de fêter l'arrivée d'Anton Hansen. Ils n'avaient pas été prévenus que je me pointais.

– Vous êtes ? m'a demandé une petite brune.

– Anton Hansen. Je vais travailler ici.

– Ah bon ? Euh, vous êtes sûr ?

OK, visiblement, j'étais absent du générique.

La petite brune a appelé quelqu'un.

– Allô, Jérôme ? C'est Camille.

Il y a eu une brève engueulade et elle a raccroché au nez de Jérôme.

– Putain ! Fais chier, ce Jérôme ! C'est pas parce qu'il est pédé et myopathe qu'il peut tout se permettre !

En cinq minutes, et sans lâcher sa clope, la petite brune m'a fait une place dans un coin du pôle opérationnel. Un angle où le néon hésitait à s'allumer et où la lumière du jour refusait carrément de rentrer. Je me suis assis à une sorte de petit bureau d'écolier agrandi aux dimensions d'un actif. La chaise était bancale. Sur la carpette (pas de moquette pour moi), elle faisait clic-clac, clic-clac.

– C'est le bureau de Patrick. En attendant qu'il revienne, tu pourras bosser là.

– Il est parti où ? j'ai demandé pour faire le mec qui s'intéresse.

La petite brune n'a pas répondu.

L'accueil mitigé n'a en rien entamé mon enthousiasme. Je n'étais pas déçu. Je n'avais pas rêvé d'avoir un bureau à moi avec un écusson Anton Hansen, directeur général sur ma porte. Courtiser la gloire est une chose, qu'elle se donne à vous en est une autre.

Assis sur ma chaise, j'ai attendu que quelqu'un vienne me demander de faire un truc.

Personne n'est venu.

Alors, j'ai écouté la chaise faire clic-clac.

Puis j'ai pensé à mes arbres et au Jardiland.

Ensuite, j'ai pensé aux bimbos de l'accueil. J'étais installé près du mini-extincteur. Une position hautement stratégique. Je serais en tête de pont en cas d'incendie. Je savais déjà qui je sauverais des flammes en premier. La rousse avec sa tête d'automne. Puis les deux autres. La brune et la blonde en dernier.

Après cet intermède bimbo, j'ai repensé aux arbres. La durée de vie d'un chêne est de six cents ans. Ça force le respect et ça m'a donné l'envie de continuer à patienter.

Pour passer le temps, je me suis mis sur un petit nuage en me rappelant la fameuse nuit de Léon, la nuit dite « de la Grande Débauche ». J'avais l'impression de pouvoir retrouver l'endroit avant que quelqu'un s'inquiète de ma présence au pôle opérationnel.

Il était 11 heures quand je suis parti explorer les locaux.

Les bureaux montaient sur deux étages. Le rez-de-chaussée et le premier. Plus un grand loft posé dans une arrière-cour au béton tout pété et remplie de mauvaises herbes – du chiendent en épi, des tiges de moutarde, etc. Çà et là, des vieilles bagnoles millésime soixante-dix jouaient les statues de César. Donc, un mixte de champêtre et d'urbain dans une ambiance seventies plus conjecturée et improvisée que vraiment réfléchie mais pas dépourvue de cachet. Ça manquait seulement d'arbres.

Le rez-de-chaussée, je connaissais depuis mon entretien avec Jérôme. Pas utile d'y retourner.

À l'étage, le dieu du bordel régnait. Semble-t-il ! En effet, derrière le chaos, il y a toujours une structure cachée. Disons qu'à première vue, mes nouveaux collègues pataugeaient dans un merdier incroyable. Au fond des mugs, des vieilles clopes dormaient au milieu des cendres. Les paquets de tabac à rouler, j'en comptais d'abord dix, puis vingt, autant que le nombre de briquets semés à droite à gauche. Idem des miettes de choco BN, y en avaient sur toutes les tables. Peut-être une méthode d'entraînement pour tracer des rails de coke avant d'aller sniffer des vraies lignes aux chiottes. Le formica des bureaux était marqué à vie par des auréoles de caféine. Les coupables : les tasses toutes ébréchées ; elles avaient à coup sûr l'obsession de la fuite. Il y avait aussi des traces de doigts dans les traces de graisse. Et des tas de papier partout, partout, partout. Ça homogénéisait l'ensemble.

Parmi le bazar, on pouvait distinguer quelques trucs.

Un sofa défoncé.

Des crayons tout déglingosses reliés à des chaînettes qui pendaient dans le vide.

Une dizaine de maquettes de bateaux. Chose étrange, ces vaisseaux miniatures brillaient comme un sou neuf, pas un gramme de poussière sur le pont. Ils tiraient des bords sur une mer scintillante.

Un grand tableau blanc où étaient inscrits les objectifs business et le *pipe* (à prononcer à l'anglaise) exprimés en organigrammes et camemberts tracés main levée. J'ai pris dix minutes pour tenter de piger cette phrase : « Objectif business de la semaine : disponibiliser de la ressource pour les branches émergentes en nouveaux prospects identifiés. »

Toujours intéressant d'assimiler les finesses d'un nouveau langage. Et, justement, les collègues avaient l'air très fortiches pour inventer des verbes. En revanche, j'ai noté des faiblesses en orthographe et en syntaxe. En témoigne cette tournure d'argot : « On va fouttre la pâttée aux autre ! » qui donnait à voir sur les capacités de grammaire, le niveau scolaire, et oserais-je le dire la mentalité de va-t-en-guerre des managers de la boîte. Il était envisageable que certains collègues avaient quitté l'école en fraude. Un point commun avec la cité où ce sont les analphabètes en BMW qui contrôlent les affaires. Mais tant que l'ordre est assuré !

J'aimais bien le loft. C'était sans fioriture. Il y avait une verrière pour faire le toit. Le soleil tapait dessus. Effet de serre garanti. J'ai jeté un regard oblique et j'ai repéré aux extrémités du loft cette climatisation approximative. Deux ventilateurs à pales rouillées lambinaient au plafond.

En dessous de la verrière, c'était mes collègues, et d'autres. Nous n'étions pas seuls à occuper les lieux. Un tas d'autres boîtes toutes spécialisées dans des trucs différents aidaient ma boîte à payer le loyer. L'espace du loft se partageait avec des cloisons en contreplaqué et autant le dire, j'ai tout de suite adoré la déco ! Je me souviens des affiches de concert qui dataient de trois ans minimum, des posters de rockers, Springsteen retouché au Photoshop me faisait un doigt d'honneur, Bob Dylan jouait de l'harmonica sur un autre poster. Dans un cadre 24 x 32 une fille en string tenait ses nichons. Deux signes atomiques cachaient les tétons, une bulle « Bad Planete » sortait de sa bouche.

Je ne suis pas revenu l'après-midi. Je suis resté prendre l'air dans un parc, à deux pas des bureaux : une magnifique futaie trônait au milieu du parc.

# TENUE DE COMBAT

Le lendemain matin et les matins suivants, j'ai refait la taupe pour débarquer à ciel ouvert au milieu de Paris, rue de Charenton.

J'étais toujours aussi ravi. D'autant que je m'étais trouvé un petit jeu rigolo : tout tenter pour me faire oublier.

Cette intention de disparaître n'était motivée ni par la timidité ni par l'anxiété, pas de phobie professionnelle non plus, aucune crainte envers cette *terra incognita* du consulting. Simplement, j'adore jouer ! À cache-cache surtout. Au Bois des trous, j'avais manifesté une virtuosité certaine dans l'art du camouflage. J'échappais ainsi à la vigilance des dealers et junkies. J'observais à loisir leur commerce illicite depuis les branches. J'avais aussi un œil pour les exhibitionnistes et pervers du Bois. Une fois, juché à dix mètres du sol, j'avais été le témoin attentif des jeux de séduction de deux grands bonshommes vêtus de survêtement du PSG. Après de lentes manœuvres d'approche, les deux solides gaillards avaient fini par s'enlacer et plus (car affinités). Tout ceci juste en dessous de l'arbre. J'aurais voulu que la tête gentille d'un écureuil sorte de son trou pour voir qui poussait des petits cris si haut perchés ; cette brusque irruption animalière aurait ajouté quelque chose de mignon à la scène. Mais non, j'étais resté seul à écouter les cris des deux supporters du Paris Saint-Germain. Jusqu'à la grande délivrance, un hurlement sauvage, comme si l'attaquant vedette du PSG venait d'inscrire sous leurs yeux un but victorieux d'un retourné acrobatique. J'étais content pour eux deux.

Au matin de mon quatrième jour chez Jezix, on a fini par noter ma présence.

– Qu'est-ce que tu fous là ? On t'a viré depuis deux semaines !

J'étais face à un gros type au menton large et au teint hâlé. Il était en bras de chemise, les manches relevées jusqu'aux coudes. Gros avant-bras, grosses veines vertes. J'ai noté immédiatement des sources de transpiration distribuées généreusement sur tout le corps, des auréoles divines sous les aisselles et des efforts désespérés pour dissimuler (ou freiner) une alopécie galopante. Quand on est comme moi, un type qui rêve d'une seule chose, trouver une nouvelle espèce végétale, on a nécessairement un sens de l'observation assez affûté.

J'allais répondre au gros type.

– C'est pas lui Patrick !

Intervention de Camille, la brune du premier jour. Celle qui m'avait trouvé un bureau.

– T'es qui alors ? m'a demandé le gros type.

J'allais répondre.

– Putain, c'est qui ce mec ?

J'allais répondre.

– T'as pointé au fait ?

J'allais répondre.

– Hé ! ho ! Allô ! Quelqu'un peut me dire qui est ce mec ? Bordel !

J'ai répondu.

– Anton Hansen.

– On dirait un nom d'acteur porno. Camille ! Occupe-toi de lui et grouille !

Camille m'a engueulé parce que je n'avais encore jamais pointé à l'accueil.

Cette étourderie s'expliquait aisément. Accéder à l'étage, centre névralgique de la firme, n'était pas sans mal. Le mûrier protège ses fruits par ses ronces. Vu l'apparence top moderne du bâtiment où était implanté le pôle opérationnel, on imagine la sophistication des procédures d'accès au bureau. Un bazar électronique pour lire une puce incrustée dans un badge avec la photo d'une tête triste dessus. Eh bien non ! C'était un clavier avec un feu rouge et un feu vert ainsi qu'un tout petit trou métallique à remplir avec une clé spéciale. Je n'avais pas cette clé. Idem du code. J'ai dû faire sans. J'arrivais donc par la petite porte, celle qu'empruntait Amandine, la femme de ménage avec ses rouleaux de papier toilette cartonné sur le dos et sa balayette coiffée en brosse qui boit une tasse dans son seau bleu. Amandine trimballait aussi ses bidons d'ammoniac. On faisait un petit brin de causette en grimpant ensemble. Je l'aidais à porter son matériel. Balayette main droite, deux, trois rouleaux de PQ main gauche. En échange, j'obtins de précieuses informations sur les mœurs de la boîte. Amandine terminait son service par notre boîte. Ce qui l'inclinait peut-être aux confidences.

– C'est clairement le boxon. Ils sont pas foutus de ranger un papier. Ça déborde de partout. Je ne suis pas fute-fute, j'ai pas fait polytechnique mais je vois bien qu'il y a des trucs importants sur les paperasses qui traînent. Ils s'en foutent. Ils écrivent dessus leur rendez-vous au resto ou l'endroit où qu'ils sautent leurs maîtresses. En plus les chiottes sont dégueu. Même les filles pissent à côté. Les poubelles, je te dis pas, bourrées de restes de chinetoque et je trouve tous les jours des capotes dedans.

Amandine m'a aussi renseigné sur certains dirigeants. Un des big boss s'appelait Gwendal. Amandine ne connaissait pas son nom de famille. Gwendal était un fan de voile. Il régatait le week-end vers Étretat et Trouville. Ce qui expliquait les maquettes de bateaux réparties aux quatre coins du pôle opérationnel. Gwendal exigeait d'Amandine qu'elle apporte un soin tout particulier à épousseter les miniatures.

– Ce mec est un salopiau. Il se charge lui-même de bizuter les nouveaux. Un jour, j'ai retrouvé aux chiottes une petite nouvelle en pleurs, elle voulait se trancher les veines avec une paire de ciseaux. Elle m'a dit que Gwendal s'était foutu d'elle devant tout le monde. Il lui avait demandé ce qu'elle avait à la gueule. « T'as pris un bus ou quoi ? », il lui avait dit. En fait, la petite avait une sorte de cancer du visage. Quand il l'a su, il n'a pas demandé pardon, il s'est marré. Ce type fout le stress à tout le monde. Rien qu'en venant au bureau le matin, des tas de gaziers en trempent leurs vêtements. Je les croise aux chiottes, ils s'épongent la sueur sous les bras, le front, les cheveux. Ils effacent mes rouleaux de PQ avec leur frousse.

J'ai fait facilement le rapprochement entre Gwendal et le gros type auquel j'avais eu affaire.

Pour entrer au taf, j'avais aussi profité des visites de maintenance du gars qui venait bricoler et recharger l'automate à café, trois fois par semaine. Une telle fréquence s'explique par la relation privilégiée des consultants et managers avec les gobelets d'expresso. On montait ensemble, lui avec sa caisse à outils et moi avec mon costume. Quinze marches. Je lui ai dit qu'il y a quinze jours je faisais à peu près le même boulot en remplissant les automates des gares de Paris et la petite couronne. On a sympathisé. Il m'a confirmé les infos d'Amandine. Il a ajouté que Gwendal avait une Porsche.

« Sa fille vient souvent pour demander les clés. C'est une pétasse de première. Mais elle a un cul de déesse. »

Ensuite, Camille m'a présenté à Jacqueline.

Jacqueline ressemblait à Mireille Mathieu.

Jacqueline m'a appris que Gwendal s'appelait Gwendal Van Den Broucke, dit le « Belge ». J'ai oublié l'intitulé exact du poste prestigieux que Gwendal occupait en cime d'organigramme. Pourtant Jacqueline m'avait fourni l'information. Elle m'a aussi pourvu de tout l'attirail du bon petit soldat sentimentalement attaché à sa nouvelle boîte. Notamment du papier et un stylo à bille floqué du nom de Jezix, ma société de services. Manque de bol, le stylo laissait des gros pâtés d'encre sur le papier. Les zéros, c'était des ovales pleins, la tête des neuf était bien remplie, les boucles des huit inondées, le ventre triangulaire des quatre totalement gavé. Je n'ai pas réussi à dessiner un seul arbre correctement.

Après quelques essais infructueux à tenter de réguler l'arrivée d'encre, je décidais d'abandonner l'article de bureau dans une poubelle extérieure – un zèle de prudence qui s'expliquait par toutes les empreintes que laissaient après eux mes petits doigts boudinés couverts d'encre. Je n'avais pas envie qu'on retrouve ces empreintes sur une des poubelles de la boîte. Sans avoir beaucoup à forcer mes talents d'observation, je pressentais que certains de mes collègues – à leur simple façon de me regarder d'en dessous ou de biais et de ricaner à mon passage – pouvaient être du genre à confier le dépotoir à un laboratoire d'analyse judiciaire pour prouver que c'était bien moi le crado qui osait jeter le super-matos de bureau généreusement offert par la société. Ce n'est pas beau de dire du mal et j'ai vraiment tort de les avoir suspectés sans preuve. J'ai tort aussi de donner l'impression de me plaindre car Jacqueline m'avait gâté au-delà de tout. En plus du papier et du crayon, elle m'avait procuré une valisette floquée du logo de la boîte.

Jezix.

C'est vrai, la valisette n'était pas géniale pour le rangement, la faute à une dizaine d'intercalaires non-amovibles qui remplissaient tout l'espace intérieur. Mais il y avait plus embarrassant. J'ai attrapé une sorte de gale entre les doigts à cause de la poignée non hypoallergénique. Ma peau se décollait, ça laissait des crevasses purulentes. Pas grave, j'ai trouvé l'astuce en enrobant la poignée avec de la guidoline à vélo.

« Un problème, une solution ! » comme disait Léon.

Que serait la vie sans défi ? Pas de défi, pas de victoire.

# GLANDAGE

Je restais douze heures par jour au bureau. De 8 heures à 20 heures, non-stop. On ne me loupait pas si je me pointais avec dix minutes de retard.

« Hansen, je ne savais pas que tu ne travaillais pas ce matin ! »

Je sais positiver une situation, n'importe laquelle. Être l'objet de ce genre de petites facéties un rien sarcastiques signifiait que je n'étais plus n'importe qui. On m'avait repéré. Je faisais partie de la boîte. Alléluia.

De 8 heures à 20 heures, ça me faisait douze heures pour penser aux arbres. Je n'avais pas de mission. J'étais en intercontrat, c'est le terme technique en usage dans les SSII pour parler d'un type qui glande en panne de mission et qui ne rapporte rien à sa boîte. Pire, il lui coûte un maximum puisqu'il faut le payer.

Pour glander, je glandais.

Et ça m'allait nickel.

J'avais pensé m'acheter un bouquin d'arbres mais je préférais rêver, me rappeler les bons souvenirs du ghetto, mes aventures à rebondissements dans l'univers de la pizza. Je me projetais aussi vers l'avenir. Je me voyais serrant bientôt une nouvelle espèce de plante, *antonus hansenus*, sur la page centrale d'une revue de botanique.

J'avais vraiment la belle vie, je rêvassais et j'étais payé. Merci Léon !

Petit bémol cependant. Une SSII a le droit de larguer n'importe quand un débutant en période d'essai si elle n'a pas déniché de clients à qui le facturer. C'est ce qu'on appelle dans le jargon du droit (hum, hum) du travail : une période probatoire de trois mois. À l'issue de laquelle on te vire ou on t'exploite. Bref, à tout moment, mon job de contemplatif pouvait s'arrêter et moi être remercié sans frais.

Mais en attendant, qu'est-ce que je profitais !

À midi, je sortais pour becter. Un sandwich, seul dans le parc, face à la futaie. La joie. Une joie tranquille. J'avais collectionné jadis quelques pépins alimentaires (état de dénutrition avancée, vols de denrées périssables dans les magasins, etc.). Aussi, j'étais bien placé pour connaître la valeur d'un sandwich. Je savais que cette collation est le rêve typique de tout RMiste en fin de mois.

Après le sandwich, retrouver ma place au bureau était un défi intéressant. Comme je l'ai dit, je n'avais pas de clé et j'étais le seul à ne pas pouvoir lever le verrou sans assistance. Pour ouvrir, je devais donc appeler sur l'interphone. J'appuyais sur le bouton Appel. Puis brève attente avant d'entendre toujours : « C'est pour quoi ? »

Il fallait expliquer qui j'étais. Pas une fois je n'ai dû m'y reprendre minimum à trois fois pour m'identifier. « Le nouveau », « le bureau du fond », « costard noir ».

Et moi qui pensais que j'étais clairement identifié par tous les collègues.

Arrivé à l'intérieur, ça chambrait à mots susurrés. Rien de grave. De la petite bière en matière de pression psychologique quand on a livré en pizza toute l'élite du trafic de drogue de Fleury et de sa périphérie. Les insultes feutrées de mes nouveaux collègues n'étaient pas de nature à faire flancher mon moral et à me dissuader de continuer à becter mon sandwich dehors.

# RECHERCHE DE MISSION

Un jour, Gwendal a rassemblé tous les intercontrats de la boîte et il leur a parlé franchement.

Le message était le suivant : « Bande de brèles, vous allez vous tirer les doigts du cul et vous trouver une mission avant la fin du mois sinon, c'est coup de pied au cul ! »

Super ! Un défi ! Désormais, j'avais pour boulot de me trouver un boulot. C'est-à-dire une boîte susceptible de solliciter mes services. Embauché, je coûtais très cher à la boîte tant que je n'étais pas logé chez un client ayant de pressants besoins de mes compétences. Missionné auprès de ce client, je devenais l'acteur de prestations facturées à ma firme d'adoption sur des tarifs hallucinants qui s'évaporaient en taxes, impôts et bénéfices dingues que la boîte ferait sur mon dos. J'ai su ça plus tard. J'ai appris que pour un débutant comme moi, la facturation pouvait aller de quatre cents à cinq cents euros la journée suivant la nature de la prestation. Huit cents billets, c'est le tarif pour un expert technique hyperpointu. Enfin, en principe, car les firmes balaises, ou qui se prétendent telles, n'ont pas honte de faire cracher de mille à mille deux cents euros à leurs clients. Ce fric va à 45 % dans le salaire du consultant, il y a 2 % pour le manager, la société de services empoche 30 % et le reste part en charges diverses. Concernant la gestion des facturations et la circulation de ces flux, j'ai pigé par la suite que la fraude fiscale était la règle. Inutile d'approfondir pour comprendre que toutes les sociétés vivent dans la hantise d'un contrôle de l'Urssaf.

Urssaff ou pas, je devais me démerder pour dénicher une boîte prête à payer à prix d'or mes services.

On me pressait à me presser – la stratégie managériale consiste à faire culpabiliser les consultants en intercontrat pour les forcer à démarcher eux-mêmes les clients et dégoter une mission par leurs propres moyens. Sur le papier, ceci ne fait en aucune manière partie de tes attributions professionnelles de consultant.

Accepte-le, pas de caprices, prends ce qu'on te donne !

Ce qu'on m'a donné, c'est un téléphone et rien d'autre.

Le téléphone est rapidement devenu mon meilleur ami. Autant s'entendre car je bossais tout seul avec lui.

Le poète a dit : « L'homme n'est homme que lorsqu'il joue. »

Mon nouveau jeu était amusant. Je devais me débrouiller pour trouver le bon interlocuteur chez un client potentiel et lui présenter mon projet perso. Système démerde.

Le challenge majeur tenait à ce que dans le management, tu bûches à vide si tu ne connais personne. Roger, le client, préférera un manager qui lui fait des sourires depuis trois ans et qu'il pense être son pote plutôt que toi, le petit nouveau, qui passe toujours pour un jeune arriviste encore frêle, un mec qui n'a pas encore pris possession de toutes les ressources de son costard.

Tu peux faire assaut de mille politesses et ronds de jambe au combiné, ça ne pèse pas lourd à côté d'un carnet d'adresses répertoriant les numéros des lignes directes des vrais décideurs.

Note aussi ce point important. Tu as interdiction de donner l'identité de la boîte. Évoque un concurrent. Si tu es trop mauvais, tu disparaîtras discrètement dans la sablière sans avoir porté préjudice à la réputation d'hyper-professionnalisme de ton port d'attache (ta société de services). Emprunte suivant ton goût un matricule chez les rivaux. Il n'y a que l'embarras du choix : Capgemini, Sogeti (mode des i), Sopra, Steria (mode des a, et astuce pour sortir tout en haut des listes grâce à la logique alphabétique).

Ma journée se passait au téléphone. Combiné dans la main, j'identifiais les besoins potentiels de clients potentiels. Le truc, c'est d'inventer des désirs qu'ils n'ont pas et de leur faire acheter un consultant qui restera au grenier entre le vibromixeur et le presse-agrumes. Être un bon vendeur, c'est prendre en sournois et faire ses coups en douce. Ne t'attends pas à réussir si tu annonces la couleur. Fais tes coups de pute sans rien dire.

Juste un mot pour préciser que sous « statut manager », ce taf est en principe rémunéré à cinq fois le montant qui figurait en bas de ma fiche de paie. Et encore, je ne tiens pas compte des primes, de la garantie CDI et d'une marge par consultant placé. Une place en or en somme.

Tout en passant mes coups de fil, je me préparais à être convoqué dans le bureau de Gwendal pour une prise de chèque à la compta. Un jour, on vous arrache un listing des mains et c'est fini. Licenciement sec. Gwendal vous balance comme il balance à l'eau l'ancre de son bateau de Tabarly. Bah, il faut savoir finir une histoire pour en démarrer une autre.

Donc novice et sans contact, à moi de me trouver une mission de consultant. Pour m'aider, j'avais une sorte de bottin d'entreprises censé me donner tuyaux et bonnes adresses. J'étais dix heures par jour courbé dessus, la voûte du travailleur. Hansen le Bossu écumait ses listes.

Entre deux coups de fil, j'ai compris pourquoi la chaise faisait clic-clac. C'était un petit cœur qui comptait le peu de temps qu'il me restait à vivre ici. Cette place n'était pas gratuite, on attendait de moi du résultat. On pouvait attendre, j'étais boulé dix fois sur dix.

J'aurais pu commencer à me crisper. Pas du tout ! Je me suis vite pris au jeu. Je ne sortais plus. Je faisais 8 heures-20 heures, non-stop. Je bouffais des carrés coupe-faim le midi. Toutes les deux heures, je m'autorisais une excursion jusqu'aux chiottes. Le café, j'oubliais. Rester pendu au bout du fil, c'était assez de suspens pour me donner le jus suffisant.

D'autres s'amusaient moins que moi. Ils supportaient assez mal l'attitude paternaliste des managers qui guettaient faits et gestes des intercontrats. J'en sentais un paquet en situation de vulnérabilité par rapport à la vigilance constante et tous azimuts des managers.

Je me souviens de Florent Landis. Florent était un jeune consultant rouquin en intercontrat comme moi. Il faisait partie de la charrette potentielle.

La première fois que Florent m'adressa la parole, il revenait de la machine à café. Je crois qu'il avait besoin de partager ses impressions de façon imagée.

– Pas croyable ! Passe dix secondes près de la machine à café et aussitôt, c'est les gros yeux. Dans le consulting, on te guette et on sait te le faire comprendre. Ces mecs qui surveillent ont la technique pour t'attraper toujours en traître. Dans ce milieu, tu es potentiellement le pauvre type qui chie contre un arbre, le pantalon retroussé jusqu'aux genoux et surpris soudain par une douzaine de ses oncles et tantes en balade. « Tiens, mais c'est notre neveu ! Allons-lui dire bonjour. Je ne pense pas que ça le dérangera ! » Le bureau, c'est un œil. Toute la journée, je sens qu'il y a un œil sur chacun de mes gestes. Les intercontrats, ça se surveille, c'est même leur seul intérêt, on dirait.

Il prétendait en connaître un rayon sur les méthodes pratiquées à Jezix.

– Putain, ils ont trente-six méthodes pour arriver à te faire bosser à la place des commerciaux. Les méthodes de servage pour te prendre à la gorge sont inchiffrables. Tu crois sortir d'un piège, tu tombes dans un autre. C'est le ball-trap et le dernier piège t'attend au fond. Je te prends l'exemple du chantage affectif. Style : « Remercie-nous de t'avoir fait confiance. » Le nerf de la guerre, c'est d'organiser la soumission et de bien te faire comprendre que tu n'es rien.

Il m'a montré le sofa défoncé. Un manager était allongé dessus. Il piquait un somme.

– Tu vois, il y a qu'eux qui ont droit de s'affaler là-dessus et ils s'emmerdent pas à nous le montrer. La sieste, c'est très à la mode ici depuis que le Belge a lu dans une revue de management l'interview d'un grand patron américain convaincu des atouts de récupération d'une courte sieste. D'après le Rockefeller, se prélasser vingt minutes renforce les capacités de concentration.

– Ça doit être vrai puisqu'il est riche.

– En tout cas, c'est ce dont les boss de Jezix se sont convaincus. Très vite, il est devenu de bon ton, et surtout très fashion, de se reposer là-dessus et de mimer le dormeur. Essaie un peu de faire comme eux et tu vas comprendre qui tu es. Chez Jezix, tu n'as rien d'autre à faire que te soumettre. On perd moins de temps et d'énergie quand on accepte. Tiens, depuis que je suis ici, on m'a servi des tas de motifs extravagants pour me sucrer des demi-journées de congé : « C'est la philosophie de l'entreprise… », « Il faut savoir être solidaire et se serrer les coudes. » Dès le premier mot, tu sais où le mec veut t'envoyer. À force, ces petits chefs n'ont plus besoin de parler.

Un joueur de haut niveau – j'espère en être un – sait flairer les pièges. Je songeais que ce brave Florent pouvait être un manager déguisé en intercontrat. Qui sait s'il ne testait pas ma fiabilité et mon attachement à Jezix.

Prudence. J'ai laissé Florent parler.

– Quand je pense que je me suis fait avoir par leurs bobards.

Florent m'a fait un topo rapide de son cursus. Une terminale scientifique suivie d'une prépa intégrée en partenariat avec Jezix. J'ai su plus tard que Florent m'avait raconté des cracks sur ce point. Seule une grosse boîte peut prendre le risque de se lancer dans l'aventure d'un partenariat de ce genre. Et encore, à condition d'être en capacité de recruter une centaine de bonshommes tous les ans.

– Des managers de Jezix sont venus nous faire l'article. Comme quoi, c'était merveilleux de travailler à Jezix. Ils nous ont distribué des tee-shirts, des piles pour recharger notre portable. D'abord nous mettre en confiance. Ensuite, je suis arrivé à Jezix. Et là, changement de ton. Ici tout est prétexte à te donner honte de ne rien foutre et te forcer à accepter le premier boulot venu. C'est se voiler la face de se dire que tu vas travailler sur des missions en cohérence avec les savoir-faire stipulés sur ton CV. Idem quand on a chopé une première mission et qu'on croit pouvoir changer de secteur pour se réaiguillonner vers son domaine de prédilection. Dans ce cas-là, tu repars à zéro niveau expérience, or c'est de l'expérience que le client exige pour t'embaucher. Ça, je l'ai intégré vite fait.

J'ai continué d'avancer masqué. Le dieu du jeu me disait de rester sur mes gardes. Il ne me paraissait toujours pas acquis que Florent n'était pas en service commandé de la direction pour m'évaluer. Aussi, j'ai pris fait et cause pour Jezix en surjouant un tantinet l'enthousiasme du novice. M'affichant pro-Jezix, je ne risquais rien.

Florent a réagi :

– T'as raison ! Ce putain de job n'est pas tout noir. Il m'a filé une connaissance parfaitement claire de la cruauté du monde. La vie, c'est comme ces tables basses en verre qui tapent dans les tibias, elle est transparente et dangereuse.

Un poète à défaut d'être un joueur, ce Florent.

Florent n'a pas terminé la semaine avec nous. Il n'est pas revenu la semaine suivante. Vers où est-il parti avec cette rage impuissante dont il ne savait que faire. Je ne me suis pas posé la question, trop pris que j'étais par mon défi de me trouver un client et de passer ainsi du sous-rang d'intercontrat au statut de consultant prestataire.

En plus du défi du client, il y avait le défi de 16 heures.

L'effet des carrés coupe-faim de midi s'estompait. Pendant que mon ventre gargouillait, les anciens partaient piller la cantine, un buffet contenant tous les assortiments possibles de biscuits. Du salé et du sucré. Du chocolat noir et au lait. Moi je ne m'approchais jamais à moins de cinq mètres de cette réserve. Non pas que je ne me jugeais pas digne pour manger ces douceurs, simplement je voulais me garder en forme olympique pour concrétiser mon objectif professionnel et continuer de grimper aux arbres.

J'ai donc associé à mes casse-croûte coupe-faim des gels énergétiques.

Problème : à force de transporter toute cette came, j'ai bousillé les poches de mon costard. Le soir, je prenais du fil à coudre et je reprisais les trous.

# CORSAIRE DU CONSULTING

J'ai décroché un entretien avec un client à Saint-Malo : Guiz & Nikz.

Bingo !

La persévérance paie toujours.

En principe, on ne se rend pas seul aux entretiens. Ton manager t'accompagne. Il te coache durant le trajet, il te dit de faire ci, de ne pas faire ça, de faire bien gaffe à ne pas… Tu l'écoutes attentivement. Voire religieusement. Il te transmet les tables des saintes lois du consulting. En échange, tu vas lui chercher les cafés et les sucrettes. Relation de maître à disciple oblige. Ça fait partie du jeu !

On m'a laissé l'initiative de piloter mon propre projet d'embauche de A à Z. Je suis allé seul à Saint-Malo. Comme un grand.

Jezix responsabilise ses consultants. À ajouter sur les plaquettes de présentation que la boîte distribue dans les salons de recrutement.

J'avais mon TGV à 7 heures pour une arrivée à Saint-Malo prévue vers midi. Le rendez-vous avec le client était fixé à 16 heures. Je me suis levé à 5 heures. J'aime bien me donner du temps. Le TGV non. Il est speed de nature. Enfin seulement de Paris au Mans. Durant cinquante-cinq minutes, il défonce chaque seconde. Ensuite, il reprend son souffle.

De Rennes à Saint-Malo, c'est le TER, un coureur de brousse. Il se repère aux gammes différentes d'odeurs des bousiers où la province plante ses griffes. J'adore ces parfums. Ça fait champêtre.

Quitter Paris, ses proches latitudes, sa petite couronne, et sa grande, m'a rappelé mes vacances d'été avec Léon, nos adieux à Paname, nos descentes en stop sur Dinard, Perros-Guirec, La Baule, Royan, Arcachon, etc. J'ai oublié les noms des villes plus au sud mais je me souviens parfaitement des termes, très simples, du contrat. À chacun son pouce et la victoire de prestige à qui serait le premier arrivé sur zone.

L'été, il y avait les coups classiques extraits du pot-pourri d'une jeunesse sûre d'elle et qui ne se laisse emmerder par rien ni personne. La blague de compète, c'était de visiter de nuit des bicoques bourgeoises et de piquer une tête dans leur piscine privative. Je me souviens d'avoir grimpé en nocturne dans d'étranges arbres. Je ne sais d'où ces friqués les faisaient venir.

J'étais dans un de ces arbres quand c'est arrivé. Ce soir-là. Léon s'accordait une pause sur le balcon d'une des baraques avec son bol de tisane au chichon quand la foutue corniche a commencé à se détacher de la façade. Je me revois sauter de l'arbre et accourir pour vérifier l'état du squelette du Gitan sous les parpaings. Rien de cassé ! Véridique mais craignosse tout ça.

Bon, n'ayant pas les clés de la masure, on s'était cassés avant l'arrivée des assureurs. Non sans avoir tagué quelques slogans éthylo-révolutionnaires sur les kilomètres de murs extérieurs et intérieurs. Méritée comme punition pour les propriétaires. Ça leur apprendrait à faire travailler au black de braves maçons portos non affiliés à la sécu. Tu m'étonnes que ces Portos bâclent le travail. Ça apprendrait aussi aux propriétaires des lieux à arracher des arbres exotiques à leur lointain terreau d'origine.

Après ce genre de péripétie, le lendemain, forcément c'était plus décontracte. On cochait la case contemplation et le Gitan partait mater les petites naturistes à la longue-vue. Non pas depuis les dunes mais de la cabine d'un rafiot volé dans le port d'Arcachon et amené à la pagaie face à la plage. Perché dans un arbre, je matais à la jumelle les filles à poil. On se rejoignait sur la plage. Et là on faisait notre marché. Je me souviens d'avoir fait subir un traitement énergique au pied d'un épicéa à une vacancière qui passait sur la côte landéenne ses premières vacances sans papa ni maman. Elle a pris cher pour avoir délaissé si jeune sa parentèle.

Saint-Malo. Cité corsaire. Citadelle pourtourée de pierres de taille. Port d'attache, jadis, de marins cap-horniers et d'une flotte spécialisée dans des activités de piraterie. J'imaginais ainsi la ville et son passé. Je n'ai pas pu aller vérifier sur place. À peine descendu du TER, j'ai quitté la gare en bus pour rejoindre la zone industrielle. J'y suis arrivé plus tôt que prévu, à 13 heures. Trois heures à attendre. Ce qui laissait du temps pour avaler du café.

Hélas, pas un bistrot à l'horizon. Et surtout, pas un arbre !

Pas grave. J'en ai profité pour me dégourdir un peu les jambes.

Après trente minutes de promenade, soudain, là bas, planté au milieu des champs, un boqueteau. Je n'ai pas hésité. J'ai foncé direct vers le bosquet.

La Bretagne est connue pour sa forte pluviométrie. Les averses y sont fréquentes et détrempent les sols, les champs sont souvent imbibés d'eau. C'est ce que dit la légende. Et c'est vrai. Je me suis enfoncé dans ces marécages jusqu'à la moitié du genou. Le bas de mon futal a pris.

Pas pour autant que j'allais renoncer ! J'ai relevé mon pantalon et j'ai continué ma traversée. Ça m'a demandé plus de temps que prévu. Du coup, j'ai dû me contenter d'une rapide inspection du petit bois, rien de plus. Impossible de m'absorber dans ma recherche d'un nouveau végétal. L'espèce inédite de plante dont j'appelais la découverte de mes vœux pouvait avoir poussé en ces lieux – parfois ce que l'on cherche est sous nos yeux – mais si le graal y était, je ne le saurais jamais. Rageant ! C'est ce que j'ai pensé en vidant ma vessie. Mais ne nous plaignons pas, c'est déjà magnifique de pouvoir pisser au milieu des arbres.

Avant de quitter la futaie, j'ai arraché quelques feuilles. Ce feuillage serait bien pratique tout à l'heure pour essuyer mes chaussures, une fois revenu sur la terre ferme.

J'ai démarré ma seconde traversée de la journée. Aux trois quarts du chemin, j'ai trouvé une flaque pleine d'eau claire. Je n'ai pas hésité. J'ai trempé le bas de mon pantalon, j'ai frotté avec une feuille pour virer la terre. Quand tout ça m'a semblé propre, j'ai retroussé à nouveau le pantalon. Ensuite, j'ai décrété un retour à la civilisation. Retour effectué sans encombre.

Avant d'entrer dans les bureaux de Guiz & Nikz, j'ai craché sur une feuille et je m'en suis servi pour cirer mes chaussures. J'étais paré.

Trente secondes plus tard, je m'annonçais comme suit au secrétariat :

– Anton Hansen, j'ai rendez-vous à 16 heures.

– Madame Rué va vous recevoir dans un instant, Monsieur Hansen.

J'ai attendu quarante-cinq minutes près de son bureau. Les vitres étaient transparentes. Je voyais Madame Rué rigoler avec un collègue plus jeune qu'elle. Madame Rué était une dame de cinquante ans plutôt bien conservée. Elle avait des chaussettes de laine blanche. Je ne savais pas si elle allait coucher avec le collègue ou si c'était déjà fait ou s'il n'y avait là qu'un peu plus qu'une sympathie professionnelle, mais leur complicité était touchante. Jusqu'à ce que le jeune type se lève, saisisse une petite valise d'un geste brusque, arrache à Madame Rué une feuille des mains, la montre du doigt et quitte le bureau en claquant la porte et en traitant la dame de « sale pute ». Il a ajouté du même ton qu'il avait fait Annecy-Saint-Malo pour rien et que les Bretons étaient tous, je cite, « des connards ».

Cinq minutes plus tard, je suis entré dans le bureau de Madame Rué.

Pas perturbée pour deux sous par ce qu'elle venait de vivre, Madame Rué m'a accueilli aimablement et m'a tenu ce discours de vérité : « Monsieur Hansen, nous avons étudié avec grand intérêt votre proposition commerciale de collaboration. Hélas, la réponse est négative, nous avons trouvé un TJM[1] plus avantageux dans une autre société. Je suis vraiment désolée que nous ayons oublié de vous prévenir plus tôt. »

Une lettre type de refus mais reçue de vive voix.

J'ai dit que ce n'était pas grave et je suis rentré à Paris.

La journée avait été intéressante et je me suis endormi tout de suite.

La nuit fut meilleure encore. J'ai rêvé que j'étais l'acteur d'une fresque maritime vibrante où marins au service du roi et forbans se livraient une rude bataille sur une mer couleur de terre glaise. Je ne sus pas pour quel trésor ils luttaient avant d'avoir aperçu un trèfle à cinq feuilles porté par une énorme mousse d'écume. Je me suis réveillé au moment où cette vague m'a heurté de plein fouet.

---

1 *Taux journalier moyen*

# DE RETOUR DES BAHAMAS

Je suis revenu au pôle opérationnel comme si de rien n'était. Je ne me suis pas ressenti de la péripétie malouine. Aucun retentissement psychologique. Se planter, repartir, prendre des coups et avancer quand même, ça fait partie du jeu.

Pouvait-on d'ailleurs parler d'échec ? Je sortais de mon escapade bretonne intellectuellement enrichi. J'avais expérimenté un tout nouveau mode de déplacement piéton en franchissant les champs marécageux.

J'ai repris mon poste. On m'a expliqué que je serais remboursé de mes cent cinquante euros de frais un mois et demi plus tard, et tout est reparti comme avant. Téléphone, chaise clic-clac, carrés coupe-faim, 8 heures-20 heures non-stop, métro, RER, banlieue.

Quarante-huit heures après être rentré de Saint-Malo, j'ai vu Léon.

Il revenait tout bronzé des Bahamas. Un séjour offert par Viggins & Vroom, une grosse boîte de logiciels à destination des managers d'entreprise. Peu de temps avant de partir, Léon ne m'avait pas dissimulé son enthousiasme de se rendre dans cet État des Antilles, vivant de son rôle de place financière et de siège de sociétés. Dans un mail rempli d'informations pittoresques et circonstanciées, il m'avait raconté que les managers revenaient toujours euphoriques de ces périples et faisaient le forcing pour inciter la direction à acheter au plus vite le dernier logiciel de Viggins & Vroom.

« Ne me demande pas ce que les GO de Viggins & Vroom versent dans les verres. Ils savent accueillir leurs clients et c'est tout ce qui compte ! »

Pourtant, Léon était de très de mauvais poil.

– Trop court, le séjour ? j'ai demandé.

– Non.

– T'as pas eu beau temps ?

– Non.

– Ils t'ont interdit l'accès à la plage naturiste ?

– …

– T'as pas pu nager à cause des requins ?

– Non.

– Le logiciel était nul.

– J'en sais rien.

– Qu'est-ce qui se passe alors ?

Il m'a raconté que les putes n'y étaient pas. D'ordinaire, les boîtes hôtes recrutent des filles pour jouer les hôtesses. Un paravent pour les distractions du soir.

– C'est l'enfance de l'art de les faire grimper dans ta chambre, et arrivé en haut, c'est parti. Souviens-toi des Erasmus.

Là, personne. Léon était rentré bredouille dans sa chambre.

– Mince, dans le temps, tu n'étais pas aussi assidu aux relations intimes tarifées.

– Qu'est-ce que tu veux que je foute aux Bahamas sans pute ! C'est plus chiant qu'un anniversaire entre banquiers ou que regarder le Tour de France !

Pauvre Gitan. Je savais qu'une déception tapant sous la ceinture était pour lui comme une pastille qu'on suce, suce et resuce et qu'on n'arrive pas à user. Je savais aussi que la mauvaise humeur le rendait bavard. J'ai raconté Saint-Malo et il m'a expliqué que j'avais été victime d'un entretien bidon classique.

– Ces bidouillages représentent un taf central dans la stratégie d'une boîte. Il s'agit de faire croire que l'entreprise embauche ou recrute des prestataires, donc qu'ils sont en période de forte activité, compétitifs et dotés de forts avantages concurrentiels. Une bonne santé – souvent de pure façade – rameute investisseurs et clients potentiels.

– Mais ça participe à fausser le marché.

– Ouais, ce qui bénéficie à la profession. Le nombre d'offres d'emploi ou d'offres de mission de conseil en hausse signifie que le marché repart. Du coup, les investisseurs se trouvent rassurés.

– Et Pôle emploi, ils en disent quoi ?

– Pff. Pôle emploi, déjà, ça sert à rien. Et puis ils ne sont pas en reste. Les statistiques qu'ils dressent et relaient portent sur les offres d'emploi. Dès le départ, leur diagnostic, c'est du n'importe quoi ! Les offres d'emploi ne représentent pas le bon curseur, seules les embauches effectives sont parlantes.

Je l'ai remercié pour la petite notice pratique à l'attention des consultants novices.

– T'inquiète, je suis passé par là. On ne naît pas star, on le devient. Dis-toi qu'il faut toujours démarrer tout en bas. D'ailleurs, je parie qu'ils ont dû te demander de te trouver une mission tout seul.

– Touché, coulé. Je fais le boulot des managers et j'aime ça.

– Normal. Dans cet échange des rôles, tout est bénef pour les managers. Ils se sucrent sur la commission alors que c'est le consultant lui-même qui s'est chargé du taf. Libéré de cette charge, le manager ambitieux, stressé jusqu'à l'os et plus caféiné qu'une bonne dizaine de cartouches d'expresso, se retrouve avec un emploi du temps dégagé. L'idéal pour bosser sur des missions à gros profits potentiels. Comprends :

des missions haut de gamme engageant plusieurs consultants confirmés dans des secteurs porteurs du tertiaire (banque, assurance), je veux parler des frimeurs qui se pointent dans les entreprises pour leur dire : « Vous êtes à côté de la plaque, vous vous démerdez comme des cons, je vais vous montrer comment il faut s'y prendre… »

J'allais poser une question là-dessus.

– Attends, c'est moi qui pose les questions, Anton. Laisse-moi te dire que le système D appliqué aux cadres sans affectation remplit une très utile fonction de dégraissage naturel des consultants par démission, ce qu'on pourrait encore apparenter à une sorte d'autorégulation par rapport au marché. En résumé, muscle ton jeu si tu veux aller loin ! Va au contact. Anton, nos semblables ont l'art de se cacher la vérité. Ils refusent de la voir en face. L'homme est un loup pour l'homme ! Depuis les cavernes, le business marche ainsi. D'où les guerres, qu'elles soient locales, civiles ou mondiales. T'as l'embarras du choix ! Mais l'origine de la guerre, ne la cherche pas. L'envie, la volonté de puissance. Montre que tu as envie et que tu es légitime !

# LES COLLÈGUES

Muscler mon jeu, aller au contact, je décidais de suivre les conseils pleins de pertinence du Gitan. Je levais donc un peu le nez du guidon pour voir qui m'entourait, quels étaient vraiment mes collègues, en quoi consistaient leurs habitudes et leur caractère. Je dois avouer qu'ils représentaient jusqu'à présent une sorte de masse confuse, nébuleuse, rien de très distinct. J'aurais été bien incapable de brosser leur portrait, sauf peut-être pour Camille et Florent Landis. Sauf que celui-ci nous a quittés peu de temps après mon arrivée et que Camille a été mutée au loft.

Honneur à la noblesse, démarrons par le Châtelain : Hubert de Las Cuevas. Le sang de sa famille avait circulé pendant des siècles entre les rives bourbonne et capétienne. Clivé dans la chair, cet héritage génétique lui donnait le nez fort de Louis XVI, un éventail de tics, et des postures sûrement excitantes pour certaines belles-de-nuit du bois de Boulogne.

Hubert était manager et moi simple intercontrat. En règle générale, les managers méprisent les consultants (confirmés ou non). Pourtant mes contacts avec Hubert furent tout de suite excellents. L'élément végétal nous rapprochait car, il y a trois ans, Hubert avait quitté un poste important de manager dans une boîte jardinière à Paris pour s'occuper d'une abbaye en ruines dans le Berry, un de ces grands trucs cisterciens où pullulaient dans le temps de braves moines lubriques et des nonnes lesbiennes. La restauration du domaine s'était soldée par une banqueroute et un divorce. Son ex-femme était partie avec la postière du patelin. À deux, elles lui avaient tout pompé : fric et réputation. Il n'avait plus que sa particule. Dont tout le pôle opérationnel se foutait dans son dos. On l'appelait Hubert de Bébert.

L'histoire du cocu du château avait fait le tour du bourg et du Berry. Forcé de rentrer d'exil, il était remonté sur Paris pour reprendre comme si de rien n'était son ancien boulot mais des ragots l'avaient précédé. Grillé dans sa branche arboricole, il avait tenté sa chance dans d'autres secteurs. Ça n'avait pas marché.

Finalement il avait dit merde à tout. Il s'était recyclé en consultant et avait trouvé à se faire embaucher chez Jezix malgré un look marginalisant. Hubert portait un costard en tissu écossais avec des ballons de rugby en cuir au coude. Il ne se sauvait pas aux yeux des autres en arrivant le matin dans une vieille japonaise sûrement mise en circulation avant Hiroshima – autant vous dire qu'en apercevant la caisse, les collègues en faisaient bien le tour, par peur des radiations. Et en plus, tout le monde savait qu'Hubert devait verser une pension alimentaire exorbitante à son ex-femme pour leurs cinq enfants dont les deux lesbiennes s'occupaient à temps plein. Bloqué à Paris toute l'année, Hubert s'était vu refuser la garde des mômes.

Bref, son itinéraire jusqu'à Jezix inventait une nouvelle catégorie de loser hors catégorie. C'est une des raisons pour lesquelles j'avais envers Hubert une très vive sympathie.

La deuxième raison : il avait joué à un moment de sa vie le tout pour le tout et perdu, mais quelle importance de perdre. Seul compte le jeu.

Étienne Arnaud, manager en attente de certification, entretenait aussi de fortes affinités avec la campagne. Il en avait l'accent, et le physique, d'après certains qui s'amusaient à l'imiter sortant de l'étable avec ses bottes. Il est vrai que le collègue était un gars de la terre, il arrivait du fond du bocage normand et il savait le rappeler en utilisant des formules bien de chez lui, histoire de jouer au mec qui n'a pas oublié ses racines. J'aime les joueurs, Étienne ne pouvait donc pas m'être antipathique.

J'aimais aussi ses blagues paysannes avec des clignotants à la fin pour dire c'est la chute, riez ! J'avais toujours l'impression d'être en haut d'un bon gros chêne quand je les entendais. Peut-être parce que certains du pôle opérationnel le trouvaient un peu gland.

Je pense qu'il y avait de la jalousie.

Et d'un, ils semblaient tous incapables d'atteindre le dixième du talent comique d'Étienne.

Et de deux, celui-ci plaisait beaucoup aux femmes. Toutes les filles lui disaient : « Bonjour, Étienne ! » le matin. Je les revois, le sourire aux dents et le péché dans les yeux. Elles n'avaient pas remarqué que certaines semaines, lorsqu'on accueillait des stagiaires masculins, Étienne était souvent un peu lent à pisser.

J'ai d'abord eu du mal à percer les raisons du sex-appeal d'Étienne. Elles me sont apparues en tombant par hasard sur la chanson de Guesch Patti, des années 1980.

« Étienne, Étienne, oh tiens le bien. »

Et puis certainement le côté agriculteur et rustique d'Étienne séduisait l'élément féminin du bureau. J'ose l'hypothèse qu'il y avait sûrement là-dessous quelque inconsciente métaphore sexuelle. Le pieu, la herse, la charrue, que sais-je encore…

Je me suis laissé dire aussi qu'Étienne avait un ticket avec Sandy, Sandrine de son vrai prénom, une Marseillaise. Dans tout casting, il faut une jolie fille. Eh bien, Sandy aurait gagné n'importe quel casting. Elle avait une énorme paire de nibards, des grosses comme ça qu'elle faisait tomber comme deux boules de pétanque dans le haut de son body-sex. Il y avait à téter sur ses poumons et son accent chantant venait vibrer dans les mamelons. Qui n'aurait pas bandé à cet écho pouvait espérer une très belle et longue carrière dans le porno gay.

« Elle a inventé le concept de QI négatif. Je n'exagère pas, elle évolue largement sous zéro ! », me disait Hubert. Je soupçonnais Hubert d'être secrètement amoureux de Sandy. D'où cette méchanceté gratuite. L'attitude d'Hubert était la conduite typique d'un amoureux éconduit qui n'avait pas été payé en retour de ses avances. Peut-être Hubert éprouvait-il aussi une rancune tenace à l'endroit du beau sexe après son divorce difficile. On pouvait également imaginer qu'il avait voulu se prouver qu'il était encore dans la course et Sandy lui avait, par un refus ferme, signifié que non.

Il est vrai qu'on aurait d'abord pu prendre Sandy pour une de ces filles un tantinet écervelées qui tiennent le standard et filtrent les coups de fil. Mais non. Elle était manageuse à part entière. Elle casait des ingénieurs consultants dans les entreprises. Pour y arriver, son physique avait pu l'aider. Hubert prétendait qu'elle avait monté les marches du consulting en se faisant attraper dans les hôtels Mercure et Sofitel. À écouter Hubert, les vices de Sandy étaient payants commercialement. En échange de signatures, les clients de son portefeuille lui passaient régulièrement dessus.

Je ne sais si ces ragots étaient fondés mais ils collaient avec ce que Léon m'avait révélé des pratiques du milieu. D'après le Gitan, les midinettes représentant les sous-métiers du consulting (standard, secrétaire) ne sont pas les seules à être offertes au marché sexuel. Plus haut dans la hiérarchie, c'est aussi bimboland et même les BCBG s'y mettent. Pour apprécier l'intérêt de cette prostitution, il faut comprendre que se livrer à l'acte sexuel dans le domaine du consulting obéit à des motivations extra-sexuelles. Pour les filles, c'est le strapontin vers le pouvoir. Pour les mecs, choper tout ce qui bouge permet de contrer à l'avance une réputation de pédérastie, ruineuse rumeur car l'homophobie est un trait saillant de la psychologie du management.

En plus d'un physique avantageux, Sandy jouissait d'autres atouts pour tracer son sillon dans le métier sélectif du management. Manuel, un manager supporter du PSG, m'assurait que Sandy était une menteuse hors pair.

– Elle ose tout. La triche, la trahison, les fausses promesses. Elle fait honneur au cliché de la Marseillaise, gouailleuse, vulgaire…

Les propos de Manuel étaient-ils crédibles quand on connaît la vieille hostilité entre le PSG et l'OM ?

Manuel ne craignait pas de surenchérir :

– En termes de collègue à tuer, le bouquet final, c'est Sandy.

J'avais eu en effet un brin maille à partir avec Sandy. Mais de là à en passer à une solution aussi radicale ! Je me souviens que ça s'était passé un jour de canicule. La température nous filait une trempe terrible. On transpirait des brocs. J'avais voulu allumer la clim. Mais Sandy n'était pas partante.

– Non, tu peux pas faire ça ! T'es dingue ou quoi ? Il faut surtout pas faire ça.

– Je vois, ça va faire disjoncter le loft ?

– Rien à voir. C'est les dauphins.

– Plaît-il ? Quels dauphins ?

– La clim, ça fout en l'air la couche d'ozone, du coup les rayons ultraviolets passent entre les mailles et les dauphins supportent pas ces putains de rayons.

– Ah bon ?

– Et ils meurent du coup.

– Que faire alors ?

– Tu fais un petit geste pour les dauphins et tu supportes la chaleur.

Un mot de Manuel, le supporter du PSG. Supporter, que dis-je ? Il en était fanatique.

Avant Manuel, je pensais que la passion du foot était du domaine réservé des mœurs écolières. Eh bien non. Il disait « on » au lieu de PSG.

Ça donnait : « On joue contre Lyon » au lieu de « le PSG joue contre Lyon. »

Il buvait son café dans une tasse PSG.

En fait, il ne s'appelait pas Manuel mais Thierry. On le surnommait Manuel parce qu'il jouait du tambour dans les gradins du Parc des Princes. Comme « Manolo », légende du supporting qui, je crois, trimballait son tambour avec lui partout où jouait l'équipe d'Espagne.

Le tambour de Manuel, c'était son écharpe du PSG, il n'allait jamais nulle part sans elle.

– Hansen, c'est l'écharpe officielle. Touche ! Mais vas-y touche !

Je touchais timidement. Sans trop oser. Comme pour marquer ma vénération envers la relique.

– Mais quoi, t'as peur que ce bout de laine soit une ramification de ma bite. C'est la vraie écharpe, tu vois !

– Carrément !

– Sûr ! On rigole pas avec ça !

La preuve, il avait dénoncé à la douane un des types des bureaux voisins qui se promenait avec une contrefaçon particulièrement bien imitée. Mais Manuel avait l'œil pour débusquer les tricheurs.

Les jours de grands matchs, stressé par l'enjeu, il était pris de coliques néphrétiques. Il ne quittait pas les chiottes.

Les lendemains de victoire, il arrivait au bureau en hurlant des chants guerriers de supporters. Il faisait marrer tout le pôle opérationnel, loft compris. Il me semblait que j'assistais alors aux démonstrations d'une convivialité un rien surfaite. Aussi artificielle soit-elle, je m'associais toutefois avec plaisir à l'humeur festive du moment. Avais-je illusion qu'en célébrant bruyamment les résultats du PSG j'allais être intégré au collectif ? Non. Simplement, je ne suis pas l'ennemi de la gaieté, j'aime rire. C'est tout. Alors s'il fallait pour ça que le PSG gagne… Mais quand le PSG perdait, personne ne rigolait. Déprime world.

Hubert n'appréciait pas beaucoup Manuel : « Ce type serait capable d'arracher par plaque la pelouse de l'OM et de s'en servir pour mettre le feu à la capitale sudiste. »

En fait, Manuel et Hubert se livraient concurrence pour emporter le cœur de Sandy.

Bon, il y avait d'autres collègues mais peut-être moins marquants.

Ah si ! Je me rappelle les photographes de *Nuance floue*, les colocataires du loft. Des mecs à barbe artistique qui se la racontaient un peu. Ils jargonnaient en buvant leur café et en comparant leur téléobjectif. Avec ces trucs, ils shootaient tout ce qui bouge : reine d'Espagne en topless, Juan Carlos nudiste, stars de la téléréalité déguisées en bêtes à deux dos, c'était le versant commercial. Ça leur payait largement la pellicule pour exécuter des clichés de filles à poil qu'ils appelaient de la photo d'art. Manuel m'avait raconté qu'il était allé une fois à un de leurs vernissages dans un immense hangar près de la Seine. Des murs et des murs à n'en plus finir et accrochés dessus rien que des rectangles de cuisses ouvertes en couleur psychédélique. Des gugusses avec des verres de lunettes énormes regardaient ces machins en bouffant des petits-fours dégueulasses. « Ça ressemblait à la fois à des sushis et à des Tampax. »

# LE BELGE ET LE LANGAGE Q

Je ne m'autoriserai pas la liberté de mentionner Gwendal Van Den Broucke, alias le « Belge », dans la rubrique Collègue.

« Un collègue, dit le dico, est une personne qui remplit la même fonction qu'une autre. »

Or Gwendal et moi n'étions pas situés sur la même ligne de niveau. Gwendal était la tête d'affiche du management. D'ailleurs, on voyait souvent sa tête dans les magazines spécialisés. C'était le représentant de l'esprit du consulting à l'état pur, le profil type du manager un peu barré sans doute, mais qui assume tout. Gwendal ne ravalait pas sa fierté d'avoir loupé trois fois son bac et d'être arrivé où il en était en passant sur la morale et les règles de l'orthographe et du bon français. Tiens, je revois encore ce brave mammouth réduire en cendres l'ambiance studieuse du pôle opérationnel en vociférant dans l'open espace, un jour de match de l'équipe de France : « Allez voir ce que j'ai foutu au tableau ! Vite, allez voir ! » Sur le rectangle blanc, le Belge avait écrit : « La pensé phylosophique du jour : aller les bleu ! »

Certains mettaient en doute que le *self-made-man* ait pu se hisser jusqu'à la classe de terminale mais aucun, je pense, ne s'en serait ouvert devant lui. Tous étaient sur la réserve dès que Gwendal ramenait sa grande carcasse. J'ai beau aimer le jeu plus que ma vie, je ne parierai pas un kopeck qu'il existait à Jezix un collègue assez casse-cou pour ne pas laisser sa place à Gwendal sur le sofa défoncé. Le Belge l'aurait délogé vite fait. Gwendal pouvait tout se permettre. Comme de décrypter en grand comité, et avec un cynisme intégral et imagé, les appels à la vertu des plaquettes commerciales distribuées sur les salons. Dans ces brochures en papier glacé, vous pouviez lire: « Jezix entretient depuis bientôt quinze ans le contrat de confiance avec sa clientèle, etc. »

Décryptage du Belge: « Servir la clientèle ? Baratin pour gogo ! On s'en tape. La relation de conseil ? Quelqu'un s'occupe de diffuser un rire collectif, SVP ? »

Pour bien évaluer le prestige dont jouissait le Belge, jetons un œil sur l'organigramme. Une smala d'étages et de branches qui poussaient dans tous les sens. Même moi qui étais habitué à escalader les arbres, j'étais perdu dans ce feuillage de sigles et de distributions des prérogatives au zénith desquelles culminait Gwendal VDB.

Le Gitan m'avait sérieusement mis en garde: « Te laisse surtout pas impressionner par l'organigramme. Ça fait partie de l'enfumage. On multiplie les degrés de hiérarchie pour diluer la servitude et le mensonge dans mille petits verres. Les vider un à un donnerait un grand mensonge. Alors, on le coupe, comme avec le vin. Mais l'ivresse à saquer et à mentir ne cesse pas pour autant. Il est d'ailleurs étonnant de noter comme la "littérature d'entreprise" se complaît, elle aussi, dans le mensonge. Le monde de l'entreprise a donné lieu à des œuvres sans nuances, grossières, d'une absence totale de finesse dans l'analyse, misant sur la légende urbaine et la caricature. Dans le consulting, il n'y a pas les bons consultants d'un côté, les méchants managers de l'autre. Tous font leurs saloperies à parts égales mais avec des contenus et des stratégies différents. »

La hiérarchie allait du basique consultant ou ingénieur affaires au world manager en passant par le responsable affaires, le responsable affaires confirmé, le chef de département, le patron d'agence, le patron de la boîte. Voilà, c'était à peu près toutes les marches à grimper avant de devenir le méga boss.

Et Anton Hansen là-dedans ? S'il était quelque part, il faudrait le situer encore en dessous de l'ingénieur affaires et gratter des allumettes pour l'apercevoir, jeune bleu perdu au fond de son trou. Un peu d'autodérision n'a jamais tué son homme !

Pendant que les noms des autres figuraient tous sur l'organigramme de l'entreprise, j'étais vaguement désigné par une sorte de numéro minéralogique, juxtaposition de chiffres et de lettres sans potentiel articulatoire. Plus rude encore que le polonais. J'essayais de prononcer le mot. En vain. Chaque fois je me mordais la langue.

Pour comprendre toute la subtilité de l'organigramme et évaluer le kilométrage jusqu'aux cimes, le Gitan m'avait invité à traduire l'édifice en langage Q.

« Fais avec les neurones et les hormones que la nature t'a donnés, Hansen. »

Excellent conseil. Grâce au langage Q, j'ai intégré rapidement la logique du boulot. Le Gitan m'a tout expliqué. J'ai compris que j'étais en bas de la pyramide. Même les bimbos qui se faisaient, je cite Léon, « prendre dans les chiottes » avaient plusieurs échelons d'avance sur moi. En effet, il entre dans le phénomène de sexe en entreprise bien plus qu'une nécessité naturelle, et autre chose qu'une lubie de mariage réussi avec un cacique de la boîte. Parole de Léon.

Et le Gitan de poursuivre : « Vois-y plutôt la volonté d'asseoir un prestige social au sein de la firme en vue de démarrer une carrière car la réalité "bimbo" se répartit en plusieurs fonctions. On peut parfaitement réunir les mots "bimbo" et "secrétaire administrative" ou "chargée de recrutement". Une bimbo hôtesse peut donc voir loin à condition d'opérer les bons choix en acceptant les accouplements judicieux.

Ce choix se détermine notamment par la place qu'occupe le manager, ses perspectives de carrière, la puissance de sa cylindrée, et surtout sa capacité à réserver à la dernière minute une place pour deux dans un restaurant chic et à appeler sa bonne femme pour lui dire : "Mille fois pardon, chérie, mais y a du boulot au bureau" – ça prouve que ce mec est attaché et que la bimbo en fera ce qu'elle voudra. »

Ce profil type de manager correspond au trentenaire marié, souvent récent papa. En apparence, il vit comme dans les pubs, parle niais à son bambin, lui paie les meilleures couches. Avec sa femme ils tiennent un agenda serré d'apéritifs entre amis. Mais de retour au boulot, la conscience des devoirs détale et l'individu cherche aventure parmi les bimbos du lieu. Notez que c'est toujours ce mec qui a le culot de te dire : « Tu sais, la famille c'est ce qui permet de tenir avec toute la pression qu'on a ! » Notez aussi qu'attraper le plus de filles, c'était un combat entre managers, une façon pour chacun de prouver sa valeur aux voisins.

– Hansen, ne perds pas de vue qu'en costard dans le béton ou à poil dans la jungle, ce sont les mêmes motifs qui guident le jeu. Grande queue a toujours voulu dire efficacité dans la bagarre. Pour cette raison, les managers ne cherchent pas toujours à faire taire les commérages à caractère adultérins mais les entretiennent bien souvent.

– Note enfin que la pyramide lubrique tient debout grâce à l'invincible absurdité de l'administration d'entreprise, ces mille petites règles connes qui gardent tout le chapiteau debout. N'oublie jamais non plus que ce sont les modèles réduits d'intelligence qui formatent les pires cruautés.

Ces principes connus, je levais la tête en me disant : « Après tout, les nuages sont heureux de trouver un ciel pour s'accrocher dessus. Voyons ce qu'il y a là-haut. »

Là-haut, tout en haut, trônait le Belge.

# TEAM BUILDING

Mes premières investigations au cœur des ressources humaines du pôle opérationnel s'étaient avérées riches en enseignement. J'espérais étoffer et affiner encore mon savoir en participant au séminaire de type team building organisé en forêt de Fontainebleau par Jacqueline, alias Jackie pour les intimes.

J'y fus gentiment convié. Une invitation pareille ne se refuse pas, à moins de vouloir être banni à perpétuité de toute vie sociale au sein de la boîte et de passer pour le paria du consulting. J'aime les défis mais je préférais d'autres challenges que de jouer la tête de turc de la SSII.

Ça tombait bien. On m'avait défini le team building comme deux jours de réjouissances dédiés au renforcement de l'esprit d'équipe à partir de jeux divers et variés à base de courses en sac ou dans la boue, de compétitions de ski sur l'herbe, etc.

Outre ces activités de plein air, j'avais l'intention de tirer profit de la forêt pour reprendre ma chasse au végétal inconnu. Quête du graal un peu mise entre parenthèses ces temps derniers du fait de ma présence massive au bureau.

J'espérais aussi constituer un herbier souvenir.

Tous n'étaient pas aussi enthousiastes que moi. Manuel trouvait clairement nul le choix de Fontainebleau.

– Dans la boîte de mon pote Mathieu, ils ont privatisé le musée d'Orsay et ils ont passé toute la nuit à regarder les tableaux, t'imagines !

– Qu'est-ce qu'on en a à foutre de ton pote Mathieu, lui avait rétorqué Étienne. C'est sûrement un hooligan. Si tu veux mater les tableaux, t'as qu'à y aller le dimanche au lieu de perdre ton temps au Parc. Ou alors tu les regardes sur Internet.

S'en était suivie une brève échauffourée entre le citadin Manuel et le champêtre Étienne.

Ni Jacqueline ni moi n'étions propriétaires d'une auto. Heureusement, Hubert avait sympathiquement proposé de nous convoyer jusqu'à Fontainebleau avec sa Honda Hiroshima.

Nous prîmes le risque des radiations.

Jacqueline nous raconta en chemin que le Belge avait limité au maximum les crédits alloués à l'organisation du team building.

« J'ai fait avec les moyens du bord. La maison ne paie pas de mine de l'extérieur mais c'est confortable et elle est située en pleine forêt. C'est très beau, vous allez voir. »

Avant de rejoindre ce lieu de villégiature, une première étape préparatoire est prévue à Barbizon, dans un atelier de peinture.

Hubert est l'un des premiers à garer la Honda devant l'atelier.

Enfin, pas vraiment devant. Sympa, il s'est placé tout au bout du parking. Il sait que les collègues voudront se ranger à distance raisonnable de l'auto pour éviter un choc radioactif. Tchernobyl est encore dans toutes les têtes.

Manuel est déjà là. Il est venu en maillot du PSG. Sans doute pour se donner un côté cool et vraiment différent du bureau. Information sportive importante, la veille, son équipe fétiche n'a fait que match nul et notre collègue est d'humeur intermédiaire.

J'essaie de compatir.

Manuel s'en fiche : je suis un intercontrat. Ce titre ne me donne pas rang parmi les mêmes êtres humains que lui. Ça fait partie du jeu, impossible de lui en vouloir. Mieux vaut se concentrer sur l'essentiel, la plastique ébouriffante de Sandy. Elle vient d'arriver en tenue moulante. Jogging slim, body très serré, extrêmement décolleté. Il m'apparaît probable qu'une vigilance soutenue au moment des jeux me permettra d'apercevoir un téton, voire les deux. À moi de me montrer attentif. Je suis motivé pour.

En bonne Marseillaise, Sandy rigole bruyamment avec Étienne. Il doit lui faire des blagues rurales. C'est de bonne guerre. En tout cas, belle complicité, ces deux-là !

Je note qu'Étienne a opté pour des bottes rouges tirant un peu sur le rose. Il salue Manuel qui le félicite pour ce choix de coloris. Le contentieux sur le musée d'Orsay semble oublié.

Hubert me glisse à l'oreille : « Dans ce genre de truc, tout le monde fait semblant d'être pote et d'oublier les rancœurs. T'inquiète, retour à l'ambiance glaciale dès qu'on sera rentrés de Fontainebleau. Le team building, c'est l'encule-party à l'état pur. »

Il y va fort, le Châtelain ! Perso, je trouve que le team building s'ouvre sous les meilleurs auspices.

Pas de Belge à l'horizon.

10 heures. Il est plus que temps d'entrer dans l'atelier d'artiste.

Le peintre nous accueille. Il porte une sorte de chapeau écrasé, j'identifie deux taches de vomi sur sa chemise, je constate que sa braguette est ouverte et qu'il est sérieusement alcoolisé. Son état de boisson avancé l'empêche de bien articuler. Nous comprenons difficilement en quoi va consister la première activité de la journée. Il s'agira, semble-t-il, de crayonner des natures mortes à l'aide de fusains. Pommes, pêches, poires, bananes sont les fruits proposés. Le peintre essaie de jongler avec les fruits. Démonstration peu probante. Les fruits tombent par terre.

« Saloperie de fruit, il m'a mordu ce con ! »

L'artiste a un peu de mal à les ramasser pour les poser sur la table. La pêche est bien amochée. Elle a dû s'écraser en rencontrant le sol. Ou alors il a marché dessus.

Je choisis de dessiner la banane. Pour Hubert et Manuel, ce sera la poire.

On attrape des fusains et on s'y met tous.

Du coin de l'œil, j'observe Hubert et Manuel. Ils sont absorbés par leur tâche.

« Limite s'ils prennent pas des airs ! » dixit Étienne.

En fait, ces braves artistes en herbe font tout pour épater Sandy. La belle est assise entre Manuel et Étienne. Seul le second a son attention. Pas à dire, Étienne a la situation bien en main. Pour l'instant.

Hubert et Manuel se concertent à voix basse. Que complotent-ils ? Une union sacrée contre Étienne ?

Le peintre maudit passe à côté d'eux :

– Bande de couillons, j'ai pas dit de dessiner des trous du cul !

Les deux apprentis dessinateurs rougissent jusqu'aux oreilles. Ils sont aussi rouges que leur poire.

Je me marre.

Et j'ai tort !

À mon tour d'être rappelé à l'ordre par l'artiste.

– Et toi, qui t'as dit de dessiner une bite ! Petit obsédé ! Tu serais pas un peu pédé sur les bords !

Je me marre encore plus.

Après une petite heure d'atelier art plastique, on déménage, en emportant nos chefs-d'œuvre.

« Vous redécorerez votre bureau avec vos merdes ! », je cite l'artiste.

Direction la villégiature. C'est là-bas que nous bâtirons durant deux jours un esprit d'équipe dur comme le roc, une vraie convivialité d'entreprise.

J'ai eu un choc en voyant la maison. On aurait dit une grande baraque hantée, les volets étaient tout pourris, le crépi partait en vrille, il manquait des ardoises sur le toit.

À l'intérieur, c'est sombre et ça sent le renfermé. Pas mieux que ce cadre hostile pour nous inciter à nous tenir les coudes. J'adore. Je le dis à Jacqueline. La pauvre vient d'essuyer un feu nourri de critiques plutôt injustes de la part d'une dizaine de managers. Je sens qu'elle a besoin d'un petit remontant :

« C'est super-pittoresque, Jackie ! Bravo ! »

Et je ne suis pas au bout de mes surprises. En grimpant à l'étage, je découvre le lac à côté. Magnifique. Y nager tout nu ? Ou simplement contempler les rayons du soleil matinal se reflétant sur les flots. Les arbres, du bout de leur feuillage épars, viennent téter l'eau comme un bébé biche sous le ventre de sa mère.

Un cadre idéal.

Un manager n'est pas de mon avis.

« Putain, mais en plus y a risque de se noyer ! Jackie, t'as déconné plein pot ! »

Devant la maison, un grand rectangle d'herbe. Deux buts de chaque côté. Alors comme ça, l'endroit est aussi apprêté pour les jeux collectifs sur gazon ! Bravo, Jackie !

C'est le moment de sortir le ballon et de jouer au foot.

Manuel se lance dans une démo balle au pied. Encore une manœuvre pour épater Sandy. Manuel mérite le prix de la combativité. À défaut du ballon d'or. Ça ne marche pas vraiment pour lui. Il se fait tout le temps piquer la balle. Ça finit par l'énerver et il se plante le pied dans un trou. Il hurle à la mort. Talent foudroyé. Funeste destin.

Sandy est pliée de rire.

On étend Manuel sous l'arbre. Un chêne. Tronc large. Quatre cents ans de bons et loyaux services à mon avis. Autant dire que l'arbre en a vu d'autres. Inutile de dramatiser la blessure de Manuel. Pourtant, Sandy ne rit plus, elle est à son chevet. Penchée vers lui. Aux petits soins. J'imagine ses deux seins toucher le front pâle de Manuel. Il ne sera pas à plaindre s'il rend son dernier souffle à l'ombre du chêne et de l'opulente poitrine de Sandy. Qui ne rêverait d'une mort aussi douce ? Et aussi digne. Manuel est ceint de sa tunique du PSG. Jusqu'au bout, il aura fait honneur à ses couleurs.

Je vois qu'Hubert tire la tronche. Ce rapprochement subit entre Sandy et Manuel ne doit pas être de son goût. Visiblement l'union sacrée entre Manuel et lui s'est fissurée sur cette action de jeu.

Ah, le jeu, toujours le jeu !

Justement, Hubert n'a plus la tête à ça. Il rate un but tout fait sur un centre millimétré de Tanguy, un consultant confirmé prestataire chez Total.

« Comment tu veux que je reprenne un ballon aussi dégueulasse ? La prochaine fois, envoie-moi une bassine de merde à la gueule tant que tu y es ! »

Tanguy ne moufte pas. Forte probabilité qu'il a été embauché dans la grande firme pétrolière sur intervention d'Hubert.

Ça semble plus grave que prévu pour Manuel.

On va l'installer dans la maison, à l'étage, où sont les chambres.

Sandy reste à ses côtés. Je diagnostique un syndrome de l'infirmière. La névrose est sûrement très développée, incurable même car elle l'a poussée à délaisser Étienne pour s'occuper du petit blessé.

Étienne se console sans mal auprès de Jérôme Peltier, le très sympathique homosexuel de l'accueil. Jérôme est arrivé durant le match. Étienne et lui se font la causette à part. Jérôme a essayé les bottes d'Étienne. Il lui fait une démonstration en marchant entre les arbres et en faisant semblant de se cacher derrière. Les bottes lui vont très bien. Étienne est aux anges. Une onde de joie me parcourt l'échine. C'est si beau de voir deux êtres aussi heureux !

Hubert ne devrait pas tirer la tronche. Étienne occupé avec Jérôme, c'est pour lui un rival de moins sur le chemin escarpé et sinueux menant au cœur de Sandy.

Mais je comprends Hubert. Si Sandy veille sur un Manuel alité, il est très probable que Manuel saisira la moindre occasion pour exiger de son infirmière qu'elle passe une blouse blanche et retire ses sous-vêtements un à un, très lentement, d'un air à la fois innocent et salace.

Nous verrons.

12 h 30.

Il est temps de passer à table.

Notre cuisinier est un Mexicain. Il se présente. Raul Alcala. Il se dit spécialisé en « cuisine chronométrique ». J'ignorais l'existence de cette discipline culinaire. Je dis à Raul que j'ai hâte d'y goûter. Ne pas le contrarier. J'ai immédiatement repéré ses bottes en croco à bouts carrés, un signe d'appartenance à quelque cartel mexicain. Sans doute Raul est-il un repenti profitant d'un programme de protection des témoins, mais il a pu garder de vieux automatismes. Prudence. Je décide de l'encourager sur cette voie difficile de la réinsertion en le félicitant pour sa nourriture.

Mes collègues ne sont pas du même avis. Ils calent rapidement. Plusieurs dissimulent dans leur serviette tapas, acras, etc. Certains, comme Jacqueline, iront vomir derrière les peupliers moins d'une heure après l'absorption de la première cuillerée de chili.

L'après-midi, on fait la sieste. La nourriture de Raul a laissé des traces.

Puis courses en sac. Je gagne une des quatre courses. Pas mal.

Ensuite, ski de vitesse en équipe. Chaque team est composé de trois éléments constitués par affinités. Ces trios doivent se débrouiller pour grimper sur deux skis et ne pas tomber ! Les attelages sont tirés par de gros moutons à tête de cheval. Je n'ai jamais vu des bestioles pareilles. Dire que je cherchais un végétal inconnu. Eh bien, j'ai trouvé l'animal inconnu ! Je chauffe. Le graal n'est plus loin.

Observation anecdotique. On a refusé de partager un attelage avec moi. Encore mon statut d'intercontrat. Je ne me suis pas vexé d'être ainsi rappelé à ma domesticité. J'ai pris le départ tout seul. C'est sûrement pour ça que j'ai pu remporter trois manches d'affilée. Jeu, set et match. L'atout de la légèreté.

Sandy assiste à ces réjouissances de groupe depuis la chambre. Elle est accoudée à la fenêtre. Elle a vraiment une magnifique paire de seins. On dirait que le Seigneur se repose dans son soutien-gorge. Dommage que je n'ai pas fait catéchisme, j'aurais pu infirmer ou confirmer mes impressions.

Depuis sa position privilégiée, Sandy a été la spectatrice amusée des efforts consentis par Hubert pour tenter de reconquérir le terrain perdu sur Manuel durant la matinée.

J'ai bien dit « tenter » car Hubert s'est vautré à quatre reprises (au moins) en essayant, comme moi, d'orienter seul son traîneau. Le pauvre. Tout le monde n'est pas Anton Hansen. Pour Hubert, intégrer l'univers des super-héros n'est pas pour tout de suite.

« Patience et longueur de temps font plus que force ni que rage », comme dit La Fontaine.

Hubert n'a pas tout perdu. Il a trouvé en la personne de Jacqueline une victime expiatoire.

« Putain, Jackie ! Je sais pas ce que t'as branlé mais c'est le séminaire le plus complètement nul que j'aie jamais fait ! »

Peut-être trouvera-t-il à s'épanouir davantage dans les activités interactives de la soirée.

Mais avant cela, nous accueillons, en fin d'après-midi, coach Rachel et son assistant François-Baptiste, de la société Alter & Coaching.

Cette rencontre entre Jezix et Alter & Coaching est un temps fort du team building. Au point que les managers ont senti la nécessité d'arracher Manuel à sa chambre de souffrance. Et tant pis s'ils occasionnent par là même des séquelles irréversibles à son genou.

Manuel descend au bras d'une Sandy exemplaire de dévouement.

Au regard d'Hubert je comprends que celui-ci ne peut plus désormais supporter Manuel qu'en l'imaginant au fond du petit lac attenant à la propriété avec un lest de deux blocs de ciment accrochés aux jambes.

Rachel est souriante et jolie. Elle se présente comme une psychologue reconvertie dans la psychanalyse d'entreprise. Je crois que c'est ça. À vrai dire, j'ai quelque difficulté à saisir les finesses de son discours introductif. J'attrape au vol quelques expressions.

– Nos interventions reposent sur trois attitudes fondamentales : une position subjective assumée, la suspension du jugement et une intention bienveillante envers l'autre. Bien entendu, la stricte confidentialité va de pair avec l'implication dans la réussite du dirigeant. La finalité du processus de développement est de vous permettre de passer d'un état actuel à un état désiré en faisant vôtre la devise de Pindare, « Deviens ce que tu es ».

Hubert me glisse à l'oreille que Pindare est une sorte de philosophe de l'Antiquité.

– Je pense que Pindare se serait suicidé au plus jeune âge s'il avait su ce que sa pensée allait devenir.

Rachel poursuit en sortant Freud de son chapeau.

– Freud a dit quelque part…

Hubert à Anton :

– Maxime Le Forestier a dit quelque part : « Je suis né quelque part… ».

Trois managers se retournent pour exiger d'Hubert une meilleure attitude d'écoute :

– Ta gueule ! Putain !

Rachel continue son numéro de thérapie de groupe :

– D'après Freud, l'être humain est tenté de satisfaire son besoin d'agression aux dépens de son prochain…

J'ai pensé au Belge.

– D'exploiter son travail sans dédommagement…

J'ai pensé à mes amis managers.

– De l'utiliser sexuellement sans son consentement…

J'ai pensé aux bimbos et à Sandy.

– De l'humilier…

J'ai repensé au Belge.

– De lui infliger des souffrances, de le martyriser et de le tuer.

Le Belge. Le Belge. Le Belge.

– Eh bien ça, c'est fini ! L'entreprise doit devenir un topo d'éthique collective.

Murmure d'Hubert :

– Alléluia !

Rachel :

– Mais cela n'est possible qu'en recourant à la méthode de la *talking cure.*

Les trois managers de devant font oui de la tête. Visiblement, ils sont conquis. Les compétences linguistiques de Rachel en anglais ont emporté leur adhésion pleine et franche. L'impact semble avoir été de moindre bénéfice pour Hubert. L'anglicisme *talking cure* a eu pour seul effet d'inspirer au Châtelain une imitation un rien approximative de De Niro : « *Are you talking to me ?* »

Hubert revient à la langue de Molière pour me livrer ses impressions à chaud.

– Je craque pour ces petits moments de purgation collective. C'est comme de lyncher un mec ! Le groupe accuse le pauvre gars des mille saloperies que chacun a pu faire. Non seulement ça purge le groupe mais ça le ressoude. C'est pour ça que ça marche !

La suite de l'intervention de Rachel s'est située sur un terrain plus entrepreneurial.

– Je suis là pour vous permettre de donner de la pérennité à vos process en les inscrivant dans…

Là, je n'ai pas compris le terme anglophone employé.

– Le fait d'extraire une offre de services venant d'un groupe aussi pluricompétent que le vôtre ne peut que vous donner de la pertinence. Mais à condition de ne pas oublier que notre monde change vite. L'entropie est exponentielle et, pourtant, il vous faut rester au plus près du client. Au contact. En adhérence avec les lignes métier pour se construire contre, et avec, mais toujours positivement. Si vous n'alignez pas vos organisations, si vous ne vous mettez pas au plus près de votre client, si vous n'êtes pas confrontés à du temps réel en permanence dans votre business, ce que j'appelle « se temporaliser », alors vous décrochez du marché, du client et vous perdez le contact. Proactivité versus réactivité. Il est nécessaire d'avoir le bon niveau de contact et l'optimiser sans cesse. Pour cela, pensez altérité et temporalité !

Tout au long de la leçon introductive de Rachel, François-Baptiste n'est pas resté les bras croisés. Une heure durant, il a rempli un grand tableau blanc avec des flèches et des figures géométriques multicolores. Le résultat final est magnifique au plan esthétique. On dirait le mur de Berlin. Mention spéciale à sa façon de manier le marqueur avec maestria. Un grand moment de chorégraphie picturale. À mon avis, François-Baptiste a été un tagueur chevronné avant de se reconvertir dans une activité plus rémunératrice.

Après la théorie, la pratique. Rachel applique sa méthode d'altérité. Elle se met à genoux pour poser des questions et utilise le tutoiement.

En fait, elle pose à chacun la même question : « Et toi, qu'est-ce que tu attends du team building ? »

Après chaque réponse, elle réagit de la même manière.

« Ce que tu me dis me touche beaucoup ! »

Elle adopte sûrement ce comportement égalitariste pour montrer que tout le monde est pareil. Pas de passe-droit. Chacun a droit à l'empathie. Même moi ! Ce que j'ai dit l'a beaucoup touché. Et ça, ça m'a touché.

Applaudissements de la salle pour le Châtelain qui s'en tire brillamment en lui faisant une réponse professionnelle et jargonnante sur ses attentes. Une attitude de réserve car pour Hubert, passer d'un état actuel à un état désiré consisterait à basculer Sandy dans un fourré.

Je félicite Hubert pour sa prestation.

Hubert relativise : « Anton, dans ce milieu, il faut mériter l'oscar du meilleur acteur tous les jours. Rien de plus. Le vrai truc dingue, c'est que Rachel nous coûte trois mille euros la journée, au bas mot. »

La synthèse est proposée par François-Baptiste. Il n'est pas que peintre, il sait aussi s'exprimer verbalement. Il fait le bilan de la séance avec un naturel paisible et sûr de lui. Ça me rappelle, je ne sais pourquoi, ces nudistes qui se baladent *Figaro* sous le bras et gland au vent comme si de rien n'était. Ces gens à l'air distrait et à la queue ballante m'ont toujours épaté. J'ai pu les observer quand nous descendions sur les plages du sud-ouest, Léon et moi.

En tout cas, François-Baptiste a bien fait d'abandonner l'underground des arts de rues. Les squats et les rames de métro sont certes des bons terrains d'entraînement pour un tagueur en devenir mais, un jour, il faut savoir abandonner tout ça et se propulser vers des débouchés plus alléchants au niveau financier.

La fin de la séance a tout juste été sifflée que Manuel disparaît à nouveau avec Sandy à l'étage.

Les bouteilles sont débouchées.

On a fait un trait sur le dîner. Raul n'aura qu'à benner directement sa nourriture chronométrique des poêles, cocottes et marmites dans les poubelles. Une manœuvre qui ne devrait pas trop amputer son budget temps. Quelqu'un a commandé discrètement des pizzas. Celles-ci nous ont été livrées dans la plus grande discrétion, histoire d'éviter qu'un accidentel coup de couteau du Mexicain vienne ternir la bonne ambiance.

Voir Manuel remonter vers la chambre du péché avec Sandy a fini de doucher les espoirs d'accouplement d'Hubert avec la Marseillaise.

Il est temps pour lui de faire son deuil de ses illusions. Pas mieux que de licher pour oublier. Je l'accompagne dans ce chemin de perdition. Mais Hubert tient la poire moins bien que moi. Dès le troisième verre, il a sa dose, je dois l'allonger sur un divan. Là, il se laisse aller à me faire la description de son arbre généalogique, branche par branche, puis rameau par rameau. Inoubliable végétal de trente étages qui montre, de façon incontestable, la supériorité du sang des De Las Cuevas sur l'hémoglobine des autres familles françaises. J'ai peut-être enfin mis la main sur une espèce végétale inconnue qui me donnera rang parmi les botanistes.

Hélas, Hubert ne pousse pas à bout son exposé généalogique. Il bifurque vers un autre sujet et m'avoue qu'il a eu maille à partir avec la justice. Au temps de sa période berrichonne, il a trempé dans un petit trafic d'antiquités. Les douaniers l'avaient attrapé et…

Je ne saurai pas la suite de l'histoire. Manuel vient de faire intrusion clopin-clopant dans le salon. Il est en état de légère ébriété. Il nous apprend que Sandy a disparu.

Je vois Hubert se redresser et changer de couleur. Je pense tout de suite au lac.

Et si cette jeune écervelée ne nous avait offert jusqu'à présent qu'une apparence de superficialité pour cacher un profond mal-être, une angoisse existentielle exorcisée d'abord dans la pratique hystérique du management et la clandestinité d'accouplements entre collègues, ensuite dans une névrose d'infirmière, enfin dans le suicide.

Nous sommes vite rassurés par Tanguy, le type qui bosse chez Total.

« Z'inquiétez pas ! Elle est en train de baiser avec le cuisinier dans sa fourgonnette. Je les ai vus comme je vous vois. Ils étaient même quatre en tout ! »

Quatre ! Ça me semble trop. La fourgonnette de Raul n'a pas le volume pour accueillir tout ce monde. Tanguy est grisette, il a dû voir double. Il faut donc diviser le chiffre annoncé par deux.

Hubert et Manuel sont terrassés.

Pour moi, la soirée se termine divinement.

D'abord par un jeu de mime. Le jeu consiste à faire deviner via une gestuelle appropriée des événements historiques, des hommes illustres, des sportifs, ou des morceaux de choix du patrimoine national : Le Louvre, Paris, Carcassonne, Gérard Depardieu, Le Mont-blanc, etc.

Étienne excelle à ce jeu. Sauf lorsqu'il mime le Tour de France et les mecs à vélo. On a l'impression qu'il conduit un tracteur. Jérôme Peltier a pourtant deviné tout de suite. Ces deux-là se connaissent bien. Intimement, je dirais.

Dernière réjouissance de la journée, une sorte de variante de *Questions pour un champion*. Julien Lepers est interprété par Olivier, un gros manager qui a égaré son pantalon à un certain moment de la soirée.

– Qui a découvert l'Amérique ?

– Facile, c'est l'inspecteur Colombo ! hurle Manuel, ivre mort

Je crois qu'il est temps d'aller dormir.

*

Le matin, je trouve Jacqueline en larmes dans le salon. Une info du siège est arrivée dans la nuit. Patrick s'est suicidé.

Patrick est l'ex-collaborateur de Jezix dont j'ai hérité du bureau au pôle opérationnel.

Il y a de nombreuses réactions à l'annonce de cette nouvelle. « C'était qui ? » « Qui c'était ? » « Ça me dit rien du tout ! »

Visiblement, Patrick avait su se montrer d'une discrétion extrême au sein de Jezix.

Jacqueline me parla de son ami Patrick.

– Patrick ne supportait pas le harcèlement permanent des managers. Leur « il faut », « tu dois », le lien de subordination, leur méthode de culpabilisation. C'est vite devenu l'humiliation permanente. Patrick ramenait le boulot chez lui. Là, il revivait tout en pire. Ce que lui avaient dit les managers lui revenait par paquet. Pour tenter d'oublier la journée de boulot, il marchait plusieurs heures la nuit. Le plus longtemps possible. Patrick me disait que les premiers cent mètres le calmaient. Après, c'était le contraire. Chaque pas faisait sauter une image du boulot dans sa tête. Impossible de trouver l'apaisement. Tablette de chocolat, lait chaud, infusion, tilleul, il a tout tenté. À la pharmacie, il a aussi demandé la vedette de leur calmant, rien n'y a fait. Dès qu'il arrivait chez lui, il se foutait la tête sous l'oreiller. Casque intégral. Et il gueulait. Il avait du mal à dormir. Quand il y arrivait, il rêvait des managers en gorille. Torse velu, mains et muscles énormes.

J'ai reconnu les mains et les avant-bras de Gwendal.

– Ils s'approchaient de lui et se mettaient en rond. Ensuite, ils venaient le flairer un à un. « Comme les chiens se flairent le cul », disait-il. Il me jurait qu'il était prêt à tout pour être ailleurs que dans ce burlingue. Les clodos qui vivent dans des cartons, il voulait les tuer pour se mettre à leur place. Il me disait : « Je voudrais tuer quelqu'un pour me retrouver tranquille au fond de mon cachot, où l'œil humain est absent. Le bureau, c'est un œil. »

Pour échapper à l'œil, il avait décidé de se laisser engloutir par la nuit. J'espère que les gorilles ne l'ont pas suivi.

Au petit jour, on entend le moteur d'une voiture de forte cylindrée. C'est une Porsche.

Le Belge est au volant. Sa fille est avec lui.

Question physique, elle envoie les volts. On ne m'a pas menti. Grande, rousse, pâlotte mais la version appétissante, pas le millésime maladif et tout en os… Ce serait un coup à se casser une dent.

Question parlotte aussi, la fille du patron envoie la sauce. Elle cause en continu. De stretching, d'aérobic, de pilates, de gym suédoise. Elle veut descendre l'armoire d'une des pièces de l'étage. Elle a un urgent besoin d'espace pour sa séance de step.

– OK, Ma Précieuse ! décrète Gwendal.

Ce Belge a besoin de main-d'œuvre. Il appelle tout l'élément viril de Jezix à la rescousse. Moi compris.

– Hé, Ducon ! Viens aussi !

Dingue ! Il m'a intégré à son univers mental. Je suis important.

Le meuble est énorme. On l'entoure amoureusement de cordes et on le descend doucement. Je suis dans l'équipe de la corde de gauche avec trois autres types. Le Belge est dans l'équipe de la corde de droite.

C'est laborieux. L'armoire passe difficilement dans l'encadrement de la fenêtre.

La fille du Belge dirige la manœuvre depuis la terrasse.

– À droite, putain ! Plus à gauche bordel !

Tout à coup, elle se met à hurler.

– Ducon, ramène tes couilles en bas ! Ducon, j'te parle ! Ducon, putain !

Le Belge s'arrête et me souffle dans le visage.

– Hé, Ducon ! T'entends ce que Ma Précieuse te dit ou quoi ? T'es bouché, merde !

En fait, sa fille veut que je me place sous l'armoire pour la réceptionner.

À ce moment, une corde lâche et l'armoire bascule dans le vide.

Badaboum ! Blang !

Cette sacrée armoire vient de se casser en quinze ou vingt morceaux ! Comme l'auto de Bourvil dans *Le Corniaud*.

– Putain, quand Ma Précieuse te dit de faire un truc, tu le fais, connard !

Pas le temps de récupérer de nos émotions. Le Belge déteste l'endroit. Il le dit à Jacqueline devant tout le monde.

« Jackie, c'est quoi cette jungle à la con que tu nous as dénichée ? C'est à chier, t'aurais à peine pas pu trouver pire ! Prochaine fois, on fera ça dans la cour du loft. Comme ça, j'userai pas de la gomme et je dégueulasserai pas la voiture à venir jusqu'ici. »

Managers, consultants et intercontrat sont au diapason de Gwendal.

« On t'avait dit Jackie. C'est complètement nul ce que t'as organisé ! »

Jezix fait corps avec son chef! Un des objectifs du team building est rempli.

Le Belge décide de transporter ailleurs le séminaire. À vingt minutes en voiture, il y a un grand point d'eau avec des activités nautiques. Il veut y aller tout de suite. Personnellement, je trouve intéressant de placer la voile au centre du projet pédagogique du séminaire. En plus, si c'est à vingt minutes !

À vingt minutes en Porsche…

On monte dans les bagnoles et c'est parti. J'ai pris place dans la Honda d'Hubert. On est en toute fin de cortège.

Le Belge a démarré pied au plancher. Les deux roues arrière éjectent chacune un bon kilo de gravillons. Respect au Belge ! Une Porsche ne lui suffit pas, il faut qu'il la mette en thématique Ferrari. Je dis : « Bravo, le panache ! » Et quand le panache est lié à la fluidité, alors… C'est le cas ici, le bolide colle à la route, pas de déportation, et c'est beau.

La Honda Hiroshima a du mal à suivre. La Porsche est sur le sommet d'une petite colline quand on pointe tout juste sur le faîte de la colline d'en face. Même avec l'élan de la descente, je doute qu'on puisse rattraper la sportive allemande. Je suis même à deux doigts de demander à Hubert de mettre en route le moteur atomique. Pour retrouver un peu de dignité et sauver la face. Mauvais plan. Les suspensions de la Japonaise me paraissent vieillissantes. Elles n'encaisseraient pas le surplus de puissance transmis par la turbine à fusion.

Qui va lentement va sûrement.

Quand on descend de la voiture à combustion uranique, le Belge est déjà dans un bateau. Une coque de noix avec un tout petit mât et une voile pas plus grande qu'un drap pour lit de bébé.

Il fait une démo.

Les collègues sont rassemblés sur la rive.

Pour deux raisons :

1. Manifester un soutien moral indéfectible à leur chef.

2. Espérer le voir tomber à la flotte et prier qu'il ne remonte pas.

Mais le Belge n'est pas le Belge pour rien. Il va vendre chèrement sa peau. En témoignent ses gesticulations. Il nous montre ses poings serrés en hurlant. On ne l'entend pas mais on peut supposer la teneur de son interpellation : « Bande d'enculés, si j'en vois un seul qui se marre ! Je l'accroche par les couilles au pare-chocs arrière de la Porsche et… »

Alors, plouf! ou pas plouf! ?

Pas plouf.

Il s'en est sorti sans dommage. Avec mention même. Sur un tronçon de cent mètres, il a presque doublé un type qui faisait du ski nautique relié à une sorte de tyrolienne.

Enfin j'ai dit presque.

Il a tout de même glissé sur le ponton avant de se rattraper de justesse. Le Belge gagnera toujours à la fin.

Quant à Jacqueline, elle morflera jusqu'au bout. Sur le chemin du retour vers Paris, elle a vomi par la fenêtre. Oui, encore !

Trois explications : l'auto d'Hubert est très sous-amortie et Jacqueline n'a pas supporté d'être sévèrement ballottée au retour comme à l'aller. Ou alors, Jacqueline a souffert d'intolérance aux radiations de la Honda Hiroshima. Ou bien, c'est la cuisine de Raul.

En parlant de Raul. La rumeur a couru qu'il s'était tapé la fille du patron durant notre escapade nautique.

Si ça intéresse quelqu'un, eh bien, qu'il sache que j'ai rêvé, les trois nuits suivantes, que les arbres de Fontainebleau étaient remplis de gorilles et tentaient tous de s'accoupler avec Sandy.

Au fait, où était passée Sandy le deuxième jour ?

# LE SALON

Comme au bureau je ne glandais rien de vraiment valable, Jezix m'expédia avec des bimbos dans quelques forums et salons.

Retour aux sources d'une certaine manière. J'avais fréquenté assidûment ces salons de recrutement jadis, au temps d'avant mon CDI. Désormais, j'étais passé de l'autre côté de la barrière, je tenais le stand. Carrément pas mal la progression. J'en étais très fier. J'étais la tête de proue de Jezix. La boîte comptait sur moi. J'avais l'honneur de trimballer dans le métro, le RER, le TGV des stocks des petites plaquettes floquées du logo Jezix et remplies du baratin qui devait donner l'envie aux novices. Les acnéiques tout juste sortis de leur école d'ingénieur ou étudiant encore dans des prépas intégrées, ces classes préparatoires postbac secouant la queue de pouvoir afficher un partenariat poussé et fondé sur une estime mutuelle avec de prestigieuses sociétés de conseil voraces de jeunes consultants corvéables à merci et rémunérés au moindre coût. C'était la teneur idéologique des propos dont m'avait entretenu le Belge *himself*. Car honneur des honneurs, fierté des fiertés, j'avais eu le privilège insigne d'être coaché par Gwendal en personne avant d'être envoyé sur les salons.

– Hé, Ducon, fais pas le con aux salons. Si tu foires, je te fous aux chiottes ! Mais avant je te cuirai le cul ! Tu leur dis bien que Jezix entretient depuis bientôt quinze ans le contrat de confiance avec sa clientèle, etc. Tu reprends texto le baratin habituel servi aux gogos sur le papier glacé des plaquettes commerciales. Fourre-toi ce baratin dans la tronche ! Apprends par cœur la plaquette ! Passe le week-end dessus. Branle-toi dessus si tu veux mais putain, attends bien d'avoir tout retenu avant de te branler dessus !

J'acquiesçai sans problème à la parole divine. Ce qui poussa, peut-être, le grand patron à se relâcher un peu pour se livrer au jeu de la vérité.

– Le discours est 100 % bidon !

Pour chaque salon, avant de me laisser filer, les managers me rappelaient l'alpha et l'oméga : l'accueil !

« Hansen, soigne l'accueil surtout ! »

Conséquence, les bimbos dont j'avais la responsabilité étaient placées en première ligne. Décolleté et jupe fendue de rigueur. À elles de ferrer le client. Elles étaient là pour faire frémir les acnéiques pas encore déniaisés. Elles savent faire ça. Le reste est plus besogneux. Renseigner, filer les bonnes infos, vendre la boîte, bof.

Ma seule fonction un peu sérieuse consistait à briefer ces jeunes personnes avant de les laisser officier. Je leur filais une liste de vocabulaire à connaître par cœur et je leur rappelais la soi-disant politique de la maison. Soit le discours liminaire tout en dents blanches de Jérôme Peltier à mon arrivée au rez-de-chaussée de Jezix : chacun est un individu à part entière et on se tient tous les coudes. La hiérarchie n'est pas là pour vous enfoncer mais pour vous supporter. On performe ensemble ou on ne performe pas.

Sur ces belles paroles, je disais aux bimbos « Bonne chance ! » Ne restait plus qu'à laisser le charme agir. Avec leurs deux perles accrochées au balcon, elles s'en sortaient pas mal. À ce que j'ai pu voir. Or je regardais tout ça de loin. Mais je restais prêt à intervenir. Si les bimbos séchaient sur une question, elles devaient orienter le candidat vers un pseudo-commercial tout aussi souriant et incompétent. Moi.

Mon seul avantage sur mes collègues féminines était de disposer du vocabulaire *ad hoc* pour égarer les jeunots : « Savoir s'interfacer avec les besoins clients », « entrer dans une dynamique professionnelle », « adaptabiliser ses compétences acquises », « être capable d'analyse processuelle déconstructiviste ». Une des règles d'or dans le recrutement est de ne jamais placer le candidat sur la voie de la vérité, et ce, même au risque de ne pas être clair. Éviter la simplicité. Au contraire. Mieux vaut chercher la confusion. Si le jeune ne comprend pas, c'est qu'il est encore un peu tendre et trop léger. Mais en intégrant rapidement le monde enchanté du consulting, ça viendra, pas de crainte.

Contre leur CV, on leur offrait nos plaquettes de présentation de la boîte. Nos effectifs étaient gonflés et notre pyramide des âges totalement tronquée. Il y avait aussi des photos de types et gonzesses en costards et tailleurs parfaitement représentatifs de l'ouverture multiraciale de Jezix (un Blanc, une Black, un Asiatique, un Maghrébin et une Latino) qui souriaient en regardant un camembert 3D sur un portable dernier cri (une photo achetée une bouchée de pain auprès d'une banque d'images). On insistait sur les promesses d'accomplissement personnel. La boîte balayant de multiples secteurs d'activité. Et surtout, pas de panique concernant la question des salaires ! On savait rémunérer les compétences, ça oui !

Chaque boîte répétait machinalement cette fable à tous les frais diplômés. Surtout les jeunes sociétés. Pour elles, le but du jeu c'était de faire croire aux premiers embauchés que les rangs qu'ils s'apprêtaient à intégrer étaient déjà bien fournis, en ordre de marche et compétitifs. Une centaine de consultants, tous prêts à mourir en sacrifice pour la compétitivité de la firme, les attendaient au bureau pour les accueillir. Bien entendu, un audit rapide sur les effectifs réels aurait évaporé de tels chiffres. Mais en consulting, il faut sembler vrai, inutile de l'être.

Pour conclure, on leur promettait une signature rapide de contrat et on leur refaisait signe si une mission se présentait. Dans le cas contraire, c'était aux secrétaires de jongler en inventant des prétextes pour justifier l'absence du décideur et temporiser, au cas où un besoin plus qu'hypothétique finissait par survenir.

J'adorais les salons. J'avais la responsabilité de quatre bimbos au minimum. Une dizaine au mieux. Dans tous les cas, une équipe de choc. Je frimais avec dans le TGV. Un vrai pacha ! J'avais l'impression d'être Charly dans *Drôles de dames.* Yes, j'étais ce brave Charly qui parle à quatre sirènes depuis le bord de la piscine intérieure d'une villa située assez haut pour contempler le Pacifique et se sécuriser contre tout tsunami éventuel.

À propos de tsunami…

Il y avait Mathilde parmi les bimbos. Dès que je la voyais, je sentais mon cœur battre aussi fort que les vibrations d'un séisme de magnitude 8 ou 9 sur l'échelle de ce bon vieux Richter. Je devais prendre sur moi pour ne pas trembler de tout mon corps. J'y arrivais pas trop mal mais pas assez pour éviter de provoquer un tsunami de poche dans mon verre d'eau.

Mathilde était le sosie de la fille du Belge, rousse, très blanche de peau, les yeux bleus, les seins en vitrine… ils sortaient de son body comme on sort de la salle après une bonne séance de gonflette. Et quelle lumière ils répandaient ! Rétines fragiles s'abstenir. Pas à dire, elle trimballait une de ces paires. Des belles pommes toutes en rondeur, offertes, rebondies. Mathilde était le plus bel arbre fruitier de la pépinière et je voulais grimper dessus.

Impossible.

J'avais encore en tête ces mots pleins de sagesse de Léon : « Anton, une bimbo hôtesse peut voir loin à condition d'opérer les bons choix en acceptant les accouplements judicieux. Ce choix se détermine notamment par la place qu'occupe le manager, ses perspectives de carrière, etc. »

Je n'étais pas manager. Pas même un productif en mission. Qu'importe ! J'avais, le temps d'un salon, la responsabilité d'un petit cercle de prostitution constitué de quatre bimbos qu'on refourguait à des clients potentiels quand elles ne jouaient pas les potiches sur les salons.

Enfin, la responsabilité, c'est beaucoup dire. J'aimais me le faire croire et jouer à qui je n'étais pas.

Le jeu toujours.

En fait, seuls le Belge et ses proches collaborateurs pouvaient décider d'envoyer ces gazelles à des clients pour leur radoucir le cuir et leur « recommander » les services de nos consultants à forte valeur ajoutée.

Annexe au présent chapitre : quand Mathilde n'était pas mobilisée sur les interventions sus-décrites, c'est le Belge qui se la tapait. Un peu bizarre vu la ressemblance étonnante qu'elle entretenait avec sa propre fille, mais bon, chacun voit midi à sa porte. Le bruit courait qu'il se l'envoyait sur le capot de sa Porsche près des rails du TGV.

« Les chattes, ça aime les capots chauds ! », comme disait je ne sais plus qui.

Je sais que le Belge était assez exhibitionniste pour ça. Mais il aurait très bien pu également faire miroiter à certains managers de l'avancement express en échange de lancer la rumeur que Gwendal Van Den Broucke était une star du porno aussi à l'aise « à l'extérieur » qu'à l'intérieur. En sorte que c'est d'une oreille distraite et un tantinet suspicieuse que j'écoutais, lors d'une pause café, Manuel confirmer à un des collègues qu'il avait vu la Porsche du Belge garée proche de la voie ferrée Paris-Lyon en rentrant d'un déplacement du PSG dans la capitale des Gaules.

# JEU DE MASSACRE À JEZIX

Il arrive un moment dans la vie d'un joueur où il n'est plus habité que par la folle envie de tout jouer à quitte ou double. J'eus cette folle envie en revenant au bureau après un énième salon. Non pas que j'étais dégoûté de ce travail, pas du tout ! C'était le rêve de prendre le TGV et de franchir les portes d'un hall expo encadré d'une dizaine de bombes sexuelles. Mais j'avais repéré un poste de pépiniériste dans un Jardiland et je taquinais le désir de candidater. Cette bifurcation professionnelle n'aurait rien eu d'une fuite. Si l'on peut parler d'une capitulation, alors c'eût été une capitulation en rase campagne car j'étais plus que jamais convaincu d'être un rural, et ceci depuis le team building en forêt de Fontainebleau. Le séminaire m'avait en quelque sorte rappelé à mon devoir : me concentrer sur mon vrai projet de vie, découvrir enfin la plante inconnue. Je songeais qu'avec un peu de chance, elle pouvait m'être livrée en pot un beau matin au Jardiland. La chance est l'ingrédient nécessaire du jeu. N'importe quel addict de la roulette ou des machines à sous sait ça.

Un jour, c'était oui pour quitter Jezix. Le jour d'après, non.

J'hésitais.

Jusqu'à ce qu'on me mette en face de moi-même, un beau matin.

« Hansen, je te présente Constance. Elle est en intercontrat comme toi. », m'a fait un de nos kapos.

J'ai dit bonjour à Constance.

À première vue, c'était une fille gentille, pas une reine de beauté, pas très libérée, pas très bien habillée non plus, mais gentille. Oui, gentille et un rien inhibée. Bref, c'était Constance et je ne savais pas comment elle avait atterri là. Le hasard sûrement, ce grand prestidigitateur de nos vies. Constance tranchait nettement sur les autres collègues. Elle n'était pas comme nous. C'est ce que j'ai pensé jusqu'au moment où je me suis dit : « Et si j'étais comme elle ? » Je veux dire : et si c'était cette image de niquedouille empotée que je renvoyais aux autres collègues... Au lieu de leur apparaître comme un joueur invétéré, un risque-tout, je pouvais donner à toute l'équipe de Jezix le sentiment d'être une sorte de refoulé névrosé, une nouille bouffée par l'autocrispation dès qu'il s'agissait de s'ouvrir aux mille périls de l'action.

J'observais Constance toute la journée en me jurant : « Non, ce n'est pas moi ! » Et pourtant ça se pouvait.

Au début, Constance essayait de participer à la conversation. Ses tentatives étaient courageuses mais inopérantes. Elle était celle qui n'arriverait jamais à trouver sa place.

C'était une chance pour Jezix ! Il faut une tête de turc pour construire une vraie équipe. Un ennemi commun et aussitôt des affinités se forment dans un groupe. Une tête de turc vaut tous les codes civils pour cimenter une société et maintenir les équilibres sociologiques.

Rapidement, Constance a commencé à s'en prendre plein la figure. De tout le monde. Sur tous les sujets. On se moquait de son chemisier chocolat ou de sa médaille de la Vierge Marie. Manuel, pourvoyeur en chef des légendes urbaines et ragots à la peau dure au sein de Jezix, assurait qu'il l'avait vue un week-end main dans la main avec une femme moustachue. Les caïds de Jezix, et ceux qui se prenaient pour des cadors, l'attaquaient dès le matin, à l'heure du premier expresso. Constance pensait-elle parfois à monter en haut de l'immeuble et à se jeter dans le vide ? Évidemment.

En situation d'impunité totale, la boîte l'aurait saignée à mort. La pauvre Constance aurait pris le bouillon. Coups de pied dans les côtes, fil de fer enfoncé dans les narines. C'est aux faibles qu'on aime s'en prendre. La pitié donne l'envie de meurtre. Et Constance avait contre elle un visage toujours à deux doigts de se fissurer.

En tant qu'intercontrat, Constance devait s'appuyer comme moi les appels aux entreprises pour essayer de se faire engager. Un peu d'autodérision. Elle y arrivait encore moins que moi. Normal, le téléphone était la potence de la pauvre fille. Avant de le décrocher, elle se pintait à l'expresso. Elle se consumait en des allées et venues à l'automate. Elle appuyait sur le petit écriteau « Extra sucre » puis elle faisait mine de s'être gourée. Alors elle filait aux chiottes vider son bol et elle revenait pour une autre ration.

Son problème, c'était de se résoudre à agir. De s'asseoir à son bureau, de prendre le combiné et advienne que pourra. Un jour, il faut bien y aller, prendre l'initiative. Faire un truc. Comme dit un proverbe eskimo : les mecs qui se baladent en anorak sur la banquise n'ont pas planté la neige mais ils se promènent dessus.

Avant d'y aller, de se décider enfin, de décrocher, elle se faisait un petit barrage avec des dossiers et elle se planquait derrière pour appeler. Elle avait la plus minuscule de toutes les voix (même les mains de la pluie étaient plus grandes) quand elle parlait au bout du fil. Le son s'étranglait. C'était une agonie.

Constance m'écoutait religieusement quand je lui proposais mes conseils, comme si j'incarnais à ses yeux la voix de l'expérience. C'était avant que j'entre à mon tour dans le jeu. J'ai dû être celui qui lui a fait le plus mal en révélant un jour en public, et en sa présence, les confessions qu'elle m'avait faites. Comme quoi elle pleurait tous les soirs en rentrant chez elle où personne ne l'attendait. Autre scoop, le week-end, elle écoutait des 33 tours de Linda de Suza, sa chanteuse préférée, c'est comme ça qu'elle réussissait à oublier le boulot.

Ça a dû être un peu dur pour elle de voir sa confiance trompée, mais que voulez-vous, ça me donnait une importance aux yeux des autres. Comme eux, je savais saquer. Je générais donc une sympathie. On rigolait de mes blagues sur Constance, on me tapait dans le dos. J'y allais cash et ça marchait. De mieux en mieux. Il suffit de pas grand-chose pour être accepté en fait. Une petite séance de casse par-ci par-là et go ! J'ai fait en peu de temps de grandes enjambées. Les managers m'ont pris sous leurs ailes et j'ai fini par avoir l'embarras du choix sur les postes proposés. Qui m'aurait dit ça, il y a trois semaines ? Question inutile, je ne me la posais pas. Je me laissais emporter par l'impression grisante que tout devenait soudain facile. C'était miraculeux.

Pour croire au miracle, un vendredi, histoire de fêter la fin de semaine, j'ai été me payer des trucs au Bon Marché où j'avais traîné un temps naguère (pour voir à quoi les riches ressemblaient). À l'époque, je n'avais rien dans les fouilles, même pas une pièce pour m'acheter une baguette. Mais j'aimais ça. Être hors du monde des riches pour mieux les observer et m'imaginer prendre leur place un jour.

Ce vendredi, j'ai réussi à remplir tout mon panier. Fol espoir. L'air vibrait je ne sais comment. On aurait dit que la lumière des fruits résonnait. Les emballages de bouffe chère me faisaient des sourires : « Viens nous acheter ! Viens nous acheter ! » Et le plus beau, la machine de carte bleue a accepté le paiement. Un acte mémorable. Je l'ai écris pour m'en souvenir.

Je suis sorti du Bon Marché avec la conscience du devoir accompli. J'allais être riche. Car à l'époque, le job de consultant payait bien tout de suite. Et en plus, les émoluments étaient de type évolutif. Les choses se sont un peu gâtées depuis, mais on n'était pas encore aujourd'hui, et en attendant d'y être, il fallait profiter du moment présent. *Carpe diem.* Du coup, je suis retourné au Bon Marché, le lundi. Dans l'échoppe d'un opticien, il y avait ces fameuses Ray-Ban avec l'inscription Steve McQueen écrite en dorée sur les branches. J'étais passé et repassé devant tant de fois jadis.

Je me suis payé les lunettes et sous la pluie, avec les Ray-Ban sur le pif, j'ai marché, marché, marché. Chaque pas était un petit pas pour moi. Enfin, pas si petit que ça : je sentais que je m'éloignais à grands pas de ce que j'avais été jusqu'alors. Pauvre.

Quant à Constance, eh bien, le monde du consulting est sans pitié. Pas de place aux sentiments. L'antilope ne fut pas épargnée.

Moi je suis resté et je l'ai regardée partir en nettoyant les verres de mes Ray-Ban.

Les meilleurs s'en vont toujours en premier.

# RÉUNION DE QUALIF

Maintenant que j'avais réussi à intéresser quelqu'un (un client !), il restait encore à aller me faire voir à ce client avec mon manager attitré. C'est ce qu'on appelle une réunion de qualification.

– Un grand moment de foutage de gueule ! m'a prévenu sir Léon.

J'ai demandé à Léon de préciser sa pensée.

– Voyons voir. Je situerais la réunion de qualif dans un spectre de connerie assez proche de l'entretien bidon. Ton manager te racontera.

En principe, mon manager était un mec qui devait connaître par cœur mon parcours professionnel, mes qualités, mes défauts, ne rien ignorer. C'est notamment à ça que servaient les entretiens blancs, à se rencarder sur son consultant, à l'évaluer professionnellement et à le cerner psychologiquement. Mais aussi à le faire bosser sur ses points forts et à corriger, ou du moins à atténuer, ses lacunes. Voilà pour la théorie.

En pratique, je n'avais jamais vu la couleur de mon manager avant le jour du rendez-vous avec le client. Je n'avais donc passé aucun entretien blanc. Résumons-nous, j'allais être plongé dans le vif du sujet d'entrée de jeu et sans préparation. Garde au *game over* !

Franchement, je n'étais pas à plaindre. Grâce à Léon et à ce que j'avais déjà vécu au sein de Jezix, j'étais doté d'un savoir encyclopédique concernant le profil des managers. Je savais qu'ils méprisaient les consultants. Mais j'ignorais à quel point. Je l'ai perçu plus tard, une fois franchie la barrière mi-hermétique mi-poreuse séparant consultant et manager. Entre eux, ces derniers assimilent les consultants (confirmés ou non) à de la viande. Oui, dans le langage rude et bestial des managers, ces consultants, bons et mauvais, sont appelés « les viandes » ; ça fait des managers des bouchers ou des « chevillards » puisque c'est le nom des garçons d'abattoir. Pour faire tourner une boîte, il vous faut à tout prix ce genre de mecs qui s'excitent comme des mouches sur un quartier de bœuf dès qu'un contrat juteux est en jeu. Ça, Léon, mon sergent instructeur, m'en avait déjà touché deux mots rapides. Il ne s'était pas épanché. La pudeur sans doute. En sorte que je ne soupçonnais rien des petits jeux de langue de pute dont raffolait la caste des managers. Mais dès que je l'ai su, j'y ai participé avec une ardeur et un plaisir chaque fois renouvelé. Ça se passait dans des déjeuners d'affaires, des pique-niques payés en note de frais dans les meilleurs restos de bœufs de la capitale. En découpant des beefsteaks, on tranchait dans le vif et on taillait des costards à tout le personnel. On passait les troupes au scalpel. Évoquer le nom d'un consultant dans une réunion de manager, c'est comme laisser tomber dans une mare de requins blancs un bonhomme préalablement trempé de la tête aux pieds dans un tonneau de sang. Chaque consultant était assimilé à un plat particulier, une viande, une sauce et un accompagnement. À qui cuisinerait le plat le plus immonde. On mettait des notes et des appréciations. Tout ça sans jamais perdre notre air désinvolte et finaud. Le consulting, ce sont des mecs à l'air malin toujours en appétit et prêts à te bouffer ton sandwich. C'est le monde moderne, la fausse convivialité, penseront certains. Si l'on veut. Je préfère parler de « fucking party ». Un jeu de dupe dont personne n'est dupe.

Mais ces repas de bœuf, je n'avais pas encore les galons pour y participer. Patience et longueur de temps…

En attendant, j'ai pris un taxi avec mon manager et direction Montparnasse.

C'est la première fois que je roulais dans Paris.

Avec Léon, jadis, c'était toujours *walking apero* ou métro sans payer ou course après des jupons.

Paris en voiture ne ressemblait pas à Paris à pied. On allait vraiment plus vite. J'ai eu le temps de voir la fontaine de Saint-Michel mais pas le lion de Denfert. Au pas de course, on est passés devant quelques endroits où j'avais eu une place dans le temps : kebab, pizzeria, fleuriste, etc. J'ai repéré des parcs où m'avait mené la quête du végétal unique. En levant le nez, j'ai reconnu aussi les soupentes où Léon et moi avions monté du bien joli matériel.

À quoi bon se retourner vers son passé. Comme dirait l'autre, profite plutôt du présent et tire des leçons de ta réussite. Et, bien sûr, retiens-les. Moi, j'avais retenu ce sage conseil du Gitan : « Laisse faire le manager. Il a le baratin. En fait, non, c'est mieux que ça. Il fait croire qu'il a du baratin. »

En grignotant un Snickers, le manager a jeté un œil sur mon CV.

« Ça me semble correct… »

On ne s'est rien dit d'autre. J'ai essayé de faire un petit sourire futé pour montrer que je n'étais pas né de la dernière pluie. En retour, j'ai eu droit à un regard totalement désabusé, ni hautain ni prétentieux, mais plutôt fatigué. J'étais un consultant de plus pour lui. Un boulet ? Ce gars était payé régulièrement au prix fort, il n'avait pas besoin d'Anton

Hansen pour qu'on lui verse ses jetons. Surtout que j'étais débutant. Ce qui signifie une facturation minimale au client.

Le manager a sorti des dossiers et il s'est mis à émarger quelques feuilles. Je regardais de biais. Son écriture était trop petite pour que je puisse lire. J'ai seulement fait gaffe à sa grosse chevalière, grise comme une couronne dentaire. Plein de poils étaient coincés dessous. J'ai repensé à la mousse qui pousse sur le versant nord des troncs, j'adorais l'enlever durant mes promenades forestières au Bois des trous. J'étais obsédé par l'envie de réserver un traitement identique aux poils coincés sous la chevalière.

Arrivé dans la place, je me suis rendu compte que le commercial était en terrain connu. Il a snobé la bimbo à l'accueil et il est parti serrer des mains dans les couloirs.

« Salut Gérard ! », « Comment vas-tu Gégé ? », etc.

Un type de quarante piges, en costard anthracite, est venu vers nous : « Mais, c'est Gérard, celui que j'attendais ! Gérard, comment vas-tu ? »

On est passé en « salle de rendez-vous ». Gérard a démarré un classique petit numéro de tapinage managérial.

Le client l'écoutait en se marrant. Ces deux-là se connaissaient bien. Il manquait seulement deux chopes de bière pour fêter dignement leurs retrouvailles. Bref, une fois encore, Léon avait raison, l'entretien de qualif, c'était de la poudre aux yeux. D'où la nécessité de rester vigilant, il fallait quand même donner l'impression de sérieux. Les acteurs jouent leur rôle mais n'en pensent pas moins. Le client a donc ouvert un calepin et il s'est mis à prendre des notes en plissant les yeux. Il m'a demandé quelques éclaircissements sur mon CV. J'ai bafouillé trente secondes et le manager a repris la main. Ensuite, je n'ai plus rien dit. Sauf « merci » quand ils m'ont confirmé que j'avais bien la place.

# EN MISSION

Version pessimiste de la vie. On fait ce qu'on peut avec ce qu'on nous donne. Certains auront de la merde à grignoter tout le temps que durera la vie. Pour ces pauvres vieux, faire deux tours complets de l'horloge revient à nettoyer le tour de la cuvette des chiottes à la langue. Et deux fois de suite, s'il vous plaît. Léon Tolstoï, un Russkof qui assimilait la vie à une grande tartine de merde à bouffer en entier, n'aurait pas renié ces phrases.

Version optimiste, la mienne. Perso, je n'avais pas à me plaindre : pour moi, tout fonctionnait toujours dans le bon sens. La chance me bécotait. Un exemple ? La sphère soi-disant dangereuse et chiante de l'intercontrat m'avait apporté de grandes satisfactions. J'avais pu affiner ma connaissance du monde végétal, étudier à loisir l'être humain en milieu entrepreneurial, rouler dans une auto atomique, découvrir la zone d'activités de Saint-Malo, la cuisine chronométrique, les joies du team building, pénétrer, grâce à Manuel, les arcanes de la psychologie du supporter de foot, enfin celle du supporter du PSG.

En parlant d'arcanes… Désormais j'allais pénétrer celles du consultant en mission.

Le client m'a expédié dans une boîte qui gérait du fric. C'était au-dessus de la gare Montparnasse, à l'ombre de la tour. De mon bureau, je voyais les trains s'amener et s'en aller vers les bleds marins, centres-villes en bordure d'eau, avec la plage au bout de tous les chemins, des magasins de bouées et de raquettes de sable à chaque coin de rue et des bateaux retournés pour faire le toit des maisons. J'imaginais, dans les piaules, des tapisseries en forme de puzzle d'oiseaux de mer ; et du robinet coulait de l'eau saline. Dans le port, des poissons zigzaguaient entre les hameçons et seuls les plus tarés se faisaient choper – riantes régions que j'inventais d'après ce que m'en avaient dit des petites Bretonnes qui étaient nées face à la mer et que leur choix d'orientation avait forcées à émigrer dans la capitale.

Je lichais des expressos en regardant partir les TGV, ces longs stylos gris pas toujours très efficaces sur les horaires. Ne les accablons pas, ils faisaient de leur mieux pour fendre les collines et aller ou revenir de la mer, comme les marées. Dans leur cœur, l'électricité s'énervait pour leur fabriquer des cyclones qui faisaient tourner les roues vite, toujours plus vite.

Rayon café, j'étais pourvu. Dans la pièce des archives, il y en avait en poudre ou en grain, de Colombie, de Cuba, d'Afrique. Ces mokas s'étaient fait mûrir sous tous les soleils du globe et on les avait traînés par la peau du cul jusqu'à chez nous. J'adorais me débattre entre les sachets. Je faisais des mélanges que je présentais à la rondelle d'acier brûlante du percolateur. J'essayais toutes les combinaisons possibles, des foules de gobelets débordaient de ma poubelle. J'adorais moudre les grains, ouvrir le couvercle, sentir l'arôme monter.

À force, je suis devenu un as de l'expresso. Au point de recevoir des titres honorifiques décernés par mes collègues. Chaque demi-heure, ils venaient refaire le plein avec des sourires tachés par l'expresso et des haleines surchargées en arabica.

J'organisais tout ça de façon conviviale. La machine à café était installée sur un grand buffet avec des nids de gâteaux secs tout autour. Byzance en petits-beurre. Je sortais ces gâteries des tiroirs. Aucun mérite, j'avais le droit de taper dedans à l'envi.

Bientôt, je suis tombé sur encore mieux dans la pièce d'à côté. Des minuscules pots de marmelade à la fraise, à l'abricot, à la myrtille. Tous les fruits étaient représentés.

« Sers-toi ! N'hésite pas ! » m'a dit un collègue.

Ce soir-là, je suis reparti avec un fourbi de bouffe dans ma mallette de cadre. J'ai dévoré le tout dans ma cabane HLM devant la télé. Je me rappelle très bien qu'Arte diffusait ce soir-là un magazine sur la jungle. J'essayais de repérer des plantes inconnues situées en arrière-plan.

Le nez dans le caf' du matin au soir, j'aurais dû me trouver très speedé, agacé pour un rien, excédé par la moindre intrusion du petit chef local dans mon espace vital, nouer avec lui une relation conflictuelle. Pas du tout ! Il venait souvent me piquer une tasse avant de repartir vers son bureau. Il lui arrivait d'oublier les deux sucrettes. En rigolant je lui faisais :

– Hop ! Un instant, tu oublies quelque chose !

– Hansen, qu'est-ce que je ferais sans toi ?

Parfois, il me suivait même dans les couloirs avec sa tasse. Il voulait vérifier que j'allais bien faire mon café. Mais sans me mettre la pression.

« Prends le temps qu'il faut, Hansen ! »

Je l'avais à ma botte. C'était très commode. Et prometteur pour la suite.

Pour apprécier à fond la nouveauté, j'ai pris le temps de faire des trucs peu chronophages. Comme arroser une petite plante verte. Elle était vraiment craquante avec sa fleur unique au milieu des feuilles. Tous les vendredis, je changeais la barrette d'engrais plantée dans son pot. Certes, elle n'était pas la plante inconnue mais qu'importe. Je lui consacrais toute l'affection et la vigilance que mérite un être vivant. Même une touffe de chiendent a droit à sa dose d'amour quotidienne. Déjà qu'elle est mal considérée par les jardiniers et propriétaires de pelouse…

Il n'y avait pas grand-chose d'autre à foutre que d'améliorer ma technique à la cafetière ou de m'occuper de la plante. Les journées, c'était de la glande à condition de savoir faire semblant de bosser ou de trouver le bon endroit où se planquer. Et comme la surface des bureaux était grande et la densité de population pas démesurée, dénicher un coin sombre ne menait pas fatalement aux chiottes. Il faut dire aussi que j'étais aidé par cet art consommé du camouflage hérité de mon passé de cerbère au Bois des trous.

Un de mes autres passe-temps consistait à corriger les fautes sur le tableau d'objectifs.

Rares étaient les phrases respectant la syntaxe.

À ce sujet, je me souviens d'un collègue sympa mais orthographiquement un peu à la ramasse. Il hésitait depuis cinq bonnes minutes sur la façon de formuler l'horaire et l'objet de la réunion portant sur l'intégration d'un nouveau logiciel de remontée d'anomalies.

Pauvre vieux ! Les veines lui sortaient du front, il effaçait, réécrivait poussivement, effaçait de nouveau à coup de petits grognements et de « fait chier ! » Ce mec avait dû cartonner sérieux en rédaction française.

La suite des événements a confirmé ma première impression. Mes nouveaux collègues souffraient de graves lacunes dans la maîtrise de la langue. Les comptes rendus de réunionnite, je les bâchais en deux heures grand max, mais les autres n'en finissaient pas. Ils ramenaient chez eux leurs notes pour marner dessus avant et après le dîner. Le lendemain, ils se pointaient au bureau avec les yeux rouges et je les entendais s'approcher de moi sur la pointe des pieds. Discrètement et embarrassés, ils venaient me prier de corriger d'éventuelles déficiences orthographiques. La loi interdit de ne pas porter assistance à personne en danger. Aux regards paniqués des collègues, j'avais l'impression qu'ils vivaient là une expérience de mort imminente. Je leur pressais un café et m'attelais, souriant et détendu, à la tâche de correction ortho-typo.

Pendant presque deux ans de bons et loyaux services à Montparnasse, tout s'est passé sans m'en faire. Est-ce que la mer rouge s'en fait de n'être pas rouge ? Non bien sûr. Et pourtant ça n'empêche pas les bateaux de flotter dessus et les poissons de chier dedans. Je suivais cet exemple de décontraction et je restais cool. Tout me semblait beau. Même sous le crachin, les rails de la gare envoyaient de la lumière. Les choses se passaient des couches de soleil avant de venir à moi. Le soir, je m'en allais vers le 91 avec la tête bien sortie des plumes. Le port haut, pas mieux pour regarder l'horizon dégagé.

Niveau collègues, j'étais verni. Mon petit chef local, Jean-Philippe, fan de mon café, était un brave gros présentant une étonnante familiarité de gabarit avec le bonhomme Michelin. Jean-Philippe était tout en pneu et il portait une cravate et une ceinture pour faire les jantes. De cette pile de pneus dépassait une tête aussi rouge qu'une saucisse cocktail. Son cou était fascinant. Une peau accordéonnée (du vrai caoutchouc ?), et la sueur se régalait dans ses plis avant de partir couler dans toute sa chemise. Dans le monde des bureaux, la transpiration est toujours chez elle.

Côté vie privée, il avait des soucis de bonne femme et sa gosse unique triplait son bac. Il me racontait ça. Je faisais ouais, c'est sûr. Ça le motivait pour continuer. Il s'énervait tout seul, contre sa femme, elle y avait droit. La transpiration décuplait. Elle coulait à gros bouillon sur son visage. Il en arrivait même à tremper le haut de son pantalon. Enfin, quand il avait vidé son sac, il partait essorer sa chemise dans son bureau.

Manuel, le supporter du PSG, aurait dit que c'était un mec qui mouillait le maillot.

Il y avait aussi Gilles Baudouin. Alias « Pas pire ! » C'était son tic de langage. On pouvait le prononcer à l'allemande : « Papier, bitte ! »

Dans l'Allemagne hitlérienne, Gilles aurait pu lancer une boutique de cours d'art plastique. Sa spécialité, c'était de dessiner des étoiles jaunes sur le « mec qui était là avant ». Par exemple, tout était de la faute des anciens consultants. Un dossier introuvable ? Il avait sûrement été perdu par Paul le Bars, « le mec qui était là avant, pas pire ! » Il n'y avait plus un seul exemplaire du fascicule B 245 ? Gilles en était convaincu : c'était encore un coup de Stéphane Grégory, « l'ancien prestataire du bureau du fond à droite, pas pire ! »

Je ne sais pas ce que Gilles Baudouin faisait des dossiers et de la paperasse. Peut-être qu'il élevait chez lui une petite chaudière. Pour la faire grandir, et avant de lui donner du bois, il y jetait du papier.

Le plus marrant dans cette affaire, c'est que six mois après avoir quitté Montparnasse, j'ai reçu un appel de Jean-Philippe.

– Anton ?

– Salut, Jean-Phi ! La forme ?

– Impec, sauf que j'ai un petit souci.

– Je t'écoute.

– Oui, je t'appelle au sujet du dossier Lambert. On ne le trouve plus et je ne t'accuse pas mais, d'après mes sources, ce serait toi qui l'aurais eu en main la dernière fois…

– C'est Gilles Baudouin qui t'a dit ça, je me trompe ?

– Juste ! Mais comment tu le sais ?

J'adorais Laurent Banide dit le « Marseillais ».

« Une anthologie du mauvais goût vestimentaire ! Pas pire ! » d'après Gilles Baudouin.

Il n'avait pas tort ! Disons que chez Laurent, la longueur d'un pantalon, c'était un choix comique.

Il trimballait sur lui un costard de vendeur d'aspirateur millésime 1973. Le mec à qui il ne fallait surtout pas ouvrir.

« Avec ses auréoles sous les bras, je l'imagine sans problème dans une concession de bagnoles d'occasion, au cœur de la garrigue marseillaise. Pas pire ! » dixit Gilles Baudouin.

J'appréciais la pertinence de l'image et de sa géolocalisation en savourant la dernière goutte de mon expresso.

Laurent était peut-être à déconseiller pour l'habillement mais il se rattrapait sur d'autres domaines. Laurent avait de nombreuses qualités. Il parlait très bien le marseillais (un peu moins bien le français). Quand je discutais avec lui, j'entendais les chants des boules de pétanque se frottant l'une contre l'autre et, en arrière-fond sonore, le tintement des glaçons enchaînant les longueurs de piscine dans le pastis.

Laurent ou le vrai produit du terroir !

Pas un jour sans qu'il me confie : « Je resterai toujours un vrai Marseillais, moi ! » Il me le jurait sur la tête de la Bonne Mère.

D'après Gilles, même en mettant Scotland Yard sur le coup, il eût été impossible de dénicher dans le dédale du Vieux port un meilleur représentant de la culture d'égoïsme de la capitale méridionale.

– Meilleur ? Tu veux dire « pas pire » ? j'ai demandé à Gilles.

– Quoi ?

– Non, rien.

– Laurent ne prête jamais ses sucrettes d'aspartame ! Et malheur à toi si tu bois ton café dans la tasse de ce beau fleuron de la culture provençale. Pas pire ! Sauf si tu lis *Le Provençal*, ou plutôt son *Provençal* derrière son épaule, dans ce cas, il fait trembler les murs. Alors tout le bureau est quitte pour une visite collective chez l'otorhino et pas sûr que, même après une cure à Luchon, tu récupères un jour l'intégrité du tympan.

Gilles caricaturait un peu. Avec Laurent, ça ne rasait pas toujours le sol. Il pouvait s'envoler dans diverses considérations métaphysiques et discuter certains thèmes aussi philosophiquement exigeants que celui de la réincarnation. D'après Laurent, quand on était noir ou arabe, par la Bonne Mère, c'est que dans une vie antérieure, on avait fait quelque chose de très, très mal ! On méritait bien de le payer.

Gilles était d'accord avec Laurent sur ce point.

« Les Arabes, pas pire ! Sauf certains Noirs… mais je veux pas généraliser. Pas pire ! »

Je me souviens aussi d'Anthony Dagorn, dit « Toto ». Ce pauvre Toto était rejeté de tous. Il vivait en quasi-autarcie dans la boîte, comme ces petites bêtes qui tirent leurs aliments de leurs propres intestins. Je me souviens aussi qu'il y avait une plage sur le col de sa veste. C'était sa réserve de pellicules. Du coup, les bimbos le surnommaient « Head and Shoulders ».

Autre défaut, son étourderie. Elle l'empêchait d'avoir une vie sociale. À l'automate à café, il se débrouillait pour commander sa soupe aux croûtons sans faire gaffe que la tisane d'un mec terminant rapidement une pisse aux chiottes patientait sous la giclette. Une fois par jour (au moins), il foutait en l'air deux consommations. À force, il s'était mis tout le monde à dos.

La vie était rêche pour Toto. Les emmerdes l'adoraient. J'avais essayé de l'aider un peu. Pourquoi ? Eh bien, pour montrer mon humanité à Marine : une assistante RH pas mal balancée. J'avais donc invité Toto à venir boire un verre à l'assommoir du coin.

Là-bas, il m'a lâché tout ce qu'il avait sur le cœur. Poussé par la confession, Toto voulait à tout prix me montrer des photos de la communion de son fils.

Au job, sa seule amie s'appelait Aline.

Gilles Baudoin sur Aline : « Dans le genre horreur décoiffée, pas pire ! »

Aline fonctionnait comme Dagorn : dès qu'on la sollicitait, qu'on lui demandait un conseil, un avis, elle devenait toute rouge. Entre eux, c'était la solidarité des couleurs.

Je ne voyais pas tout le temps mes collègues. Les employés de la banque coupaient l'année avec des tas de vacances. Je ne bénéficiais pas de la même surface de congé. En effet, j'étais rangé sous la convention Syntec, le statut des sociétés de services spécialisées en informatique. Pour les consultants fans de voyages, de temps libre, mais pas très fans de leur boulot, c'est le pire qui soit. Les boîtes de conseil et de service l'avaient compris et pour profiter de l'aubaine, toutes leurs activités étaient assimilées à l'informatique.

Bilan des courses, même un type qui tapait d'un doigt sur son clavier l'avait dans l'os. Il était assimilé à un expert en informatique alors que son index faisait la ronde entre le « z » et le « r » avant de réussir à trouver le « e ».

*

Au fait, mon boulot, c'était de m'occuper du rayon RH. J'ai appris vite fait. Sur un écran, je pesais toutes les journées des stocks de mecs. J'en déplaçais et j'en remettais. D'une poussée sur une touche du clavier, je les catapultais d'un service à l'autre. Une faute professionnelle et je les virais, sans retard. C'était facile. En fait, c'était comme jouer à la Game Boy.

# MON COMMERCIAL EST UNE COMMERCIALE

D'ordinaire, celui qui vous fait passer l'entretien de qualification assure également tout ce qui est suivi de mission. Il file parfois rencard, paie le café et vous demande : « Ça se passe bien ? » Si vous répondez « Non ! », le manager dit « Bah ! accroche-toi, tu vas trouver ton rythme, ça ira mieux après. »

Le manager a réponse à tout. C'est une sorte de tuteur pour consultant en mission.

Certains le pensent. Après tout, le manager s'occupe de vous et qu'importe qu'il le fasse pour tirer le maximum de fric avec le minimum d'investissement personnel. C'est de bonne guerre, et puis qu'est-ce qui vous empêche de prendre sa place ? Arrêtez de vous plaindre, montrez de quoi vous êtes capable, partez à l'assaut mais ne comptez pas sur votre manager pour gaspiller du temps et de l'énergie à vous caser dans une autre branche. Ça ferait redescendre à zéro votre expérience de consultant. Du coup le prix de la facturation au client piquerait du nez et comme le salaire du commercial est fonction de la marge du projet sur lequel intervient le prestataire, le brave commercial aurait tout à perdre dans cette opération de transfert. Ce genre d'animal a l'œil greffé au cadran « rentabilité », n'oubliez jamais ça. Quant aux clients, ils cherchent du vécu professionnel, pas des débutants ! Raison pour laquelle le manager n'hésitera pas à t'inventer des expériences, un passé fictif, voire une fausse identité lors des entretiens de qualif. Le Gitan m'avait expliqué cette logique imparable dans le détail. Voyant que je séchais pour tout saisir, il avait trouvé l'image qui frappe : « Putain Anton, les clients sont pas durs à comprendre ! Tu filerais la meilleure pute de l'univers à un petit con qui n'a pas encore tourné la page branlette ? »

*

Habituellement, le suivi de mission est donc à la charge du manager.

Petit souci dans mon cas. Mon manager de Gérard avait fait ses valises pour une boîte plus lucrative du côté de La Défense, paysage à la géométrie stricte où sévissent tous les plus grands trafiquants de peau humaine. Évidemment, mon souhait le plus cher était de fouler un jour la célèbre dalle de Puteaux aux côtés de ces imposantes figures de la traite des cols blancs. Mais chaque chose en son temps. Pour l'instant, j'étais encore consultant. Un consultant qu'on venait de transvaser dans l'écurie dirigée par Sandy.

C'était la Sandy du team building. Celle dont Raul Alcala, l'expert ès cuisine chronométrique, avait fait ses délices à l'arrière de son fourgon aménagé – d'après l'intéressante remontée d'information de Tanguy.

J'attendais Sandy au premier étage de la gare. Je l'ai vue arriver de loin. Chemisette super-sexe, jupe fendue.

« Mate l'avion de chasse ! a dit un type à son pote près de moi. Elle est sculptée par le vent ! »

C'est ce que j'ai fait. N'importe qui l'aurait fait. J'ai maté ce sublime petit paquet de chair frémissante remonter vers la gare.

Anton au spectacle. J'en avais pour mon argent. Dans le même produit, le package cuisses, cul, nichons. Je rêvais d'écarter tout ça. Surtout les nichons. Sandy portait les mêmes sacrés poumons que ceux aperçus à la fenêtre de la maison hantée louée par Jacqueline. Chemisier sexy, jupe fendue, bas érectiles. Purée, toutes ces femmes avec tous ces bas, on s'y perd ! J'imaginais mille Sandy étendre mille bras vers mille tiroirs et en sortir mille paires de bas, ce qui faisait deux mille bas pour deux mille cuisses en tout. Trop, beaucoup trop.

Sandy avait été gâtée par Dame Nature. Elle n'était pas que sacrément gaulée. Elle était aussi sévèrement cérébrée. Sandy avait un bagou du tonnerre et des astuces, de la ruse plein le sac. Mais tout n'était pas joyeux pour Sandy. La pauvre souffrait d'une addiction aux nouvelles technologies. Elle était le portrait-robot de la Parisienne technophile. Son sac hébergeait une jungle d'électronique qui lançait à tout bout de champ des petits cris hystériques. Je la revois encore sortir de son baluchon trois-quatre portables, une liseuse électronique, un iPad et une tablette Android. Ses doudous. Des gadgets hors de prix. Heureusement pour elle, financièrement, elle assurait. Ça se voyait à ses marques. Sandy était une pépinière de logos chers. J'avais vu ses fringues en vitrine dans des boutiques chicos de Saint-Germain. Ils étaient décorés par des étiquettes de prix déments. Ça m'effrayait presque, même pendant les soldes. Surtout pendant les soldes. Sandy avait plus de courage que moi, ou pour mieux dire, une sorte de bravoure désinvolte. Pour elle, le shopping était un délassement. Normal, vu le salaire encaissé tous les mois. Mais Sandy avait su rester près du peuple. Elle se plaignait du coût de la vie. Exemple avec le prix de l'expresso.

– Trois euros ? Merde ! Si ma tante en avait, elle s'appellerait mon oncle !

Je ne comprenais pas le rapport mais je tâchais de rester attentif et j'écoutais Sandy poursuivre :

– Anton, tu sais qu'avec Marius on vient d'acheter un duplex à six cent mille euros du côté de Boulogne !

Ce jour-là, elle me payait un repas dans une taverne de Montparnasse.

L'épreuve. Déjà essayer de ne pas trop mater ses nibards.

Ensuite endurer ses caprices.

Il y en eut un premier, dès le hors-d'œuvre.

« Zut, il y a du gras dans mon jambon. »

Second caprice au moment du poisson.

« Il y a vraiment beaucoup d'arêtes. »

Puis le drame à cause d'un micro point noir sur sa crème meringuée. Il fallut faire venir le serveur. Sandy insista pour tenter une deuxième fois sa chance avec la carte des desserts. En mode gratis bien sûr.

Un instant, je fus à deux doigts de lui hurler : « Bouffe ta plâtrée ! » ou pire.

Mais quelque chose me dit qu'il y avait plus inspiré à faire que de partir en vrille dès le premier tête à tête avec sa manageuse.

Je laissai donc ses ongles me rentrer tranquillement dans la chair.

Scarifications durant lesquelles j'essayais de repérer des gueules de flics en planque parmi la clientèle. Vu ce que Sandy banquait de marge sur le chiffre d'affaires que je faisais, je n'aurais pas été étonné que les forces de l'ordre l'attrapent avant le dessert pour la traîner par les cheveux devant un tribunal de proximité habilité à la juger en comparution immédiate soit sous le motif de vol aggravé, soit sous celui de racolage actif, vu son fringage.

Autre motif de vigilance : Sandy me payait à bouffer. Initiative louche. Des collègues m'avaient prévenu : « Fais gaffe. Sandy a l'entourloupe facile. »

Effectivement. Ce jour-là, les intentions de Sandy se développaient sur plusieurs niveaux. D'abord, rafler une prime de remontée d'informations commerciales qui lui paierait un tee-shirt chez Guess. J'avais accès à quantité de dossiers et de secrets dans mon service, je pouvais donc la renseigner sur les besoins en hommes de ma boîte. Grâce à mes scoops, elle caserait des consultants en intercontrat ou elle en embaucherait de nouveaux qui feraient l'affaire. Elle bossait donc sur deux tableaux et toucherait les deux genres de primes. Quant à moi, pour le tuyau, je serai rémunéré – elle s'y engageait – en coupons week-end dans un Relais & Château. Valable. Et surtout bluffant ! Je pensais que Sandy ignorait sûrement tout de mon penchant pour la ruralité et de ma quête du graal végétal.

Sa troisième intention était de me soulager de trois demi-journées de congé correspondant au temps de formation passé sur un logiciel débile, dans des locaux surchauffés, allez je me lâche !, avec un instructeur obèse et transpirant, qui multipliait les blagues minables et des dessins quasi obscènes sur son tableau en cellophane blanc.

Sandy enrobait ses deux propositions avec des « Anton » par ci, des « Anton » par là, des « tu donnes pleine satisfaction au client », des « je saurai m'en rappeler pour ta prochaine mission », des « faut rester solidaire », « on est tous dans le même bateau » et « c'est important de se serrer les coudes », etc.

Baratin mielleux, tutoiement de rigueur, ça existe à tous les niveaux. Au technicien hygiéniste aussi, on raconte qu'il nettoie super-bien les chiottes. La vérité, c'est qu'on veut lui fourguer les gogues du bâtiment d'en face sans hausse de salaire. « Putain, Ahmed, j'te promets, j'ai jamais vu des chiottes si brillantes. J'ai presque envie de manger par terre. »

Sandy. J'ai regardé son décolleté (large), sa bouche (veloutée) et ses yeux qui semblaient dire : « Je t'autorise à regarder ma poitrine si tu dis oui. »

Je lui ai dit : « Non. »

Elle n'était pas contente. Quelle importance ? Je l'ai laissée à sa peine et j'ai foutu le camp en souriant. Puis en riant, j'ai pris des rues de plus en plus petites pour allonger le chemin et pour rire de plus en plus fort, et puis j'ai fini par arriver aux bureaux. Je me sentais un winner. Les portes automatiques ne s'y sont pas trompées, elles m'ont fait place. J'ai pris les escaliers de service au lieu de l'ascenseur, histoire de faire durer le plaisir. J'ai même profité d'être seul pour foutre des petits coups de poing bien secs dans le vide. Ensuite, j'ai mimé les mêmes gestes toniques que Raul Alcala dans son fourgon avec Sandy, exactement les mêmes, enfin je suppose. À chaque marche, un petit mouvement de reins bien sec pour buter pile au fond. Moi aussi, je pouvais baiser Sandy ! Arrivé à mon étage, je suis allé jusqu'à mon bureau en dandinant du bassin. Super Rocco, c'était moi et ça faisait bien longtemps qu'il ne s'était pas tapé une aussi bonne tranche. Et le plus fort, malgré la chemisette super-sexe et la jupe fendue de Sandy, je ne bandais pas.

# CAROLINE LUTZKANOFF

Pour me détendre, j'avais ma plante, mais ça ne suffisait pas à occuper toutes mes journées. Il m'aurait fallu la pépinière complète : lierre d'intérieur, arbuste central entouré de la table de réunion, arbustes périphériques entourant la table de réunion. Certes, la plante avait souvent le gosier sec, elle réclamait à boire à mon petit arrosoir vert une fois le matin et une fois le soir. Mais de 9 heures à 18 heures, elle n'avalait plus une goutte et laissait passer l'eau entre ses racines. Ça faisait des rigoles par terre. Que faire alors pour combler la case horaire 9 heures-18 heures ?

Du café, entendu, mais je ne pouvais me convaincre qu'il n'existât pas dans ces vastes bureaux des occasions propices de se livrer à des activités plus excitantes que de renifler dans les paquets. Je me décidais donc à délaisser mon poste de bistrotier pour partir en quête d'une victime à tourmenter. En effet, des quelques semaines passées à Jezix à observer et à vivre l'attitude de harcèlement des « supérieurs » sur les « inférieurs », j'avais pigé que même les journées de bureau, pourtant si interminables, ne sont jamais assez longues lorsqu'on torture à loisir. Et puis, j'avais pris goût au sang en trahissant Constance devant tout le monde.

J'hésitai longuement sur le choix du camarade à prendre pour cible. Aline aurait pu faire l'affaire. Sa proximité avec Dagorn, dit « Toto », la marginalisait fortement au sein de l'équipe. Pour se défouler, certains collègues se livraient à des attaques combinées contre elle. Un prétexte futile, une microgaffe, un léger retard dans l'exécution d'une tâche suffisaient. Ils lui tombaient tous dessus. En même temps ou en se relayant. Chacun y allait de son reproche. Aline encaissait difficilement. Comme Toto, Aline était d'une fragilité extrême. On sentait immédiatement cette fébrilité, il était si facile de voir en elle. Aline avait une tête de grand gazomètre et ses yeux faisaient les aiguilles pour indiquer la pression du gaz. Elle ne savait rien cacher, on comprenait tout de suite quand elle ruminait. Ce qui était son état quasi permanent. À vrai dire, elle ruminait tout le temps. Sur un mot de travers, sur le sandwich qu'on lui avait servi le midi (« Est-ce que le serveur m'en veut, tu crois, de n'avoir pas assez souri ? »), etc.

Torturer Aline aurait été trop fastoche. J'avais soif de défis plus relevés, moins à ma portée.

Franck possédait suffisamment de caractéristiques attrayantes (« énervantes », dixit Laurent Banide) pour incarner la victime expiatoire. Je me souviens de sa cravate. Il la portait en mode méga cool, tout dans le délié. Il tenait son gobelet d'expresso à la Fonzie, avec une pointe de George Clooney – le docteur Ross qui t'annonce, en draguant ta femme : « Vous avez un cancer généralisé, monsieur ! Il vous reste trois jours à vivre. Pardon, deux jours et demi. »

Franck tapissait l'ambiance du bureau de cette attitude décontracte forcée. Tout le monde feignait de le trouver méga top sous prétexte qu'il s'occupait de commerce équitable à Tunis et qu'il avait des responsabilités dans une association écologique. Enfin non, pas tout le monde. Pour Laurent Banide, notre Marseillais, Franck était le démago type avec ses thèses « bobo-parigot-écolo ». D'après Laurent, Franck pouvait se permettre d'être généreux, écologique et cool avec ses mille euros nets de salaire par jour.

« Il empoche sa liasse et il glande rien. Sauf donner des leçons de protection de la nature à tout le monde. »

Laurent n'avait pas tort. Pour Franck, il était urgent de sauver la planète. D'ailleurs, il causait souvent de ce projet de sauvetage à grande échelle avec un photographe célèbre qu'il connaissait personnellement et dont le nom m'échappe. Il parlait tout le temps de ce type en disant : « Quand tu rencontres un artiste comme ça, tu te dis que normaliser la créativité, c'est une hérésie ! »

Au sein du personnel féminin du bureau, elles étaient nombreuses à craquer sur Franck. Surtout Héloïse et Karine, dont j'avais surpris ce bout de dialogue en passant près de leur bureau avec mon petit arrosoir vert.

– J'adore le mode décalé sur lequel Franck fonctionne ! Je trouve ça hyper-humain !

– C'est ce côté Babel qui crée sûrement ce lien si fort avec nous !

Franck aurait pu être la cible parfaite s'il avait montré plus d'assiduité à nous fréquenter. Malheureusement, il vivait décentré dans la capitale tunisienne et montait seulement dix jours par mois sur Paname.

J'ai donc décidé de m'en prendre à la grande chef : Caroline Lutzkanoff.

# CAROLINE DIRIGE LES RESSOURCES HUMAINES

Caroline Lutzkanoff était la DRH de la boîte où j'étais missionné.

Chaque société a ses moyens de persécutions. La société libérale a sa police secrète et elle tient en trois lettres – comme le KGB – ce sont les DRH. Comme quoi le pire de l'être humain se loge souvent dans des acronymes, pour mieux cacher l'ennemi. Mais, c'est aussi très réjouissant de prendre le dessus sur les puissantes forces obscures contenues à l'état concentré dans les initiales et autres abréviations.

Si vous avez aimé ce que j'avais fait subir à Constance, eh bien, vous adorerez le petit traitement de faveur infligé par mes soins à Caro.

Caro, la quarantaine passée, la cinquantaine approchante, silhouette un rien empâtée, çà et là les vestiges d'une beauté pas si lointaine. Elle sentait le vin. Il paraît qu'elle planquait un cubi dans son bureau. Pour le reste…

« Elle s'est divorcée y a deux ans ! » m'avait confié la femme de ménage.

Ce divorce pouvait expliquer que Caro ne paraissait pas entretenir une relation d'épanouissement avec l'existence. Elle était connue pour tirer la tronche en permanence. Visage fermé, des traits plutôt durs et des cicatrices d'acné en pagaille. Pour Gilles, il était vraisemblable qu'elle avait cherché à traiter son souci de peau au cure-dent du collège à la fac.

Niveau vocabulaire, je notais une belle densité de « Merde », « Putain », « Va te faire ».

Chapitre « classe et élégance », disons qu'elle en avait autant qu'une solide buveuse surveillant son clebs sur le trottoir avec un sac de plastique dans la main gauche et une bouteille de vodka presque vide dans la main droite (ou l'inverse).

Je me rappelle aussi de ses étranges exigences, comme régler la climatisation cinq degrés de moins que dehors. Elle le savait si je n'obéissais pas. Je n'ai jamais su où elle planquait son thermomètre. Pourtant, j'ai cherché. J'ai d'ailleurs le souvenir d'une captivante chasse au trésor qui s'étendit sur plusieurs jours.

Caro n'avait pas attendu la fin de ma première journée pour me menacer.

Le lundi de mon arrivée, un peu avant midi, elle m'avait fait venir dans son bureau pour me tenir ce langage de vérité : « Si vous ne respectez pas les normes et conformités en vigueur chez nous, vous allez perdre votre boulot, Hansen, je vous le garantis ! »

La suite n'avait été que harcèlement et manœuvres d'intimidation.

Hélas pour Caro, j'étais déjà fort pris par mes préparatifs et décoctions de café, en sorte que j'avais prêté à ses mises en garde une attention nulle. J'avais pensé que cette pauvre Caro était affectée par son divorce et le retour d'âge. Elle gérait les deux tant bien que mal en transférant sur le petit nouveau sa haine et ses penchants autodestructeurs. Voilà tout. D'où mon indulgence. À quoi bon perdre du temps à la domestiquer ? L'amadouer au petit crème ? Elle n'aimait que le thé. Le café – sa simple odeur – lui donnait un méchant zèle. Comme je n'étais jamais loin du début du fumet, c'est sur moi qu'elle tombait pour passer sa rage.

La réputation de Caroline avait de quoi faire frémir les moins structurés au plan mental. Mais pas eux seulement. Tout l'effectif tremblait à la simple évocation du nom de Caroline Lutzkanoff. Autant dire que les informations sur son compte étaient prononcées à mi-voix. Je prêtais l'oreille et compris rapidement qu'elle avait mis sur le carreau un nombre incroyable de consultants. D'après la rumeur, plusieurs mecs passés par la boîte mangeaient aujourd'hui leur bouillie en camisole de force à l'asile. Je n'ai pu vérifier cette dernière info mais j'ai collecté à ce sujet plusieurs témoignages très circonstanciés et recoupés par d'autres dépositions sur des faits marquants de sa carrière criminelle :

« Elle a refusé d'accorder un congé de deux jours à un type dont le fils avait une gastro. Il a dû se pointer avec son gosse au bureau. Le minus dégueulait et chiait partout. Caro a exigé du collègue qu'il nettoie les dégâts du petit. »

« Un coup, le mec qui était là avant toi avait pris sa journée pour aller à l'enterrement de sa sœur en Alsace. Caro a exigé qu'il rentre le soir pour une réunion. Elle a même fait exprès d'appeler le gars pendant la cérémonie. Elle a aussi envoyé un mail collectif aux chefs de sa société de services pour se plaindre de ses manières : comme quoi il n'avait pas suivi toutes les procédures pour demander sa journée. »

« Une de ses grandes spécialités, c'est la perte intentionnelle de dossier urgent. Elle les paume exprès et ensuite elle accuse les consultants de graves négligences dans le traitement des tâches. Évidemment, elle ne manque jamais de faire remonter l'info aux sociétés de services. »

« Cette reine des crasses est à la pointe de l'espionnite en entreprise. Elle a réussi à se procurer les codes persos de tout le personnel. Elle envoie aux clients des courriels à la limite de l'insulte depuis les comptes mails de ceux qu'elle a dans le pif. »

« Cherche pas, cette pute est plus pute que n'importe laquelle des putes. Même dans le pire trou à putes de puteland, tu trouveras pas une pute pareille. »

« Avec elle, un consultant finit jamais sa mission. Elle le vire avant la fin et elle envoie un rapport langue-de-pute à sa société de services. Ça loupe pas ! Illégal en principe mais elle est pas à ça près ! »

Je n'ai pas de preuves sur tout mais qu'importent les preuves. On ne va pas loin dans le monde de l'entreprise si l'on satellise sa progression à la présentation incontestable des preuves. Il faut anticiper et rester vigilant. Même technique que la marche en forêt, être attentif à tous les bruits. En entreprise, les légendes urbaines portent des riens de vérité. Tendez l'oreille ! Dans le cas de Caro, voici ce que disait la légende urbaine : elle avait ses têtes. Un gars qu'elle avait dans le nez, elle racolait autour en menaçant. On lui prêtait un vrai génie de procureur pour forcer des collègues à témoigner à charge contre d'autres. Là-dessus, impossible de l'en dissuader, paraît-il. Elle restait accrochée à son idée comme Tarzan à sa liane. Je l'imaginais en recherche de proie, serpenter dans les couloirs, langue entre les lèvres, droite comme un index brandi, le cristallin de ses yeux formant une épingle d'or. À deux doigts d'atteindre enfin son but, ses yeux s'allumaient comme si la mort souriait dedans. Je ne l'ai jamais vue ainsi, mais c'est toujours marrant de délirer.

Caroline jouissait d'une jolie petite célébrité dans les rangs de Jezix. Je m'en étais rendu compte très tôt. Assez étonnamment, durant mes premiers jours de mission, des messages de sollicitude affectueuse avaient afflué de Jezix, y compris de certains des éléments les moins susceptibles d'empathie parmi le team des managers. Un des managers y était même allé de sa petite création personnelle, il m'avait envoyé par mail un schéma d'exécution capitale dessiné par ses soins et légendé d'un « Caro au poteau ! » écrit en lettres de sang. Bien sûr, le Belge n'avait pas pris son téléphone pour m'appeler et m'assurer de la solidarité totale de Jezix. C'est Hubert de Las Cuevas et Manolo qui m'avaient contacté tour à tour pour me sensibiliser aux méthodes assez particulières de Caro. D'après Manuel, Caro ne se dopait pas avec du tilleul. « Seul le sang la stimule. » Hubert confirmait les thèses de Manuel : « C'est une killeuse et il lui faut plus que la mort clinique. Elle ne veut pas seulement avoir la peau de quelqu'un, il lui faut les os, le sang, les veines autour et l'âme au-dessus. »

Sa tactique de terreur était plutôt simple. Elle ne tapait pas dans le genre sophistiqué. Mais elle était terriblement efficace. Pour donner à d'éventuels éléments subversifs une idée précise de ce qu'ils risquaient en cas d'affrontement, elle avait gardé dans la boîte quelques éclopés. Preuves vivantes de ce dont elle était capable. Puissante dissuasion pour toutes velléités de rébellions. Je suppose qu'en matant ces pauvres gars traumatisés par Caro, Laurent Banide, Gilles Baudoin, Jean-Philippe, et tous les autres, se sentaient comme un bout de steak assis sur sa langue. Sûr qu'ils s'attendaient à se faire bouffer n'importe quand. Je les imaginais, les pauvres, le soir, dans le métro, s'entraîner à rentrer, un jour, livides à la maison avec leur vie peu délirante, mais bien payée, confite dans une lettre de licenciement.

Hubert de Las Cuevas était persuadé qu'au Moyen Âge, Caro aurait été une sorcière !

« À l'époque de la peste, elle aurait bouché la Seine pour empêcher l'épidémie de s'en aller. »

Du reste, d'après la rumeur, elle balançait des saloperies dans la réserve à lait de l'automate à café. Heureusement, j'étais plus que jamais fidèle à mon expresso.

Le bureau de Caroline Lutzkanoff s'appelait l'aquarium. Un gros volume cerné par un double vitrage un brin teinté pour symboliser la distance et la hiérarchie. Là-dedans, elle ruminait sur de futurs coups en grignotant des mikados, c'était son péché, elle en bectait toute la journée.

Dans son bureau elle avait deux positions favorites. Je la voyais souvent la tête levée ou le nez enfoncé dans sa tasse. C'est un fait, elle était junkie au thé vert et dans les milieux informés, on racontait qu'elle sniffait de la moutarde.

Les gens de la boîte auraient préféré boire toute la flotte de la chasse que d'aller plonger dans l'aquarium. Hélas, parfois, une info manquait pour un dossier du personnel et il fallait bien se résoudre à aller taper à sa porte.

On ruminait pas mal avant de se risquer au toc toc fatidique. Laurent Banide m'avait confié deux-trois trucs sur sa petite préparation psychologique personnelle. Il partait bâiller aux chiottes : « Ça détend un peu. Je fais aussi des petits cross dans les escaliers de secours avec trente pompes sur le palier. »

J'essayais d'aider Laurent en lui conseillant de penser à des trucs agréables. Je le motivais par des références au patrimoine culturel marseillais.

– Pense au mistral qui souffle sur le Vieux-Port, tellement libre qu'il est ! Pense au stade Vélodrome ! Dis-toi que Notre-Dame-de la-Garde prie pour toi !

– Facile à dire !

Il était pertinent de choisir 2 heures de l'après-midi pour aller voir Caroline. Elle avait des lourdeurs après le repas. L'estomac la domestiquait. Malgré ses Rennies, elle devenait un vrai tumulus de gaz. En lui soudant des conduits au ventre, elle aurait pu chauffer tout le bureau au méthane. C'est Franck, notre ami écolo, qui aurait été content. À condition de faire tourner le méthane en circuit fermé, la transition énergétique était assurée. Je songeais à la préservation des forêts et je pense que j'aurais été sur la même ligne que Franck sur ce point.

Je fais sans doute un tableau trop noir de Caro !

Il lui arrivait d'être comique. Après le déjeuner, elle écrasait des rots comme elle pouvait. C'était vraiment rigolo. Sourire en coin, je l'écoutais me balancer des vacheries entre deux renvois de gaz. En véritable obsédée de la ressource humaine, elle voulait tout savoir du mouvement des agents. Elle me demandait de détailler au maximum les processus. Elle terminait en me rappelant à mes devoirs : la disponibilité totale de l'employé à sa boîte bien-aimée.

Caro paraissait oublier que j'étais consultant, donc un externe. Autrement dit, sur le papier, rien à foutre de leur boîte. La belle indifférence des aristocrates. Prince des forêts j'étais, prince des forêts je resterai. En dehors de mon graal végétal, rien n'avait d'importance.

Bien sûr, je voyais avec la précision d'un aigle ce que Caro voulait me faire comprendre. En tant que simple consultant, je devais faire gaffe à mon matricule. Elle n'avait pas tort, mon statut impliquait une vigilance particulière. En sous-traitance, le consultant tient le rôle d'homme fusible. Un projet mal ficelé, un résultat final pas en phase avec les attentes, tout ce qui est foireux, c'est pour lui. Dire que Caro profitait de mon statut précaire ? Si l'on veut. Il n'était pas rare qu'elle se plaise à écrire des rapports contre moi. Ces petites feuilles rouges bourrées de coquilles où les « s » et les « e » manquaient toujours après un pluriel et un féminin.

Peut-être est-ce cela qui m'incita à lui faire passer le message suivant : « Attention ! Hansen frappe toujours pour tuer ! »

Mais peut-être est-ce autre chose.

Ce qui est sûr, c'est que j'avais l'intention de jouer avec Caroline et de vite gagner la partie à plate couture et en un contre un. Il n'était pas question de recourir à une solution collective en rameutant du monde contre elle et en grimpant voir le grand patron avec les troupes en ordre de marche. Mes collègues faisaient tous dans leur froc en entendant le staccato sauvage des talons de Caro sur le lino des bureaux.

# CAROLINE CONTRE LE CAPITAINE FLAM

«Au fin fond de l'univers, à des années et des années-lumières de la Terre, veille celui que le gouvernement intersidéral appelle quand il n'est plus capable de trouver une solution à ses problèmes, quand il ne reste plus aucun espoir : le Capitaine Flam. »

Le Capitaine Flam était l'un des dessins animés que je regardais tout petit à Fleury.

Coïncidence, c'est à Fleury que je tombais sur le Capitaine Flam, ce samedi matin.

En vrai, c'était voulu.

*

Bon, un beau matin, je suis parti passer le bonjour aux potes de Fleury. Ça faisait déjà quelques semaines que j'avais quitté le ghetto pour me rapprocher de la capitale en intégrant un studio à Clichy. Vingt mètres carrés, pas plus, du provisoire en attendant de trimballer pour de bon chaussures, chaussettes et caleçons à Paris même. Évidemment, Fleury n'avait pas changé. Le quotidien, c'était toujours tenir les murs, excellent pour la musculature, et faire corps avec le béton en regardant les tours de Paname qui faisaient des pilotis à l'horizon. Pittoresque.

Ce matin-là, j'ai trouvé la banlieue très calme. Les BM des dealers roulaient en paix et des petits gars fonçaient tranquillement avec leur pot pété. Deux bandes de filles se tiraient les cheveux. Dans un coin, un gang complotait mollement un futur coup dur. Avec le recul, la banlieue m'a semblé jolie. Une sorte de nostalgie a glissé dans mon petit cœur de pierre. Ces chères rues de Fleury où j'avais distribué pizza reine et pizza quatre fromages. Autrefois. Un adverbe de temps qui voulait dire bien des bonheurs.

Je suis passé devant mon ancienne piaule, à l'étage du bâtiment G. Ça m'a rappelé que mon truc de l'époque, pour changer de vie, c'était de bouger les pièces de mobilier. Pas facile vu le gabarit de ma cellule. Heureusement j'avais des tout petits meubles, installés sur des jambes courtes, je les faisais pivoter d'un coin vers l'autre. À la fin, ma cage avait tellement changé de tête qu'elle devenait presque exotique. Un palmier ou deux et on était à Papeete. D'ailleurs, j'étais allé consulter le prix des cocotiers à Jardiland.

J'ai fini par dire au revoir au bâtiment G. Retour dans la rue. Près du distributeur de billets, j'ai revu ces cafouillages dans mes comptes qui me forçaient à des repas de sucre pendant tout le week-end. Pour éviter le dentiste et ses honoraires, je n'allais jamais loin sans ma brosse à dents et j'avais trouvé un dentifrice original, la mousse du savon. Le plus folklorique restait le samedi soir. Je me planquais chez moi pendant que tous les autres étaient avec d'autres au dancing. L'âge des boîtes et des sorties, j'ai dû passer par dessus. Pas grave, je restais dans ma petite cabane, je m'imaginais au milieu des bois. Pour faciliter ce travail de transposition, je m'étais trouvé une tente de camping et je dormais dedans le samedi soir. Un CD des bruits et ambiances de la forêt suffisait à peaufiner l'astuce.

À Fleury, même si je pataugeais la plupart du temps à la colle avec la solitude, je m'étais construit un petit réseau de relations sympa avec qui j'avais gardé affinités. Parmi ces contacts – que n'avait pas gâtés ma récente percée dans l'univers du consulting – il y avait plusieurs jeunes féodaux moulés dans des joggings et Puma d'élite. Certains étaient devenus éducateurs et d'autres, à la fibre moins pédagogue, restaient attachés à la banlieue par des liens plus économiques que sentimentaux. Ahmed et Bouba dirigeaient une de ces troupes de garnements. C'était deux jeunes esprits entreprenants, fins tacticiens, maîtres en trafics parallèles et pas dépourvus d'un panache certain pour diriger leurs petites affaires (commerce illicite et combats de dogs). Ils étaient capables de prodiges dans l'attaque groupée entre factions rivales. Chez eux, les sentiments et la motivation de s'en sortir venaient d'une seule source : la haine. Celle qu'ils vouaient au 75 était sans égale. Coïncidence, Caro faisait partie de cette peuplade intra-muros qui gravite en satellite de la banlieue.

Je leur ai demandé où était Karim.

J'ai connu Karim à la fin du primaire. Son père venait d'être incarcéré à Fleury. La famille de Karim s'était installée à Fleury-Mérogis. Plus commode pour les visites…

Le père de Karim était en prison pour avoir tabassé un type qui avait violé sa femme, la mère de Karim. Le type n'y était pas passé, mais de justesse. Il était resté dans le coma plusieurs semaines. Il avait gardé des séquelles importantes du passage à tabac, il était devenu tétraplégique ou pas loin. Il avait les deux jambes dans le sac. Pareil de la main droite. Il lui restait l'usage du bras gauche.

« Je le referais sans hésiter », répétait le père de Karim. Il le disait calmement, sur le même ton qu'il aurait pris pour raconter le soir à des enfants une histoire pour dormir. Il rajoutait qu'il ne regrettait pas de l'avoir loupé. Ça lui plaisait que le violeur de sa femme porte des couches jusqu'à la fin de ses jours. C'est ce que me répétait Karim et c'est ce que j'avais entendu son père nous dire un jour au parloir. J'avais eu le droit d'y aller avec Karim et sa mère. Un véritable honneur. Je sentais que j'avais souscrit une sorte de dette envers eux. Je ne le formulais pas comme ça mais c'était l'idée. La preuve, Karim était le seul que je laissais grimper à mon arbre au Bois des trous. Le seul aussi que j'honorais d'une visite botanique du Bois.

Nous avons vécu, Karim et moi, une enfance heureuse. Notre duo était complémentaire. Chacun sa personnalité. Celle-ci était indexée sur les traits de tempéraments des héros de dessins animés. Karim était le Capitaine Flam. Moi, Albator.

Adolescence du même tonneau, tranquille. Nous ne nous sommes jamais illustrés en accomplissant des choses un peu limites comme d'uriner dans les classes et/ou de chercher à faire pleurer les profs. Sauf Rucaud mais c'était un malade. Il souffrait d'une sorte de maladie réflexe mi-tic mi-toc qui consistait à nous balancer des craies à l'unité ou en envoi groupé, et ce durant toute la durée du cours. Bel exercice de style car, tout en nous expédiant ces projectiles, il réussissait à nous injurier sans jamais nous transmettre le moindre contenu pédagogique. Du reste, j'ai beau mettre ma mémoire à la torture, je ne puis me rappeler sa matière d'enseignement. En somme, Karim et moi nous sommes substitués à l'Éducation nationale pour infliger à Rucaud la sanction qu'il méritait en le faisant chialer.

Les seules distractions un peu borderline du duo Karim-Anton consistaient en vol de friandises. On les volait comme ça, pas pour le principe, ou jouer les rebelles, c'était l'inspiration du moment. On volait également des livres. Des bandes dessinées. Je l'aidais à piquer des revues de voiture. Lectures exigeantes, il apprenait par cœur les motorisations, les options, etc. Je le faisais réciter. En échange, il m'aidait à voler des graines au Jardiland.

Je me souviens aussi des heures passées à l'arrêt « jeunes détenus ». C'était juste à la sortie de la prison. On attendait la mère de Karim après le parloir. Assis sur le banc de l'arrêt de bus. Ou sur d'autres bancs, qui symbolisaient un peu l'ennui. Cet ennui n'était pas désagréable, on regardait les tours, sans vraiment réfléchir, on espérait voir quelqu'un sauter d'un balcon, c'est arrivé une fois. On se demandait aussi comment en finir définitivement avec Rucaud.

Karim a perdu sa mère à seize ans. Elle est morte d'un cancer du col de l'utérus. Dans mon esprit, la maladie était liée au viol qu'elle avait subi.

À l'époque du décès de sa mère, Karim était au lycée. En première. Dans la même classe que moi. Il n'avait pas redoublé, il était dans le ventre mou du classement. Sans rien faire. Il ne disait rien non plus. Ce n'était pas le pote qui fait des confidences.

C'est à ce moment que Karim a commencé le parcours classique de l'absentéisme et de la déscolarisation. Ça ne l'a pas changé sur le fond. Sur la forme non plus. Il restait le même. Impassible et déterminé. J'ai continué à le voir aussi fréquemment qu'auparavant. Il me racontait parfois ses histoires de filles. Sans rentrer dans les détails. Sans se vanter.

Karim ne me disait pas qu'il était dealer. Je le savais très bien.

Je me suis contenté de rester proche de Karim. On ne peut pas laisser de côté quelqu'un qui vous a invité au parloir pour voir son père.

Karim a toujours eu le souci de ne pas m'attirer d'ennui. Ses téléphones étaient certainement sur écoute. Il ne m'appelait pas. Nous avions mis au point un code couleur. Quelque chose de basique. Je mettais une serviette à mon carreau, chaque couleur était corrélée à un endroit bien précis de Fleury. Je l'attendais. Il ne venait pas toujours. Je me disais qu'il était occupé ailleurs et je partais faire une balade oxygénante au Bois des trous. J'aimais bien penser à autre chose en l'attendant. Je regardais les tours, ça me rappelait ce que nous avions vécu ensemble sur les bancs quelques années plus tôt.

Une dizaine d'années après l'incarcération de son père, ça a été au tour de Karim d'aller en prison. Il était « tombé » pour séquestration et acte de barbarie sur une sorte de concurrent qui l'avait escroqué de plusieurs milliers d'euros dans une histoire de drogue. Je ne sais pas qui était ce mec, je n'ai pas su s'il s'agissait vraiment d'un dealer. Karim m'a raconté qu'il l'avait gardé dans une cave jusqu'à ce que le mec parle et lui dise où il pourrait récupérer son fric. Ça n'avait duré qu'un après-midi. Le temps de coincer le gars dans la rue, de l'amener à la cave et d'utiliser les moyens de coercition nécessaires. J'ignore lesquels.

Certains pourront penser que Karim reproduisait ainsi le schéma paternel. Ce n'est pas la vérité. Karim refusait de perdre tout cet argent. Il avait séquestré le mec pour récupérer son fric, voilà tout, l'histoire s'arrête là.

Je n'ai pas d'admiration malsaine pour Karim. Rien du fan de base. Rien du fan tout court. Je dis simplement que le parcours de Karim, ce parcours du mec fauché qui rafle la mise et devient une des pointures du ghetto, si on ne l'a pas fait soi-même, c'est dur d'en prendre la mesure. C'est dur aussi quand on ignore ce qu'est le boulot de dealer, et même si on le connaît, on aura du mal à croire que Karim ait pu devenir en moins de dix ans un des caïds les plus craints de Fleury, du moins c'est ce qu'on m'a dit. Il paraît que même à Grigny, ils en ont peur. Là encore, j'ignore si c'est la vérité.

« Le Capitaine Flam va s'occuper de ta Caro… »

Karim ne m'a rien dit d'autre.

Le taiseux type.

Tant mieux. Je ne voulais pas savoir ce qu'il allait décider. Pour garder le cap, le chef de guerre doit rester loin des exécutions. Et puis tout coupable veut croire à sa non-responsabilité. Je me suis contenté de transmettre à Karim les références et adresses de Caro. J'avais un dossier sur elle.

Caro ignorait qu'on jouait à cache-cache, elle et moi, en dehors du bureau. Le soir, je la filais. Idem le week-end. Je la pistais à cent mètres. Pendant trois semaines, je n'ai quasi jamais lâché Caroline. Au supermarché, je la coursais en tenue de banlieusard. Ray-Ban sur le nez. Capuche sur la tête. Ou simple casquette quand j'entrais au Bon Marché. C'est là qu'elle s'achetait ses jus d'orange à pas de prix. Cinq euros la mini-bouteille. Je me fondais sans mal dans le décor, je m'étais suffisamment exercé à cet exercice au Bois des trous jadis. Or il n'y avait pas de grandes différences entre le Bois de Fleury et Le Bon Marché, même décor végétalisé. Les tas de fruits parfaits et de légumes sublimes proposés par le magasin, c'est comme des arbres mais sans branches, ni tronc. Tu gardes juste l'essentiel de la plante. Je jetais de brefs coups d'œil pour vérifier qu'il n'y avait pas de fruits inconnus sur les étals. J'ai eu parfois quelques doutes, certaines baies étaient d'une forme irréelle et d'une couleur hypnotique. Du jamais vu. Les fraises, pas besoin de les avaler, il suffisait de les regarder pour savoir qu'en bouche, « elles exploseraient de mille saveurs », dixit la pub.

Un soir, j'étais juste derrière Caroline à la caisse. Je me suis rapproché tout doucement. Centimètre après centimètre. Arrivé à un pouce d'elle, je l'ai flairée, comme les gorilles dans le rêve de Patrick. Parfum acidulé, à la fois froid et piquant en narine. J'aimais bien. J'avais envie de mordre dans sa peau. Au lieu de ça, je lui ai piqué un fruit. Une pomme. Je l'ai mangée en suivant Caro et j'ai gardé le trognon. Une fois chez moi, j'ai retiré tous les pépins, je les ai enveloppés de coton, mis dans quatre pots à yaourt et j'ai attendu que ça pousse. Quelques semaines plus tard, je suis allé planter un spécimen aux Bois des trous. Je préfère garder confidentielle la géolocalisation des trois autres. Ils donneront peut-être des fruits inconnus et je veux être le premier à voir ça.

Je ne sus pas (et ne tins pas à savoir) les pressions que Karim fit subir à Caro. Le pire était vraisemblable. Car j'avais insisté sur un point, il fallait un maximum pour mater Caro.

Ça a marché. Karim me l'a enlevée des pattes. Non pas que Caro ait déserté le bureau mais elle s'est animée de nouvelles intentions à mon égard peu de temps après ma visite à Karim. Ensuite seulement, elle s'est mise en congé longue maladie.

# RETOUR À JEZIX

Quand j'ai appris que Caro avait redéfini ma mission en augmentant mon périmètre de responsabilités, et mon TJM au passage, avant de jeter l'éponge, j'ai passé mon week-end à astiquer mes Ray-Ban en me pissant de rire dessus comme ces pauvres vieux prostatiquement faibles qui vadrouillent d'un café à l'autre et qui se trempent en cas de bistrot fermé. L'ancien livreur de pizza venait de se faire une des bourriques les plus craintes du paddock, Haddock.

Soudain, tout m'a semblé plus facile encore qu'auparavant. Et terriblement plus ludique. C'est fou comme le système vous intègre vite, il se fond en vous et bientôt, nous voilà pompés. La machine nous aspire, on est au milieu des bielles et on s'y trouve bien.

Me poser à la place de Caro, c'eût été une expérience érotique assez spéciale, je l'admets. Mais je devais un minimum de respect aux traditions régissant ma corporation. Un consultant dépêché dans une entreprise ne saurait aller au-delà des tâches de pure exécution auxquelles il est affecté. Certes, en faisant intervenir de nouveau Karim, j'aurais sans doute pu exercer sur les bonnes personnes une pression adaptée en vue d'attraper un poste à responsabilités dans la banque qui louait mes services. Mais mon ambition était ailleurs. En vérité, j'étais pris d'une fringale de jeu vengeur. Des mecs de ma boîte de service avaient cru me rendre la vie dure à mes débuts. Raté ! Mais qu'importe, l'intention vaut l'action, c'est l'une des lois du jeu, or mon seul scrupule consistait à garder toujours bien serrés les liens du jeu et du consulting.

J'ai donc pointé encore six mois au-dessus de la gare et puis je suis revenu dans ma boîte de service.

L'accueil, en rentrant, a été des plus chaleureux. Normal, ma promotion venait d'une chef qui avait eu la peau de plusieurs consultants de ma boîte de service. Pas mieux pour se faire une belle petite réputation de salaud arriviste.

On me fit donc la fête.

« Anton ! », « Mais, c'est Anton ! », « Je me trompe ou c'est Anton ! », « Non, je le crois pas ! Anton ! », « Anton, tu t'es pris pour un manager ou quoi ? »

Anton Hansen, sujet de certains rejets il n'y a pas si longtemps, devenait maintenant l'objet de toutes les ferveurs. Ça m'allait.

J'ai même eu droit à une blague 100 % Jezix : « Le petit Anton est de retour à la SSII Jezix. Je répète, le petit Anton est de retour à la SSII Jezix. » Une blague de Clémentine. La responsable fourniture. Une fille au physique difficile et aux petits yeux sournois. Pour elle, se commettre dans ce genre de vannes était sûrement un exutoire commode. Je la remerciais d'un sourire bienveillant.

Purée, j'ai même eu droit de m'allonger dans le sofa défoncé !

Pas très longtemps, le Belge est venu ramener un peu l'ordre.

« Au boulot, les connards ! Hansen, je te revois une seule fois allongé, je te fous à l'horizontale et je t'en allonge une dans le trou. »

Les yeux d'Étienne et de Jérôme Peltier ont pétillé.

Je leur aurais laissé ma place volontiers.

En guise de bienvenue, Jezix m'a filé une nouvelle place dans l'open space. Il y avait de la moquette sous mes pieds, un téléphone hyperclasse, des tas de rangements sur les murs et la chaise était vraiment bien. Tout ça dans une petite enceinte en contreplaqué. J'avais l'impression de tenir dans un pansement. C'était moi le tortionnaire et c'était moi qu'on soignait. Justice était rendue !

Dans le spectre de mes nouvelles compétences élargies figurait la possibilité de revendiquer une plus grande liberté dans l'utilisation du matériel de bureau, et je ne m'en privais pas. J'allais exprès provoquer Clémentine, la responsable fournitures. La fille au physique difficile qui se plaisait, il n'y a pas si longtemps, à tenir une comptabilité particulièrement serrée de mes dépenses en post-it. Avec ces mini-feuilles sur lesquelles on a coutume d'écrire : « Acheter des yaourts, des préservatifs et aller chercher Maxence à l'école », j'élaborais quelques pliages de cocottes en papier ou d'avions à réaction et je dédicaçais mes créations à « Clémentine, la cocotte » ou bien je la visais avec mon biplan Air Hansen.

Pas question de m'endormir sur mes lauriers. Je me disais : « Hansen, ce nouveau bureau où on t'a installé, c'est peut-être histoire de t'amadouer. Ces mecs ont les boules que tu te foutes en rogne et que tu appelles la banlieue. Mais tu les fascines aussi parce que tu es le seul type qui a pris du galon sous le commandement de Caro… »

Ils avaient raison de m'admirer et de me craindre. En termes de coups salauds, à force d'observer, j'avais fait les poches à tous les pervers du consulting.

Je comptais m'amuser avec le produit de ces larcins. Les bonnes tranches de rigolade sont toujours les meilleures !

# DOSSIER LIZBETH

Mais avant de passer à la vraie rigolade, j'ai pris un temps de repos et de réflexion pour gérer une petite affaire sérieuse, le prospect « Lizbeth ». Du nom d'une grande rousse du service commerce international. Lizbeth était originaire d'Europe du Nord. Elle n'avait pas encore trente ans. Elle vivait depuis dix ans en France, après des passages par l'Allemagne, Londres et l'Andalousie et elle parlait couramment le français, l'anglais, l'allemand, le finnois, le suédois, l'espagnol.

Elle était arrivée à Jezix un peu avant mon départ en mission.

À l'époque, je n'étais pas encore doté de ce caractère de prestige que j'avais revêtu à la suite de mon détour réussi par Montparnasse. Et surtout, je devais me concentrer à temps plein sur mon futur professionnel.

Parfois, je jetais un œil sur Lizbeth.

Il le fallait. Cette experte du nomadisme trimballait son corps parfait dans les bureaux. Du pôle opérationnel au loft. Du loft à la machine à café. De la machine à café au pôle opérationnel. Quand elle n'était pas au téléphone à démarcher une boîte étrangère, elle flottait dans le loft avec ses jambes d'au moins trois-quatre mètres, ses bas en filet de pêche dessus, son brin de décolleté et sa microjupe. Un as de l'aviation devait piloter la jupe de Lizbeth car le tissu faisait du rase-motte en planeur à coton tendu. Il frôlait les pires dangers lorsqu'elle s'agenouillait pour fouiller dans un dossier papier. Le haut de son tanga apparaissait, élastique plein de promesses.

Elle avait des yeux de marquise. Je ne sais pas ce que ça veut dire mais je trouve que ça sonne bien.

J'ai surpris plusieurs fois les échanges colorés de Manuel et Hubert sur Lizbeth. En froid depuis le team building, ces deux bougres s'étaient rabibochés. Ils avaient retrouvé l'esprit d'équipe pour commenter les atouts de la merveille nordique, partager leur enthousiasme et adoucir la souffrance de savoir Lizbeth hors de portée de leurs mains et bouches rapaces.

– Côté cul, pas à dire, elle porte son cul sur elle.

– Côté nibards, je parie qu'elle passe au garage tous les matins pour vérifier la pression avant de foncer au boulot, fière de ses Goodyear.

– Ou peut-être qu'elle n'a même pas besoin d'y aller… Mais qu'est-ce que ça change ?

– Ça me rend malade de penser qu'un type se la tape et que je ne suis pas ce type !

Je comprenais le malaise d'Hubert. À moi aussi, Lizbeth avait inoculé un virus. Peut-être pas tout à fait le même qu'Hubert, je n'avais ni jalousie, ni rancœur, mais il était de souche approchante. Son principal signe clinique : je promenais une gaule permanente. La béquille me poussait dans la poche dès que Lizbeth s'amenait avec ses jupes légères en brise-bise. Je passais mes journées les jambes croisées, je racontais des bobards pour ne pas me lever. Exit mes pauses à la machine à café. J'ai laissé tomber l'expresso. De toute façon, j'avais le stress suffisant. Je parle de l'adrénaline pour grimper sur Lizbeth en accrochant des grappins où il faut.

Manque de bol, la place de l'alpiniste était prise par son mari. Un prof de golf.

OK, j'avoue. Je rêvais à des accidents mortels de petites bagnoles qui roulent parfois bien trop vite sur les greens. Ou alors une noyade dans un de ces petits bassins en bleu d'aquarelle qui parsèment l'herbe verte des dix-huit trous.

Tout ça est rigolo mais un peu salaud !

Le matin, le martyr repartait.

Dès que Lizbeth se ramenait, je me demandais : « Aujourd'hui, quelle est ta perversion, Anton Hansen ? »

Pour faire mec détendu, je prenais une pose un peu cool, sur le coin du bureau, les jambes croisées, toujours.

– Salut, Lizbeth, ça va aujourd'hui ?

– Très bien ! Et toi, Anton ?

Son sourire méga sexe... Que faire sinon appeler le plombier pour qu'il réinstalle les chiottes dans le plafond ?

Je ne l'ai pas fait. Je me suis seulement censuré les vitrines de string.

Le vent a tourné un midi. Devant un sandwich, Lizbeth m'a filé un problème de logique qu'Einstein trouvait très dur. J'ai réglé l'affaire en dix minutes. Ça l'a scotchée. Je venais de marquer un point important, sinon capital. À partir de ce jour, elle s'est mise à venir me voir de plus en plus souvent au bureau.

L'aileron me poussait de plus bel.

Ça ne pouvait pas durer.

À quitte ou double, un soir, alors qu'elle jetait ses dernières notes sur son PC, je suis arrivé en sournois et ni une ni deux, je l'ai prise en position de baquet, les deux mains garnies par son bonnet D.

En lui bavant dans le cou, je lui ai raconté des horreurs. Ça lui a plu et elle m'a chopé à son tour et on ne s'est plus lâchés jusqu'à s'envoyer en l'air quatre fois de suite. J'en profite pour remercier l'aviateur qui pilotait sa microjupe. Il n'a rien fait pour m'empêcher de lui arracher le cotillon avec les dents. Merci à toi, l'homme de l'air !

Affirmer que Lizbeth était farouche eût été aussi absurde que de décerner un grand prix de l'élégance à un mec en costard qui pisse dans les escaliers du métro.

Bon, on a mis de la sueur entre nous pendant trois bonnes semaines. J'adorais remplir une tranche horaire avec elle. À chaque coup, c'était délicieux.

Une fois, on s'est même entraînés à le faire en cachette de son mari. Je me suis planqué à poil dans un placard et elle s'est marrée à m'enfermer. Quand elle m'a rouvert pour me libérer, elle était déguisée en Conchita. Elle m'a dit de foutre le camp de là avec un fort accent portugais. Et le plus drôle, c'est qu'elle m'a couru après dans tout Jezix avec le balai. Grâce à ses longues jambes, elle fonçait.

Tout s'est arrêté quand son golfeur a été muté dans le Var. Lizbeth l'a suivi comme ces mecs qui tiennent le pochon de clubs de golf du champion.

# MANAGER JUNIOR

J'ai oublié Lizbeth sans trop forcer.

Normal, un peu après mon retour à Jezix, on m'a proposé la botte : devenir manager, ou plutôt manager junior, aspirant manager si l'on préfère. Il y avait « manager » dedans et ce mot construisait des châteaux dans ma tête. Je voyais des tas de frics rangés en petits lingots. Pour m'endormir, je rêvais d'un grand salon avec le fric posé sur la moquette, des liasses et des liasses qui se filaient le train comme des dominos de billets bien serrés.

Cependant, tout ça n'était encore que rêvasseries ou illusions taillées dans la toile de jute du songe. Mais je disposais des qualités pour devenir un grand manager. Je savais sourire, ouvrir les bras et les refermer à tout jamais. Excellent pour la pratique commerciale, on appâte le client, on l'attrape et on ne le relâche plus.

J'ai commencé tranquillement avec des projets faciles. D'abord, j'ai dû caser un à un tous les consultants en panne de mission.

Je savais comment faire. J'avais démarré par là. Le truc n'est pas d'identifier le besoin du client mais d'en créer un en baratinant du vent. Une fois que la pompe à courants d'air est amorcée, le pari est gagné.

En cela, j'étais fidèle aux conseils de Léon.

Le Gitan m'avait dit : « Le tout, c'est de fourrer le nez de l'interlocuteur dans le piment. Comme ça, il est incapable de sentir les merdes qu'on lui fourgue. Jeu de vilain, jeu de putain, la pute file son cul, tu t'en fiches qu'il pue ou non ! Anton, le plus dur, c'est de passer au-dessus de la méfiance qu'inspire à certains clients potentiels la confrérie des managers. Une partie de la clientèle a développé un réflexe de fuite quasi pavlovien devant ces mecs sans aucune déontologie et prêts à tout pour caser leurs gars. Dans l'esprit de ces clients, le manager est un vrai caméléon de l'enfer qui sait changer de tête et de couleur suivant le milieu où il évolue. »

De mon côté, je savais que les clients ne sont pas les seuls à mépriser les managers. Les consultants aussi méprisent les commerciaux, qu'ils identifient à des mecs incompétents totalement imperméables aux questions de faisabilité et pour lesquels le seul critère est le coût d'un projet. Enfin, pour boucler la boucle, les managers se méprisent aussi tous entre eux.

Là-dessus aussi, le Gitan m'avait mis au parfum : « Le mépris assure le rôle de pierre angulaire de toutes les relations sociales dans le consulting. De la même façon que les managers sont méprisés, ceux-ci méprisent en retour. Ils méprisent bien entendu les clients auxquels ils sont prêts à refourguer n'importe quels gugusses pourvu de ne plus les voir glander à la machine à café. Ils méprisent les consultants, se foutent bien de leurs souhaits, passent à l'as toutes leurs revendications. Ils leur prêtent au mieux une attention d'apparence, mais dans le fond, ils n'en ont rien à battre. Que demandent les commerciaux aux consultants ? De ne pas faire chier avec des desiderata à la con. Le "je vais voir ce que je peux faire" du manager à son consultant, c'est pur pipeau. Idem du suivi de mission ou des réunionnites où chacun est censé parler sans tabou de ce qui cloche. Ça finit toujours en offrant des petits fours pour détourner l'attention. »

Le Gitan m'avait parlé du mépris entre managers, clients et consultants. Entre managers aussi, l'arrogance est permanente. Surtout entre les juniors et les seniors. Malgré mon fait d'arme chez le client de Montparnasse, je voyais bien que je faisais toujours figure, pour mes aînés, de petit jeune en rodage. Hi ! hi ! hi ! Ces braves collègues ne se doutaient pas qu'une fois programmé en mode gros niquage, j'étais capable de véritables petits chefs-d'œuvre en matière de déontologie professionnelle vraiment craignos.

Pour me rapprocher d'eux, j'ai mis quelques tactiques en route. À la machine à café, en présence de managers qualifiés, je me débrouillais pour brancher des concurrents de mon âge sur des points hyperprécis de management bossés à fond juste avant. Mon truc, c'était de faire croire à ma polyvalence pour tirer mon épingle du jeu. Je leur sortais qu'outre la banque, je pigeais des tas d'autres domaines, j'avais des compétences sur les problématiques fortes agitant l'économie de cette entame de XXIe siècle. Par exemple les défis majeurs que devait relever aujourd'hui la grande distribution : « Pour ferrer les centrales d'achat, bien sûr faut écraser les prix, mais après, c'est à toi de te coltiner les chefs de rayon qui pètent une durite face à leurs stocks qui s'accumulent. » J'empruntais mes textes à des articles que je lisais dans la presse spécialisée et que j'apprenais par cœur dans le métro. Je sortais l'équipement lourd !

Je n'étais pas toujours aussi sérieux. Pour fraterniser avec les grands, je rigolais sans scrupule à tous les rites graveleux que mes aînés s'amusaient à faire subir aux consultants. Régner sur les viandes impliquait de les installer d'entrée de jeu dans une logique de soumission. Ça passait par un tas d'humiliations cuisantes à forte connotation sexuelle.

Plus tard, j'ai repris à mon compte cette idée de brimades et de vexations constantes. Je me souviens que ma meilleure blague, c'était d'offrir aux bleus le DVD d'*American Pie 2* « Tu dois connaître de vécu le 1 par cœur… »

Pour un consultant, intégrer le monde de l'entreprise, ce n'est pas le plus corsé. La vraie épreuve vient ensuite. Le consulting, c'est le traquenard.

# UNE CYBILLE CONTRE UNE MAEVA

En tant que manager, mes compétences haut niveau étaient sollicitées pour déstocker de la viande, autrement dit, ramener les consultants qui glandaient dans le secteur des actifs. Il n'était pas dans la politique de la maison de les payer pour rester chez eux à rien foutre en attendant leur feuilleton préféré. Le Belge savait nous le rappeler.

J'ai déployé des trésors d'ingéniosité pour placer mes gars chez des clients gogo.

Ça a été un beau jeu d'échec.

J'ai décidé d'écarter d'emblée les trop nuls. Inutile de bosser leur cas, je n'en tirerais rien. Même si l'occasion se présentait, pas sûr que j'en case un, ces mecs feraient du tort à Jezix. Entre managers, on se les refilait comme une patate chaude. C'était des braves gars, mais plutôt bougres, avec des sourires tellement tristes. Tout semblait leur peser. Leur costard surtout. Ils le portaient comme un fardeau. Pour certains, on avait l'impression que l'habit les bouffait petit à petit. Je me souviens aussi de leur tremblote lorsque je les convoquais. Un paquet de chair en sueur branchée sur une source de parkinsonnite. Tout semblait risqué pour eux. Respirer y compris. À tout moment, ils étaient sur le bord de craquer et de se mettre à chialer.

Pour les mettre en confiance, je prenais une pose cool sur ma chaise tournante, et je laissais glisser : « Pas de panique. Est-ce que je panique moi ? »

Oui, pourquoi paniquer ? On trouverait bien une parade pour les virer.

Et ce de notre propre initiative ou sur ordre du Belge.

En face des trop nuls, il y avait les trop bons ou les trop diplômés. C'était cravaté, ça portait des valisettes avec des magazines économiques dedans et des photos cochonnes collées toutes les dix pages pour équilibrer les choses sérieuses et l'amusement. C'était sûr de trouver du boulot sans trop s'en faire, alors ça se permettait tout. Ça avait le toupet de vouloir vite sauter le niveau consultant pour arriver au niveau manager, ou encore de se casser pour bosser ailleurs en interne ou dans une autre SSII mieux rémunératrice (pas trop dur, au demeurant). Bref ça faisait chier le bon peuple des braves managers et rien d'autre. Le grand Anton Hansen, optimiste de nature, se forçait à adhérer à cette vision amère du consultant d'élite. Pour raison diplomatique exclusivement, il ne souhaitait pas braquer la corporation des managers. Aussi, pour jouer le rôle à fond, il lui arrivait même de jurer contre les consultants surdiplômés.

« Bande de petits vauriens ! »

C'était ma seule réaction quand un collègue s'ouvrait à moi des difficultés rencontrées avec des CV trop étoffés.

« Au début, j'avais pensé que les choses iraient vite et bien avec eux. Tu parles ! J'ai compris qu'à force d'exigences de revalorisation salariale, ils allaient finir par me sucrer ma marge et du coup m'envoyer à la ruine. »

Explication. Les managers sont principalement commissionnés sur la marge. Pour les non-initiés, la marge désigne la différence entre le tarif mensuel du consultant et son salaire.

En conséquence, l'intérêt du manager est de trouver toutes les parades pour accroître la facturation du consultant sans jamais toucher à son salaire.

Pour un manager, il n'y a pas de gestion plus délicate que celle d'un cadre trop performant et conscient de ses compétences. C'est la garantie de se faire emmerder à chaque trimestre par des exigences de rémunérations exorbitantes. Il peut aussi le faire chanter en menaçant de plaquer sa mission et de laisser ainsi le manager dans sa merde. Le manager qui ne fait pas gaffe tout le temps peut très vite se retrouver en slip avec au front la petite perle de sueur de honte.

Voilà pourquoi le « bilan de performance » avec un consultant qui performe se fait dans une ambiance délétère. Personnellement, je ne manquais jamais d'astuces pour m'en sortir mais je devais préparer ces tête-à-tête avec la plus grande minutie possible. Je bûchais des heures sur mes argumentaires. Je faisais faire des galipettes aux chiffres pour les forcer à plaider en ma faveur. Après la réflexion, l'action. On se retrouvait face à face. Manager d'un bord, consultant de l'autre. On avançait l'un vers l'autre en tâtant le terrain. On démarrait d'abord poli, courtois et à la fin on se laissait difficilement la parole. Au fond, on souhaitait tous la même chose, le fric. Mais pour un but différent. Le fric était le seul critère qui me permettait de savoir si j'avais ou non gagné la partie. À chaque entretien, j'avais l'impression de jouer mon va-tout et ça me plaisait. Les collègues moins : ils sortaient vidés de ces petits rendez-vous entre chien et loup dans un enclos de dix mètres carrés.

« Il y a des promiscuités plus voluptueuses… », concédais-je.

Je n'ai pas pu faire l'économie de quelques cas vraiment délicats et du coup passionnants. Maeva par exemple. Pour vous donner une idée, une seule fois j'avais connu une épreuve de négociations plus difficile en tentant de programmer ma nouvelle friteuse électronique.

Maeva, c'était une grande fille à lunettes de coquine. La rumeur courait que dans les diverses missions où elle était déjà passée, elle avait su faire fructifier son capital cuisse. Ce n'est qu'une rumeur mais je veux bien la croire.

Sa tête allait avec sa plastique. Maeva était sortie de Dauphine avec un DESS à l'intitulé méga prétentieux sous le bras. Un truc sur les entités de macroéconomie en réseaux (?!?). Je n'y comprenais rien mais je jouais sur le titre du diplôme pour l'envoyer sur des missions de haut vol. Autant dire qu'elle rapportait un paquet à la boîte et à moi du même coup.

Jusqu'ici pas de problème.

Voici le pépin. Le client lui faisait un plat sérieux depuis quinze jours. Il souhaitait la faire démissionner de chez nous pour la réembaucher, sans passer par Hansen. Il proposait de l'engager sur une base de deux fois son salaire avec un gros treizième mois et du variable en veux-tu en voilà.

Elle me mettait donc au pied du mur. Ou je la laissais partir et pas un collègue ne comprendrait, ou j'acceptais qu'elle bouffe tout mon budget de l'année et là c'était la lose ! Le Belge ne me le pardonnerait pas. Aussi bien lancée, Maeva était même capable d'empocher la marge que je faisais sur elle, et qui sait, ma place ! Est-ce que j'allais la laisser faire ? Je suis le mec qui gagne toujours à la fin ! J'ajoute que mon appartenance à la classe privilégiée du tertiaire s'accompagnait d'une rupture vraiment définitive avec tout élément moral. Ce qui m'aida considérablement pour faire échec et mat à Maeva.

Je suis allé voir le client avec Cybille sous le bras, une autre de nos intellos bien roulées. Le deal était le suivant : je la lui facturais 30 % moins cher que Maeva et je lui promettais quelques ristournes sur des consultants qui le botteraient.

J'étais gagnant. Cybille était une débutante dont j'avais trafiqué à mort le CV en lui ajoutant trois ans d'expérience et des missions dans les boîtes leadership du marché. Quant aux consultants que je pouvais potentiellement lui refiler, c'était des fonds de tiroirs qui traînaient dans nos bureaux et qui faisaient durer la queue à la machine à café.

Si ça ne suffisait pas, j'avais même provisionné dix mille euros en pot-de-vin, en empruntant à droite à gauche un ou deux billets à des relations que je m'étais faites sur la route du succès. J'étais prêt à tout pour empocher le gain du match.

J'ai conclu l'opération avec le client et je me suis démerdé pour trouver à Maeva les missions les plus pourries possibles. Elle bossait dans des bourgades provinciales loin de tout avec bouses sur la route et champs à perte de vue. La ruralité dans toute sa splendeur. Le paradis vert ! Je parie ma chemise que Maeva devait passer à l'Éléphant bleu chaque soir pour décrotter le bas de sa caisse. Rien de tel qu'expédier les subversifs loin de leurs bases. Pas meilleure manière pour leur apprendre qui fait quoi dans la boîte. Notez que je faisais aussi œuvre de pédagogie en sensibilisant Maeva aux beautés de la nature. En fait, j'avais trouvé touchant que Maeva tente de me doubler. C'était la preuve d'une vraie candeur. Sa naïveté méritait mon indulgence.

Bien sûr, tout ça s'est fait avec le sourire et en restant poli. Dans le plus pur style Quai d'Orsay. Le consulting est un monde capitonné de faux-semblants, de trompe-l'œil. Y bosser, c'est tenir dans un des extrêmes de ce théâtre : le monde de l'entreprise. Une scène où passe et repasse sans cesse une violence subtile et anonyme qui trouve tous les masques pour s'échapper quand on veut la saisir. On la pressent en tombant sur les visages qu'elle déforme par la peur, l'envie, la haine ou la cruauté (parfois tout à la fois). Dans l'entreprise, chaque petite gueule cravatée porte et réinvente les sentiments humains. Pour un gars curieux de nature comme moi, et surtout curieux de la nature et de sa profusion, il n'y a pas plus captivant qu'évoluer dans un tel biotope.

*

Heureusement entre l'excellence et la nullité, il y a la médiocrité et celle-ci peut prendre aussi pas mal de gueules.

En management, le trésor est dans le juste milieu. L'art du manager est de faire croire au type que l'on recrute, et à la boîte qui récupère le consultant, qu'il est le meilleur. Tout est dans la mystification. La subtilité, c'est de réussir à danser sans payer l'orchestre.

Écarter les tocards et les cracks, ferrer les médiocres, hum… Dans la réalité, les choses n'étaient pas si simples. Et alors ? C'était à moi de me débrouiller pour les rendre simples.

Les foudres de guerre, je n'en voulais pas. Je préférais les coups garantis. J'ai pris sous mon aile les plus capés, avec une bonne expérience, un QI correct mais sans plus et un salaire ni trop haut, ni trop bas. Vu sous le rapport marge/tranquillité, c'était eux les plus valables, alors autant s'en occuper en priorité.

Pour glaner de la clientèle, je procédais via un démarchage agressif certes, mais opéré dans les formes les plus policées du langage. Voix souriante au téléphone. « Monsieur », « Madame », « Je vous en prie ! », « Bien sûr ! », « Entièrement d'accord ! », « C'est comme si c'était fait ! », etc.

Vous soupçonnez bien que je n'utilisais jamais ce type de vocabulaire pour parler à une viande ou à un collègue manager. Quant à ma disponibilité et mon empressement à satisfaire la clientèle, c'était pure apparence.

Pour tirer le client pigeon, je me tapais de grosses séances de téléphone. La principale qualité du manager, c'est d'avoir le coup de fil frénétique. En fin de journée, à force de pianoter les touches à la mitrailleuse, les bouts de mes doigts me faisaient mal. Ils étaient rouge vif, les pauvres petits. Comme si le sang voulait voir à travers la peau à quoi je m'amusais.

Rien n'aurait pu enrayer la machine. Je savais rester aussi relax qu'un type qui fume sa clope en regardant le plafond. Détendu mais motivé. Ne jamais perdre pied et garder la tête froide. De toute façon, ce boulot n'était qu'une blague.

Une règle d'or pour réussir l'exercice : toujours dire aux clients que tu disposes des solutions. Même si tu ne vois pas comment tu vas pouvoir te démerder. Tant pis si tu n'arrives pas à placer un de tes mecs. Le plus important, c'est de caser *un* mec.

Par exemple, si j'avais promis un gars à un client, je passais une annonce et sur dix CV, j'en sélectionnais trois. Ensuite, je recevais les types en entretien. J'en liquidais deux en fonction de critères purement discriminatoires (physiques, raciaux...) et je trafiquais le CV du troisième pour faire coller l'offre à la demande. Un manager n'ira pas loin s'il ne sait pas enjoliver le cursus de sa main-d'œuvre.

Pour donner du booster à un CV, il faut réussir à dissimuler les périodes creuses, les moments de glande, tout ce qui dépare. Si un mec donne l'impression qu'il s'est appuyé sur les indemnités chômage pour vivre et payer son loyer, ce gars est foutu. Il faut montrer que le candidat n'a jamais cessé d'être un bon petit soldat de la société marchande, qu'il a su saisir toutes les occasions à sa portée pour demeurer une force vive de la nation.

Ce boulot de rewriting terminé, on envoyait le gazier au front. Qu'il était content ! J'en ai connu, des yeux brillants, de chaleureuses poignées de main. J'ai évité de justesse l'assaut trop exalté, à mon goût, d'un type à la puissante carrure et au fort accent caucasien. Il semblait bien décidé à m'embrasser à la russe. Un autre, père de trois enfants, a même suggéré de me laisser passer du bon temps avec sa femme.

S'ils avaient su à quoi je les destinais.

Envoyer des viandes sur des missions minables, ça ne me dérangeait en rien. Aucun cas de conscience. Pourquoi culpabiliser ? D'abord, c'est moi qui me tapais les récoltes de « propales » (propositions commerciales) sur le réseau. Ensuite, je passais des heures à déchiffrer les termes techniques et c'était du travail. Un manager n'a rien d'un spécialiste. Son boulot consiste à donner le change. Vide de savoir théorique, il navigue toujours dans l'à-peu-près mais c'est un virtuose de l'approximatif.

La troisième et dernière étape consistait à me démerder pour faire coller des CV à la demande du client. Je l'ai déjà dit mais j'insiste exprès, car c'était de loin l'épreuve la plus délicate. Ce boulot supposait toujours des heures de rewriting et de customisation pour gommer les périodes d'intercontrat et rendre plus attractif l'intitulé des missions effectuées.

Là aussi, je baratinais du vent. Je pouvais inventer des dénominations hallucinantes recouvrant une réalité souvent sommaire. Plus classique, je multipliais les expériences professionnelles, ou je travestissais un poste d'assistant en un job de responsable. Il y avait aussi l'astuce d'étoffer le chapitre « formation » en additionnant les « formations en interne » avec des « buts de formation » bien ronflants. Encore un beau mensonge dont certains clients au courant des traficotages pratiqués dans les boîtes de service n'étaient pas dupes. Derrière le titre « formation en interne » se dissimulait dans le meilleur des cas une demi-journée de baratin creux entrecoupé de plusieurs pauses-café avec « échanges d'impressions » : « C'est hyperformateur ! », « Dans mon ancienne boîte, il n'y avait pas cette préoccupation de garder toujours le consultant au meilleur niveau ! Ici, on sent qu'il y a vraiment une ambition d'optimiser les compétences de chacun ! »

Mais le plus souvent, on ne s'embêtait même pas avec ça, on faisait simplement signer aux viandes de fausses attestations de formation qu'on antidatait et qui nous servaient ensuite à récupérer des aides de l'État (vraies, celles-là) destinées aux entreprises les plus formatrices.

Quand tout ça était fait, on pouvait enfin appeler ou rappeler les clients et leur dire qu'on avait le consultant qui cadrait pile avec leurs besoins.

# RÉUNIONS DU JEUDI

Qu'importe si les consultants n'étaient pas d'accord avec ces méthodes. Il n'y en avait pas deux comme moi pour assouplir par la ruse la déontologie trop sévère d'un aspirant.

En préalable à tout traficotage de curriculum, je mimais le côté naïf et frais d'une jeune fille tirant sur ses couettes et je promettais aux viandes qui bavaient d'impatience de retrouver un job : « Je vous avertis, d'ordinaire, je ne fais jamais ça ! », alors que j'y passais mon temps.

Mort de rire !

Il est de notoriété publique que les managers truquent de façon organisée et systématique les CV. Sinon pourquoi seraient-ils surpayés ? Au lieu de se ruiner, les chefs embaucheraient à notre place et au SMIC d'honnêtes bac moins deux.

Si la résistance persistait, le Belge nous avait dit de bien rappeler aux viandes qu'on leur avait fait confiance en les embauchant et que, depuis, on les payait à rien foutre. Jouer la corde de la culpabilité, ça marche bien avec les pieds tendres.

Le Belge n'exagérait pas. Au siège, les viandes en intercontrat n'avaient rien à glander, sauf attendre que la touillette tombe dans le gobelet d'expresso et noter les bimbos qui passaient dans les couloirs. Eux-mêmes reconnaissaient, au cours des petites réunions informelles du jeudi soir, qu'ils s'emmerdaient sec.

Tous les jeudis soir, en effet, on se disait tout dans une ambiance de col ouvert et de veste tombée. J'enfilais mon habit de facétieux manager, jamais en panne de blagues. Vous voyez le genre, Hansen, le pro de la déconne qui laissait des fous rires dans son sillage. Après la rigolade, mes collègues managers et moi, on se mettait aux petits soins du bétail. On parlait avec eux d'égal à égal. Je leur filais des conseils jardiniers. Manuel parlait foot avec eux. Hubert évoquait son grand-oncle à particule, inverti notable. Étienne et Jérôme Peltier tendaient l'oreille.

Bref, on investissait gros sur tout ce qui concerne l'optimisation des rapports humains au sein de l'entreprise. On passait le sucre aux consultants pour montrer qu'on était sympas et à l'écoute. Parlez, mignons ! Tout ce que vous direz sera retenu contre vous.

Ils parlaient de bon cœur. Au début, la glande n'était pas pour leur déplaire. À force, ça les vidait. Ces heures d'ennui viennent à bout des plus coriaces.

Je faisais le mec compréhensif : « On va vous trouver quelque chose. Pas de bile. »

Je m'en fichais qu'ils s'inquiètent. Ils pouvaient se bouffer les ongles si ça leur chantait. C'était partie intégrante de la stratégie. Maintenant qu'ils pétaient de trouille d'être du prochain dégraissage, j'avais les cartes en mains. Ils accepteraient n'importe quelle mission.

Le Belge nous rappelait souvent le b.a.-ba du consulting : « Un bœuf doit trimer au champ et pas bouffer de l'herbe comme une pauvre vache enragée. Les viandes, c'est pareil et c'est pour ça qu'on les appelle les viandes. En jachère, elles nous coûtent des ronds. Casées, elles rapportent. »

Il avait mille fois raison. À condition de rajouter que le bénéfice était fonction du degré de leurs compétences et, je dois dire, quelques spécimens n'avaient pas été touchés par la grâce. Mais bon, c'était anecdotique. Tant que le pognon trouvait le chemin pour arriver jusqu'à nous, on restait cool et joyeux. Pourquoi s'angoisser ? Je touchais ma commission et tout le monde était gagnant : le consultant, la boîte et votre Anton, trop content de pouvoir sortir ses Ray-Ban après chaque bon coup.

# LES MÉTHODES DE BANDIT

Tous les matins, j'avais hâte de rejoindre ma boîte de services pour étrenner ma panoplie de killer dans les couloirs. Je m'étais promu champion toutes catégories des méthodes de bandit.

Le coup vicieux typique : la gestion du désistement impromptu...

Il arrivait qu'un consultant censé démarrer sur une mission en début de semaine nous laisse tomber huit jours avant. Pour ce genre d'emmerdes, j'avais ma solution.

J'attendais le vendredi soir pour appeler le client. Au téléphone, j'inventais les mensonges qu'il faut et pas des petits. Mon gars ne s'était pas foulé la cheville, il avait eu un grave accident de voiture avant-hier soir (« On craint la paralysie. J'aurais dû vous appeler ») ou le décès de son fils unique (« Un suicide. On n'a rien vu venir. »)

« Malgré le caractère particulièrement tragique de l'événement, j'ai réussi à prendre sur moi pour mettre à votre disposition dès lundi un autre élément. En fait, c'est le même consultant mais en mieux ! »

J'honorais ainsi le contrat.

« Une parole, c'est une parole ! » Des clous de la parole, pas question de me faire sucrer la marge et la prime d'embauche, sans parler de la réputation.

En fait, le nouvel homme de la situation était un vrai tocard qu'aucun manager n'était arrivé à caser où que ce soit. Finalement, cette défection tombait à point. Un mal pour un bien.

Évidemment, je ne laissais pas le lâcheur s'en sortir à si bon compte. Pas question que le type puisse pourvoir à une quelconque mission. Je passais des coups de fil pour l'inscrire sur les blacklists du consulting. Pas né celui qui me ferait passer pour un manager cocu qui ne sait pas tenir ses viandes. Un commercial pareil n'a pas sa place dans les boucheries du conseil aux entreprises. Vous pouviez être sûr que la sanction de licenciement aurait été administrée par le Belge *himself.*

Pour conclure, j'étais le mec le plus réglo qui soit. On me faisait un coup de pute, je répliquais ; et si on ne m'en faisait pas, j'en faisais quand même. Jamais de cadeau. Qui m'en avait fait ? Est-ce qu'à Fleury, une seule fille canon était venue sonner à ma porte pour me demander d'être son petit chou ? Non ! Et pourtant, j'avais trouvé la vie belle quand même.

# LA BANANE

Traficoter les CV et appeler des clients, c'est le théorique. La pratique, ce sont les réunions de qualification. Accompagner nos poulains chez le client. J'avais connu ça en tant que consultant. Sauf que maintenant, j'étais manager. J'avais donc un nouveau point de vue sur cette farce et je trouvais ça encore plus carnaval.

Avant d'aller jouer pour de vrai la comédie au client, il fallait s'entraîner. C'était ce qu'on appelait les entretiens blancs. Chaque manager partait s'isoler avec un consultant dans une salle.

Le jeu consistait à les tester en situation. J'enverrais avec moi pour la qualif des missions les plus rémunératrices les gus les plus débrouillards. Les autres, je leur réservais les missions pourraves et je demandais à un collègue manager de les défendre.

– Tu vas voir, c'est un bon cheptel. Ils sont pas mauvais. Juste un peu timides.

– Pourquoi tu les prends pas ?

– C'est évident que t'es meilleur que moi pour décrisper quelqu'un et lui révéler ses capacités. Souviens-toi de Jean-Pat, c'est bien toi qui en as fait une star dans le secteur des pompes à chaleur, non ?

Un peu de brosse à reluire n'a jamais tué personne. Note au lecteur : Jean-Pat était bien sûr un boulet de compétition.

En entretien blanc, on mettait nos viandes sur la brèche. On les tripotait sous toutes les coutures de leur costard à bas prix. On les jaugeait sur n'importe quoi et on leur apprenait à faire illusion. Je veux dire à donner l'impression de la compétence et à botter en touche s'il le fallait. Pour ça, je leur conseillais le sourire. La mimique refuge.

– Très important le sourire ! La conduite refuge en face des clients lourdingues. Vous connaissez vos fruits ?

– Hein ?

– La banane !

– La banane ?

– Oui, la banane. Il faut que vous ayez la banane en arrivant, en parlant au client et en partant.

En guise d'illustration, je leur filais une banane, j'en avais un joli stock sous le bureau.

Je m'étais pris d'amitié pour ce fruit sympathique riche en amidon et issu d'une plante à feuille longue (le bananier peut atteindre les deux mètres !). Ceci au point de m'être engagé dans un projet de réhabilitation de la banane. En effet, l'inconscient collectif associe de façon trop automatique, à mon goût, la banane au pagne fruitier entourant les hanches du bon nègre Banania. Compromettre la banane dans une vision à forte coloration colonialiste est injuste, la banane est bourrée de dopamine, ce qui donne la pêche !

J'aimais en tendre aux consultantes. Ça m'amusait parce qu'elles ignoraient, tout comme leurs collègues masculins du reste, que ce fruit était en lien direct avec mon passé. Certes, il n'y avait pas de bananiers au Bois des trous, le climat l'interdisait, mais durant mon cursus universitaire (un brin agité), les petites Erasmus m'avaient baptisé le « Bananier ». Des attributs virils surdimensionnés que le lexique restreint de ces étudiantes étrangères était impuissant à nommer pouvaient légitimer la métaphore fruitière.

– Vous mangerez cette banane le matin de l'entretien de qualification. Entendu ?

– Oui, monsieur Hansen.

Pour durcir le cuir des consultants, j'adorais les passer sur le gril. Je prenais mon pied à jouer le client type, un énergumène auréolé sous les bras, plein de tics obscènes, un pète-sec caustique qui se croit drôle. Je connaissais bien ces vieux roublards à qui on ne la fait pas et qui cherchent partout la ristourne. Ces mecs savaient qu'on était là pour les berner.

« Pour eux, t'es comme une bouteille de lait oubliée depuis trois mois au frigo. Pas besoin de goûter pour savoir que le lait est dégueulasse. »

C'est ce que je disais à mes collègues. Histoire de montrer que j'étais sans illusion sur la relation de confiance entre client et manager. Dupe de rien. Hansen, le vieux baroudeur du consulting.

J'imitais les clients devant les consultants, j'y allais cash, je me déguisais, j'engueulais les consultants.

« Putain, sois plus assertif ! » « Si le client est prescriptif, sois déclaratif, merde ! »

J'adorais les mots en « if ».

J'adorais mon boulot.

Je faisais le plus beau métier du monde.

Une fois qu'on avait fait répéter les gammes aux viandes, on allait les présenter au client.

Début de la vraie farce.

Entre manager, on appelait « camion de boucherie » ces excursions chez les clients. Là-dessus, j'avais un fantasme. Non pas de me taper la consultante sur la banquette arrière du taxi mais d'y aller en vieille estafette Citroën. Le combi avec les pics accrochés au plafond du volume de chargement.

Point de vigilance : évidemment, les marchands de viande laissent leurs tabliers tachés au vestiaire lorsqu'ils vont voir un client. Pour ferrer le gogo, ils se nippent classe et présentent le consultant comme la solution à un problème que le client n'a pas mais qu'ils lui ont inventé.

Avant de nous laisser partir, le Belge nous souhaitait bonne chance.

« Casez toutes les viandes. Refilez-leur même les abats les plus pourris ! »

Gwendal avait vraiment dans le sang le démon du commerce de proximité.

En règle générale, les consultants ne savent pas se vendre. On avait beau les préparer, les mettre en confiance, leur filer une banane, les peler du pouce sur leurs défauts et leur dire : « Faites attention à ceci, à cela », essayer de corriger tout ça, rien à faire, ils restaient nuls. Certains touchaient tellement l'abysse qu'oser les présenter, c'était comme jeter son gant pour provoquer le client en duel. La marge effectuée sur ceux-là n'aurait même pas suffi à nous payer un clip en or pour garer nos billets.

Vous me direz, à quoi bon risquer de se griller auprès du client ? En fait, c'était une façon de faire de l'espace. Au moins, ça désengorgeait les bureaux. Pendant que les nullards trimaient en mission, ils n'étaient pas dans nos pattes. Comme ça plus de danger qu'ils nous détraquent la machine à café.

En entretiens de qualif, ma tactique, c'était de m'installer près du client, et tant pis pour l'odeur. J'aurais parié quelques billets que certains clients avaient cambriolé un rayon de brut de Fabergé et qu'ils s'aspergeaient avec le déo toutes les heures en dépassant dix fois la dose prescrite.

La place à côté du client était ô combien stratégique. Assis là, je disposais d'un angle de vue bien dégagé sur ses notes. La réussite commerciale implique d'être accro à la triche. Tricher ne consistait pas seulement à loucher sur le carnet de mon voisin. Il fallait aussi frauder pour communiquer incognito avec la viande. Pour ça, on avait créé une sorte de morse, je faisais du pied à mon consultant. J'appuyais un coup sur son petit peton s'il partait sur un mauvais chemin. Ou bien je pressais à deux reprises pour l'encourager à continuer. Mec et fille, c'était pareil. Tant pis si les mecs se faisaient des idées sur mes orientations. Pas grave si les filles croyaient que je les draguais. Je me foutais des malentendus éventuels. Je voulais faire du chiffre et point.

Mon boulot consistait à repérer ce qui était écrit en face des moins : informations précieuses, elles désignaient les lacunes de mes poulains. Pour les plus boiteux, il y avait parfois une colonne de dix points négatifs. Autant dire, pas mal de retard à combler. Vive le défi !

Pour inverser la tendance et dessiner des plus à la place des moins, j'intervenais à rebours en revenant sur quelques points du pedigree du candidat.

« Il me semble qu'on a passé un tout petit peu trop rapidement sur… »

C'était ma phrase passe-partout. Le candidat avait le droit à une séance de rattrapage. En pure perte souvent. À nouveau, il bégayait ou bafouillait. À croire que ce pauvre gars sortait à chaque syllabe du coma pour émettre un son.

Pour expliquer le mal-être et les burn-out des consultants prestataires en mission, il est utile de rappeler que les atouts mentionnés sur le CV présenté au client étaient grossis au centuple, or il n'est pas donné à tout le monde de savoir s'approprier des potentialités dont il n'a qu'une disponibilité toute virtuelle. Quand j'y repense, c'est fou ce que j'ai pu oser. Je me suis pointé avec des mecs champions de la coince et qui tenaient sous le bras des CV mentionnant des « grandes capacités communicationnelles » ! C'était vouloir planquer l'Himalaya aux Pays-Bas. Et ça marchait !

# À L'ATTAQUE !

Il n'était pas question de faire toute ma vie de la gestion de stock. J'entends par là de la location de consultants au coup par coup. Trafiquer les CV pour combler le grand écart entre la demande du client et l'offre réelle, c'est bien beau, mais ce n'est pas avec ça que tu sortiras du grade de manager junior.

Et moi, je voulais jouer au plus haut niveau.

J'ai dû prendre les devants. J'ai compris qu'à partir d'un seul contact dans une boîte, tu peux remonter le circuit de décisions, accrocher un consultant dans chaque branche et, dès que tu as mis la main sur un grand chef, il faut foncer. Du baratin, quelques restos, des cadeaux bien sûr, bref de la lèche, toujours de la lèche, encore de la lèche et quand tu juges que c'est suffisant, vas-y, appuie sur le bon bouton pour larguer un tapis de prestataires. Après, change d'appart, de bagnole et même de bonne femme tant que tu y es.

L'autre tactique, c'est de faire jouer la taupe à tes viandes. Promets leur une prime pour chaque remontée d'informations. Leur mission, qui s'apparente alors à du prospect, est très simple : il s'agit de te rencarder sur les compétences susceptibles de couvrir un besoin de l'entreprise qui les héberge. Dans ce cas-là, tu fais le boulot de l'avant-centre. Tes sbires abattent le plus gros du travail, ils dribblent en sous-marin dans l'organigramme de la boîte, et toi, tu interviens à la fin. Tu n'as plus qu'à pousser la balle dans les buts. L'action est pour toi. Mais gaffe ! La stratégie est à double tranchant, ça suppose pas mal d'esprit d'initiative de tes ouailles, ce qui veut dire de l'ambition, beaucoup d'ambition… tu me vois venir ? Il faut savoir gérer le risque qu'un de tes consultants veuille te piquer ta place. Si tu n'es pas un mec qui sait mettre les pendules à l'heure, n'y pense même pas.

Pour ces missions de confiance, il n'y a pas intérêt de glander. La constitution d'un réseau est méga chronophage. Celui qui veut « réseauter » doit dénicher les bons indics, leur donner l'envie et ensuite réussir à les tenir.

L'autre grosse difficulté, c'est de ne pas faire de gaffe. Il ne faut jamais planter un mec pivot de l'organigramme d'une boîte. Ce type n'est pas seulement un fidèle abonné en puissance, c'est surtout le gogo qui dispose du carnet d'adresses pour t'amener d'autres larrons. Si tu foires avec lui, tu fais péter une maille du réseau et toute la laine suit. On se retrouve vite à poil dans le consulting. L'avantage, c'est que tu ne végètes pas longtemps. On t'enlève rapidement du circuit et tu n'as même pas le temps d'avoir peur ni d'avoir honte devant tes collègues.

Voilà pourquoi je préférais assurer mes arrières et opter pour le nec plus ultra, tant pis pour la marge. Je tripotais donc du matin au soir des CV de jeunes surdiplômés, je cherchais ceux qui avaient le goût du sang dans les veines, les accrocheurs qui ne lâcheraient pas le morceau avant d'avoir levé les bras avec la ceinture du champion du monde sur l'épaule. Ces types voulaient la peau de tous les autres, tu pouvais avoir confiance. Peut-être qu'un jour, ils voudraient me faire de l'ombre, mais en attendant j'étais le mec sympa qui leur mettait le pied à l'étrier, je leur filais une chance de se roder.

Je convoquais au bureau ces profils triés sur le volet, pour un test ultime.

Lorsqu'on avait grimpé du rang de consultant à manager, on avait le droit de descendre du premier au rez-de-chaussée pour faire passer des entretiens. Ces causeries se déroulaient dans une pièce spéciale : « l'espace classe ». Il y avait des vitrines sur trois murs et, à l'intérieur, des trophées décernés par d'obscurs magazines de management. En fait, ces distinctions étaient des inventions destinées à auréoler de prestige la boîte en lui donnant des caractéristiques de jeunesse, d'ambition et de dynamisme.

À côté de « l'espace classe », une salle d'attente. C'est là que patientait la dizaine de CV que j'allais passer au crible. Ils patientaient avec un magazine économique. OK, je savais à qui j'avais affaire, des déclinaisons quasi-identiques d'un seul et même modèle : le blanc-bec ou la working girl shooté à mort à l'ambition, le futur performer maniaque. Pas un seul qui ne me refourguerait le discours formaté sur la compétitivité en entreprise. J'en faisais vite fait le tour. Quand on en voyait un, on pouvait passer sur le reste. Les mecs sortaient du même moule. Un sourire sponsorisé par une marque de dentifrice, un after-shave qui montait au nez comme la moutarde, une attitude positive « waterproof » qui résistait à tout. J'inventais les situations les plus ingérables, des trucs de dingues, rien ne leur faisait peur. Ils étaient prêts à n'importe quoi pour aller à la mine : des heures supplémentaires, des horaires modulables et pas de vacances pendant longtemps. Bref, le petit numéro de foire appris à l'école et censé plaire aux recruteurs. Aucune dignité, ah ! ah ! Les gros CV que je convoquais n'avaient pas besoin de tout ce cirque pour trouver du boulot. À l'époque (milieu des années 2000), un jeunot issu d'une école d'ingénieur correcte pouvait être embauché dans n'importe quelle boîte de conseil. Le zèle était inutile pour ces mecs bardés de diplômes. En fait, cette capacité d'obéissance et de soumission totale au modèle préfigurait les extrémités qu'atteindrait, dans un futur proche, la volonté de ces jeunots à humilier et à se faire obéir. Humiliation aujourd'hui et position de force demain. Pile ce qu'il me fallait. Je jouais à fond sur cette dialectique.

# VIANDES AVARIÉES

J'avais parcouru chaque centimètre de ma progression professionnelle au sein de Jezix. Une belle distance ! Aussi aurait-on pu croire que j'étais viscéralement attaché à la boîte. En vérité, j'éprouvais le besoin d'un nouveau challenge. Et surtout d'une autre SSII. Plus visible. Plus spacieuse. Rue de Charenton, c'était trop petit, on se marchait dessus. Vive l'espace ! Pour trouver le far west, pas trente-six méthodes. Je devais me faire repérer par une firme leader.

J'ai pris les choses par le commencement. D'abord, attraper le titre de manager senior. Eh oui, malgré mes exploits retentissants, j'étais toujours au rang des juniors !

Le Belge *himself* a supervisé ma validation.

Gwendal s'était tenu très informé de mes succès récents. En bon patron d'entreprise, il disposait d'un dossier complet sur moi. Une firme compétitive et normalement constituée pratique le flicage organisé à grande échelle. Tout le monde le sait. Le truc, c'est que les preuves de cette surveillance systématique et tous azimuts ne doivent pas parvenir jusqu'aux employés. Si ça arrive, cela signifie tout bonnement que l'entreprise fonctionne mal. Mais après tout, qui s'en soucie ? Tant que les salaires et primes sont versés. Dénoncer le flicage équivaudrait à un suicide professionnel.

Était-ce pour en faire rabattre à mes ambitions que le Belge me fit passer un test ultime de « dégraissage des viandes » ? Ou peut-être voulait-il vérifier que j'avais parfaitement assimilé le régime alimentaire carnivore, voire cannibale, de mes confrères ?

Qu'importe ! Mon ordre de mission était clair, je devais vider le vivier des intercontrats en les casant chez des clients. Je ne sais pas qui les avait recrutés. Ça faisait des mois qu'ils glandaient. Manque de pot, ils n'étaient plus en période probatoire. Chacun totalisait une ou deux missions bas de gamme. Ce qui signifie que ça coûterait à Jezix un maximum de les virer.

« Ça te fait dans les trente gogols à loger. Je veux plus en entendre parler. Tabula rasa ! » dixit le Belge.

J'avais le permis de tuer : chantages, fausses promesses, espionnite, etc.

Le label « Méthodes expéditives habituelles autorisées » pour cet ultime numéro de tapinage au téléphone.

– Attention, Hansen, si tu foires…

– Oui, je sais, tu me fous aux chiottes !

– Non, je te scie le cul et ensuite, je te fous aux chiottes.

Il le ferait.

Je ne vois qu'un clodo allongé sur un trottoir brûlant l'été pour donner une image de la solitude totale dans laquelle tombera un manager qui n'a pas donné satisfaction à son chef bien-aimé.

Mais j'aime le soleil.

Et le risque encore plus.

Mon premier contact avec le cheptel fut un contact à distance. Via propos rapportés. J'avais soumis la liste des viandes aux collègues managers. Mission à eux de me rencarder en dressant une fiche technique de chaque consultant. Et qu'ils n'hésitent pas à me livrer leur ressenti !

Les réactions des collègues furent toutes identiques. D'abord, le fou rire. Ensuite, une marque sincère de compassion.

« Mon pauvre Hansen ! »

Les collègues se sont acquittés au-delà de mes espérances du petit service que je leur demandais. Ils s'en sont donnés à cœur joie. Peut-être était-ce pour eux une sorte de catharsis. Oui, qui sait s'il n'y avait pas une fonction thérapeutique à établir des fiches techniques sur des consultants mauvais au point de les avoir fait douter de leurs propres qualités managériales de brasseurs d'air et de vendeurs de vent ?

Première viande sur l'étal : Amaya Castrec. Hubert de Las Cuevas la connaissait bien. Il avait été son commercial attitré : « Sacré morceau de gras. Têtue. Méchante. Et sacrée connerie. Une conne majuscule. Inutile de chercher la touche shift lock, elle fait le boulot toute seule. »

Manuel s'était occupé d'Anne-Sophie.

« Le pot de peinture classique. Elle porte sur la gueule la dose pour repeindre tout le bâtiment, dehors et dedans. Affreux, son masque en fond de teint. Mais je pense qu'il y a pire dessous. Hansen, lorsque j'étais son commercial, je me suis donné ce conseil d'ami : "Manuel, essaie de ne pas imaginer la gueule qu'elle a le matin." En résumé, une gueule antiviol, si tu vois ce que je veux dire. »

Il y avait aussi Pénélope.

Léon la connaissait. Le monde du consulting est petit.

« Une moche déculpabilisée. Elle porte souvent une mini-jupe à fleurs sur deux énormes gigots. La libération sexuelle, c'est valable pour les belles, mais pour les trumeaux, un investissement sur des valeurs plus traditionnelles est de meilleur goût. Une moche qui tente de séduire, ça se conjugue souvent avec l'infiniment vicieux. J'ai l'air de me plaindre mais en fait, je suis content de ne pas être le pauvre type qui doit monter sur la Pénélope. »

Les cancres hommes n'étaient pas mal non plus.

Démarrons par Jean Orhand.

D'après Manuel, c'était « un gros ours mal léché. Encore que, morphologiquement, il est plus proche du castor préhistorique : mâchoire disproportionnée, des grandes dents de rongeurs. Il profite de cet avantage pour grignoter des cacahuètes toute la journée ».

Fiche technique de Jean-Yves Charpentier établie par Hubert.

« Il a la gueule du mec qui fait ses courses en jogging chez Ikea, tu sais le magasin où les gens chez qui ça pue achètent leurs meubles. Tu l'as peut-être déjà vu, il a une veste de costard trop grande pour lui et un pantalon trop court. Il porte des chaussettes de tennis McEnroe. »

Exact, je le connaissais. Le truc de Jean-Yves Charpentier, c'était de sautiller près de la machine à café en hésitant sur la touche où appuyer. Je revois son doigt pointé qui survolait les cafés noirs, cafés-crème, thés, etc. Il n'arrivait pas à se décider. À le voir bondir comme ça sur place, on aurait dit tout craché McEnroe attendant sur la ligne de fond de court le service de son adversaire.

Lucien Banco vu par Manuel : « Je mise sur un mariage entre cousins germains pour expliquer son regard totalement vide. »

J'ai décrété une petite réunion pour valider les informations fournies et me faire une idée plus concrète du stock global.

J'ai organisé ça au loft. Loin de l'espace entretien du rez-de-chaussée. Ceci pour éviter tout contact avec les autres consultants.

Partant de ce que j'avais entendu sur ces intercontrats et considérant leurs résultats chiffrés, je m'attendais à devoir émettre un diagnostic assez rude sur leur savoir paraître. Les chances de réussite de ma mission semblaient minces. Le défi n'en était que plus exaltant !

Quand j'ai vu ce que représentait en vérité le cheptel, je me suis dit : « Hansen, c'est pire que prévu ! À partir de maintenant, il faut te méfier des infos sur papier, déjà que le papier ça déforeste la planète… »

Hubert est venu jeter un œil : « Merde, quel stock d'avariées ! Si la répression des fraudes passe par là, on est sûrs d'être fermés direct. Pas à négocier. »

Une fois rappelé que les critères d'embauche des clients s'établissent en grande partie sur des critères physiques, il n'y a rien d'étonnant à ce que nos intercontrats n'aient trouvé preneur auprès de nos prospects habituels. Pas demain la veille que les cuisses d'une des intercontrats jouerait les cache-cols autour des hanches d'un client. Jezix portait seul la responsabilité d'un tel impair ! À nous de sélectionner nos consultants en fonction des exigences de la clientèle. Visiblement le travail de tri préalable n'avait pas été effectué par les managers. Résultat, les viandes étaient passées de main en main et pas un seul commercial n'avait pu faire quoi que ce soit avec.

J'étais leur dernier espoir. Le Capitaine Flam.

J'ai repensé à Armstrong et je me suis dit : « On a envoyé un mec sur la Lune et il en est revenu. J'arriverai bien à expédier ces consultants jouer les prestataires quelque part. »

Oui, mais où ?

J'imaginais quelle opération de la dernière chance j'allais pouvoir lancer. Je faisais fonctionner mon esprit à pleine turbine et je me marrais ! Surtout quand Hubert m'a suggéré de chercher sur Internet : « volontaire pour expérience scientifique ».

On rigolait.

Et nous n'étions pas les seuls.

Comme la file des intercontrats dépassait chez Nuance floue, les artistes ont trouvé une source d'inspiration inattendue dans le spectacle de cette étrange masse des consultants en souffrance.

– Merde, venez voir ! Il y a encore de l'ironie adulte à côté !

– Je vais essayer d'en faire un croquis réaliste, a répondu un autre qui se la jouait artiste tourmenté en portant cape et bottes. Mi-sérieux mi-provocateur, il imitait un cadre avec ses mains pour préparer le meilleur angle.

– Je sens que de la pellicule va encore souffrir…, a observé Hubert.

Effectivement, les photographes avaient flairé le filon. Respiration retenue, poings serrés sur leur kodak, ils profitaient de l'aubaine pour mitrailler en contre-plongée nos consultants. Pendant que les flash bombardaient, j'imaginais déjà un vernissage avec des titres alambiqués (« Le Mouton atteint du Tétanos ») sous des photos aux coloris psychédéliques. Je voyais très bien les têtes de nos viandes présentées dans des cadres en forme de conserve de lait concentré et accrochées sur les murs d'une expo branchouille avec du punch bleu servi à la louche expérimentale dans des verres imitant l'urinoir de Duchamp.

Nos viandes en modèle de contre-culture. Excellent ! Pas sûr toutefois que le Belge me remette le prix Nobel du management pour cette idée-là.

# GOUROU

Caser la foule du vivier s'annonçait comme un raid épique passionnant. Plus captivant, qui sait, que ma quête névrotique de la plante inconnue.

Certes, j'avais déjà réussi de gros scores dans le passé en vendant l'incompétence comme de l'originalité. Mais là, j'allais devoir surpasser mes limites.

Qui combat sans péril triomphe sans gloire.

Avec ce stock de consultants en boutique, il n'y avait qu'une seule méthode, réinventer totalement les CV. L'arnaque est classique mais j'allais devoir la porter à un niveau de virtuosité et de foutage de gueule encore jamais atteint. Autant dire que plusieurs grosses séances de rewriting intégral de curriculum attendaient votre Hansen au coin du feu…

Je ne nourrissais pas d'appréhension particulière à me livrer des heures, voire des nuits durant, à ce travail de réécriture. Imaginer des nouveaux CV en brodant à qui mieux mieux autour d'un vécu professionnel inexistant était dans mes cordes. Idem concernant le travail d'habillage et de relooking des intercontrats. Il suffisait de leur apprendre à repasser leur costard, d'exiger d'eux qu'ils se fringuent à leur taille, etc. Mais restait leur tronche d'azimutés. Comment résoudre le problème ? Les mettre à courir sous la pluie battante ? Il paraît que c'est bon pour le teint.

Le Belge m'a ajouté un handicap, il m'a collé de force Sandy dans les pattes.

En fait, c'est plus compliqué que ça. L'initiative ne venait pas vraiment du Belge mais de son gourou.

J'explique.

Voilà, du jour au lendemain, la mode à Jezix était de bosser à deux.

Un coup à paumer de la thune et de l'efficacité d'après moi. Un vrai pro fait sa route seul, mais bon, plus on est de fous, plus on rit. Et puis, l'ordre de travailler en binôme émanait de Philippe Berger. Une sorte de mage qui avait ensorcelé le Belge et ses petits copains de la direction. Véridique. Gwendal ne jurait plus que par ce mystérieux Philippe Berger. Le gazier avait débarqué sans fanfare un beau jour. Ni annoncé, ni présenté. En catimini. Une discrétion qui devait faire partie intégrante de la stratégie et s'était avérée payante. À plus d'un titre.

Et d'un, tout le monde avait arrêté de fumer en moins d'un mois.

Et de deux, l'ambiance au sein de Jezix avait radicalement changé, plus studieuse, moins hystérique, donc moins agressive pour les tympans.

Et de trois, Philippe Berger avait déréglé les pouffes de l'accueil d'une sorte de coup de baguette magique invisible. Elles l'appelaient « Michel » parce que ça faisait « Michel Berger ».

Et tout ça avec une belle économie de moyens. Philippe Berger donnait l'impression de passer ses journées à glander. La première semaine, il faisait la sieste sur le sofa pouilleux, il buvait des cafés, il se baladait dans les couloirs, les mains dans les poches, silencieux. Visage immobile, un masque. Parfois, il s'arrêtait devant un bureau en fixant le vide avec des yeux morts.

« Ça doit être une sorte de sorcier... », je me suis dit.

J'ai même pensé le consulter pour lui demander de me dessiner un parcours fléché jusqu'à ma plante inconnue.

Mais je craignais de le déranger dans ses méditations.

À la fin de la première semaine, il a changé d'ethos. Il souriait à tout le monde. Je me souviens de ses dents, les plus blanches que j'ai jamais vues. Elles étaient rangées comme le bec des chevaux. Elles sortaient de sa bouche en faisant une sorte d'ovale.

En deuxième semaine, Berger s'est mis à parler. Sans arrêt. Il nous sortait des citations de La Bible. Il récitait des passages de la Genèse et il les adaptait au monde de l'entreprise.

« L'homme est à l'image de Dieu, or Dieu a montré une formidable intelligence économique en créant le monde, il est de notre devoir de nous inspirer de lui pour produire de la rentabilité. [...] *Ora et labora*, disaient les Bénédictins. Prie et travaille. Comprenez que conquérir de nouveaux marchés doit être notre prière. »

En balançant ses sermons, son regard s'illuminait. Il avait une intensité folle.

Il connaissait les religions par cœur. Les monothéismes : islam, christianisme, judaïsme. Mais aussi le bouddhisme, le tantrisme, le zen, le lamaïsme. On aurait dit un quiz ambulant. Il étalait n'importe qui sur les diminutifs des prophètes, les noms des femmes de Jésus ou de Mahomet.

Philippe Berger ne s'était pas ramené dans la boîte les mains vides. Il trimballait des classeurs remplis de fiches bristols. C'était de la doc sur ce qu'il appelait des « techniques de management expérientiel ». Entre nous, il faisait un peu gonzesse lorsqu'il évoquait ses « matrices de stratégie » ou son concept de « volumétrie d'offre ». Mais curieusement, personne ne se rendait compte de son côté Boy George. Normal, son baratin métaphysique avait envoûté l'élément managérial de Jezix.

Extrait : « Il faut promulguer de nouveaux paradigmes comportementaux au sein de l'entreprise pour lui permettre d'accéder à un niveau de conscience supérieure de ses atouts. L'entreprise est l'ultime modus de l'histoire de l'esprit humain. »

Il avait projeté Gwendal et ses sbires dans une sorte de monde parallèle où les choses n'existaient plus car les mots prenaient leur place.

Une des intuitions phares portées par Philippe Berger, c'était donc de créer des binômes de commerciaux.

« La pensée est dialogique. Elle se vit toujours en corrélation avec la pensée de l'autre. C'est ce que Socrate a bien compris. Tout monologue dérive d'un dialogue. Savoir, c'est savoir avec l'autre. »

D'après lui, le monde de l'entreprise avait soif de nouveaux référentiels d'initiative. En langage normal, ça signifiait que nous devions désormais prendre nos décisions à deux. Bref, il était grand temps de se faire des passes au lieu de se la jouer perso et de filer seul au but.

« Le monde de l'entreprise n'est qu'une permanente course de relais ! Et c'est ça qui le rend si excitant. »

Dans la réalité, voilà comment ça s'est traduit. Sur initiative du Belge, les chefs ont créé des groupes au pifomètre ou en jouant avec des pendules et je me suis retrouvé en doublette avec Sandy.

# « JE M'APPELLE SANDRINE »

– Je m'appelle Sandrine, en fait ! m'a confié Sandy d'entrée de jeu.

– Et moi, je m'appelle vraiment Anton et pas Anthony.

– Hi ! hi ! hi !

On se souvient que Sandy était mon ex-commerciale. Celle qui m'avait pas mal chauffé pour me sucrer RTT et jours de congé. On se rappelle, SVP, les méthodes qu'elle employait. Elle forçait sur le décolleté, elle payait des déjeuners dans des restaurants à cinquante euros le menu, et pour s'asseoir et se lever elle se cambrait comme… disons que tu rêvais de la choper par l'arrière dès qu'elle quittait sa chaise. On se souvient aussi que je n'avais rien cédé. Pas mal l'exploit.

Ma collaboration avec Sandy m'a permis de découvrir, assez rapidement, une nouvelle Sandy. Sans rapport avec celle, un rien bêcheuse et pimbêche, qui m'avait brièvement et très approximativement coaché au temps de ma mission en RH au-dessus de la gare Montparnasse.

La vraie Sandy était fort éloignée de celle qui donnait envie à certains de s'arracher les poils par plaque, ou de l'allonger sur le sofa pour « la lui mettre tout au fond » (je cite une source anonyme).

Sandy, c'était d'abord un parcours atypique. Elle avait démarré comme assistante administrative, mais la direction avait vite compris que de toutes les administratives, elle faisait partie des plus culottées et des moins sottes. Elle maîtrisait le traitement de texte et elle avait pigé qu'il fallait attendre un peu avant de saisir son gobelet de cappuccino pour ne pas se faire brûler. Des compétences qui la classaient à un niveau intellectuel sensiblement plus élevé que les jeunes hôtesses de l'accueil.

Sandy avait grimpé les échelons en coordonnant des moments forts de la vie de l'entreprise. D'abord des bouffes entre collègues. Raclette, couscous, soupe au potiron. Puis des parties de karting, du foot en salle. Les mecs l'avaient même poussée sous la douche, elle avait réchappé de justesse au viol collectif.

– Ce jour-là, j'ai compris que je devais jouer avec mes propres armes, et y aller franco !

– Tu veux dire que t'as joué les fouetteuses dans certaines soirées privées ?

Bingo ! Sandy m'a exposé les détails de ses prestations tarifées. Elle intervenait en bottes, martinets et ceinture à clous du côté de Passy.

« Des grands appartements, une belle vue, une dizaine de managers en cercle dans leur tenue de latex avec le nez et les yeux qui dépassent. J'en choisissais un dans la ronde et je le plaçais au milieu. Ensuite, je le fouettais pendant que les autres lui balançaient des coups de pied partout. »

J'ai repensé à la fameuse soirée de Léon. Le temps fort « libido en collectif ». L'ébriété avancée du Gitan l'avait empêché de retenir l'adresse de ce qui était devenu par la suite son paradis perdu. J'aurais tant voulu rendre la pareille à Léon en lui dévoilant le passage secret vers les soirées de Sandy. Hélas, impossible de faire cracher le morceau à ma binôme. Elle a embrayé sur des thématiques plus conventionnelles, l'organisation des séjours à Courchevel pour des séminaires de marketing hédoniste et puis ces trucs de courses-poursuites en forêt où il faut trouver le trésor avant les autres ou encore ces *escape game* où tu dois t'échapper d'une pièce à force d'indices, façon père Fourasse.

Doucement, sans forcer, elle s'était élevée dans la hiérarchie. Tout l'art de l'entreprise est de se faire bien voir sans trop en faire.

« L'entreprise déteste la différence, Anton ! »

Pour briller sans faire croire qu'elle se la pétait, Sandy se la jouait charrette niveau horaire. Elle ne quittait jamais le job avant 21 heures. À cette heure-là, les autres gonzesses sont chez elles, dans leur cuisine, à préparer le repas. Mauvais choix. En entreprise, la réputation se forge après 18 heures. Sandy l'avait pigé, elle faisait du rab tous les soirs et elle ne sortait jamais du bureau sans deux gros dossiers sous le bras. Un mec normal se serait dit : « Elle n'est pas efficace ! Elle doit glander toute la journée au bureau. »

Ce type normal n'a jamais posé le pied dans le monde du consulting.

Attention, Sandy, ce n'était pas que de la frime. Niveau boulot, elle était béton. Elle disposait d'une vraie expertise sur les trucs à faire et à ne pas faire. Rien à voir avec l'image facile de la bimbo soudée à son mentor. Du reste, je me demandais pourquoi elle ne jouait pas déjà les têtes d'affiche dans l'organigramme de la boîte. En fait, les chefs se la gardaient sous le coude. Je n'ai pas eu besoin de deviner pourquoi. Sandy me l'avait dit texto. Depuis ses débuts, elle supportait un harcèlement sexuel permanent.

– De la part du Belge ?

– Pas seulement. Mais j'avoue que Gwendal me met très mal à l'aise, j'ai toujours l'impression d'être nue devant lui.

– C'est à cause de la légère tendance homo du Belge. Inconsciemment, il teste sur toi sa virilité.

– Hi ! hi ! hi ! Il trimballe sa trique partout où il va. Et il est toujours au cul des femmes.

– Je parie qu'il ne peut pas faire autrement que t'imaginer sur des vignettes semi-pornographiques en 3D.

– Pff ! Pourquoi semi-pornographiques ?

– Pourquoi pas ? En tout cas, j'ai déjà noté sa manière suspecte de garder les mains dans les poches pendant tes exposés sur le pilotage de la performance économique.

Pauvre Gwendal. Je n'excuse pas mais je peux expliquer. Sandy scotchait tout le monde. Elle avait ce qu'il faut pour. Corps de rêve et visage d'ange. J'adorais son teint de peau, poudreux comme ces préparations pour orangeade qu'on glisse au fond des verres avant d'envoyer la limonade ou de l'eau fraîche. Sous le soleil, son derme rappelait la couleur rousse de ces crachins de banlieue lorsqu'un lampadaire les croise du regard. Et ses yeux… On aurait dit que leur cristallin respirait, inspirait, expirait, se dilatait, se rétractait comme la bouche d'un petit animal sauvage qu'on tente de domestiquer avec caresses et tripotages.

« Hansen, j'en ai marre d'être ici ! » me confiait-elle souvent. Et il y avait de quoi… Elle n'avait bossé que sur des petits projets et elle avait les crocs. Reçu cinq sur cinq, on en voulait autant tous les deux, et vite ! Se dépêcher de se faire remarquer par une grande boîte et dégager. C'était la seule guerre qu'on avait à gagner.

Mais d'abord, vidanger les intercontrats de Jezix.

On s'est partagé les rôles. Je briefais les consultants. Je les préparais pour les entretiens de qualif. Pendant ce temps-là, à elle de vaporiser son charme et sa voix sucrée dans le combiné téléphonique pour ramener la clientèle et bien la ferrer. Sandy connaissait son boulot pour faire baver les clients. Il n'y avait pas meilleure pour allumer les mecs au téléphone.

« Les clients les plus faciles, ce sont les divorcés, disait Sandy. À force de fantasmer sur leur secrétaire de quarante piges, ils ont des couilles grosses comme ça. Quand je les ai au bout du fil, forcément ils disent : "Banco !" »

Elle ne jouait pas seulement sur le charme. Niveau farces et attrapes, c'était Garcimore. J'ai appris de Sandy mille astuces pour attirer les gogos. Comme de leur faire croire qu'on bossait avec des éléphants du secteur. On traitait même avec les plus sauvages de la profession, ceux qui chassaient l'éléphant.

L'autre truc, c'était de gonfler nos effectifs. Tout le monde sait ça, sauf que Sandy savait s'y prendre pour donner une vraie crédibilité au propos. En inventant des pourcentages : « 15 %, soit cent vingt cadres, sont spécialisés dans les RH, 10 % d'experts en informatique, blablabla ! »

Il arrivait que des types contactés par mes soins aient dit oui, avant de foutre le camp ailleurs. Sandy les rappelait, elle les chopait et ne les lâchait plus. Elle les prenait par les couilles. Littéralement ! Il y avait dans sa voix un je-ne-sais-quoi de traînant et de lascif mais attention, rien de commun avec les voix putassières de la standardiste lambda. Elle enrobait dans ce timbre caressant et mutin l'argu béton pour vendre LE produit compétitif à une boîte qui n'était pas demandeuse. Voilà le jeu : créer un besoin, contacter une entreprise qui vivait très bien sa petite vie et lui faire croire qu'elle était déficitaire de tas et de tas de trucs pour être encore plus compétitive, se développer, gagner des nouveaux marchés, impacter toujours plus fort et plus haut.

On a réussi à caser tous les intercontrats en deux semaines. La perf des perfs vu ce qu'on avait sur les bras.

Pour concrétiser l'affaire, Sandy a pris un week-end de trois jours. Une journée par client dans un Relais & Château.

Elle a sorti le grand jeu.

J'étais sur le parking, dans la bagnole, et j'enregistrais ses conversations sous l'oreiller. On pourrait produire un dossier richement documenté contre le client s'il n'honorait pas sa promesse d'embaucher nos zigs. Pression psychologique, chantage, ça se fait pas mal dans le milieu.

On n'a pas eu besoin d'aller jusque-là. La semaine suivante, nos trente et quelques larrons avaient passé le Rubicon de l'intercontrat. On avait logé deux équipes de sept chez deux constructeurs auto. Un comble ! Ces mecs ne savaient même pas distinguer un amortisseur d'un carter. Le package restant a fini dans un grand réseau de téléphonie. Depuis, j'ai appris qu'une vague de suicides en avait mis trois sur le carreau par défenestration. La dure loi du marché.

Dans l'élan, on s'est tapé un gros bonus. On a recruté des jeunots top niveau. Cette fois, pas question de s'emmerder avec des fonds de tiroir. On voulait engager les meilleurs pour se faire le max de fric pendant six mois sur leur dos, et ensuite laisser nos successeurs gérer les demandes de négociations salariales. Pour appâter ces minots aux dents longues, on multipliait les promesses. Comme de leur dégoter des missions internationales. En vérité, les bougres travailleraient sur Saint-Quentin ou Saint-Ouen. Dans le meilleur des cas, ils attraperaient effectivement une mission internationale mais après quatre ans à se crever sur des missions minables. Pour me donner du crédit, j'appelais Dubaï devant eux et je tombais sur une copine de Sandy avec un fort accent de là-bas, mais qui vendait des sex-toys dans le Marais.

Autre promesse bidon, les fameuses rémunérations en primes diverses (entendez par là non inscrites au contrat) qui tombent à l'eau au bout de deux mois.

Le pire des coups tordus, c'était d'embaucher pour trois mois (période probatoire) sans réelle mission et virer l'arsouille si aucune mission ne s'était présentée. Ça aussi je l'ai osé. J'étais toujours sans scrupule. Je voulais un CV parfait. Mon parcours professionnel devait soutenir la comparaison avec une petite trousse de boucher renfermant tous les genres de couteaux pour découper la bidoche.

J'ai appris ces tours de Sandy. Elle avait exactement ce qu'il faut pour aguicher et convaincre. La réussite lui allait comme un gant. Quoi d'étonnant qu'on ait fait péter les scores de la boîte tous les deux ?

À la fin des fins, on a su se remercier, Sandy et moi.

Effusions d'une nuit.

On s'est poussés jusqu'au bureau du Belge et c'est là que je l'ai attrapée. J'ai vraiment mis le paquet. J'ai arraché son soutif. J'ai entendu Boum ! Boum ! Des pastèques. Du coup, j'ai sorti une banane. Mon fruit préféré.

« Goûte donc ! Tu vas voir comme c'est bon ! »

C'était la fête. Amusons-nous. Sur la table, sur la chaise de Gwendal, sur son burlingue… En chemin, je balançais les maquettes de bateaux du Belge, je semais des capotes à tout va dans le bureau de la direction. Mort de rire ! Les DG bosseraient bientôt au milieu d'arbres à capotes, ils en cueilleraient pour se taper leur secrétaire. Bien pratique. Merci qui ? Merci Hansen.

J'ai adoré plaquer Sandy par terre et la pousser sur toute la diagonale du bureau de Gwendal. Elle se laissait emporter, sans plus savoir vraiment ce qui arrivait, flottait sur le bouillon, je la retournais, lui flanquais ce qu'il faut, la dose adéquate et basta. Y avait la place. On trouve toujours de la place. C'est une question de volonté.

À multiplier comme ça les longueurs par terre, on a laissé une de ces traces sur la moquette. Un peu comme avec un aspirateur haute puissance qui aspire les mecs qui boivent leur expresso à l'étage en dessous. Arrivé au bout du périple, je l'ai bloquée bien fort dans le coin du mur et j'ai mis le turbo pour apporter la touche finale. Je l'ai baisée à mort. Grandiose. Sa voix chevrotait. Je la bougeais, putain !

« Dis que t'es une salope ! »

Elle répétait.

« Dis-le plus fort ! »

Elle le répéta plus fort.

Au petit matin, j'ai serré la main de Sandy. C'était gare du Nord. Elle avait son train pour Londres. Moi, j'ai pris le premier métro pour La Défense (ligne 4 avec changement vers la ligne 1 à Châtelet). Quelques jours plus tôt, les chasseurs de têtes, apprenant mes exploits en recrutement et en placement de consultants, et toujours à la recherche de l'employé parfait, m'avaient rendu une petite visite de courtoisie. Je partais leur rendre la pareille.

La nuit suivante, j'ai rêvé que le Belge s'était tué en Porsche.

Ce n'était pas un rêve prémonitoire.

En fait, Gwendal Van Den Broucke était mort la semaine d'avant au retour d'une régate à Trouville. Il laissait derrière lui une fille que j'avais bien l'intention de niquer un jour.

## DEUXIÈME PARTIE :

# L'ARCHE DE LA DÉFONCE

# RESPONSABLE AFFAIRES CONFIRMÉ

Mon CV commençant à se faire du muscle, les chasseurs de têtes étaient venus me voir il y a quelque temps. De mémoire, je dirais que c'était au milieu de mon expérience binomiale avec Sandy. Pour lever ces types, il n'y a pas de secret, il faut atteindre un objectif business ambitieux. Par exemple, faire un peu de bruit en virant du personnel. Il suffit souvent de mettre du monde à la porte pour que les chasseurs se présentent à la vôtre.

Avec Sandy, on s'était débrouillés pour marquer des points dans une catégorie moralement plus acceptable, le placement des intercontrats en mal de mission. Attention, je ne me cite pas en modèle éthique, je n'avais pas de fierté à avoir réussi un boulot de type Pôle emploi. Je dis juste, qu'importent les moyens pourvu qu'on gagne la guerre à la fin. Et en s'amusant, SVP. Je décode : si le Belge me l'avait demandé, j'aurais liquidé toute la masse salariale des intercontrats de Jezix. J'aurais même travaillé d'arrache-pied pour ça et puisque mon travail est ma passion, j'aurais agi sans perdre un seul instant le sourire. Même philosophie que le Joker de *Batman*.

Bon, trêve de blabla ! J'ai été invité par les chasseurs de têtes à déjeuner dans un resto chic à Passy. Pile le quartier où Sandy partouzait.

Aïe, j'avais oublié ma tenue de latex. Bah, nous verrons bien…

Rendez-vous à midi. Un esprit rancunier se serait dit que l'horaire était une revanche sur mes journées dans le ghetto. À l'époque, le facteur me déposait à midi pétante des palanquées de lettres de nature financière et comminatoire : banquier, huissier, Cetelem, Cofidis me réclamaient un paquet de fric à verser avant tel jour.

Mais à quoi bon ressasser le passé ?

Ce matin-là, mon trajet de Clichy à Passy, c'était l'histoire d'un mec en Ray-Ban et en santiags qui se tape un petit trajet en métro jusqu'à la station Passy sur la ligne six, puis un brin de marche sportive pour profiter de l'air frais et imaginer l'avenir. Avec les bouts pointus et les gros talons carrés de mes tiags, j'allais mettre des taloches à ceux qui oseraient se dresser face à moi. J'ajoute ceci : maintenant que j'étais bien chaussé, je pourrai reprendre ma quête du végétal inconnu et fouler à nouveau l'humus des forêts d'Île-de-France et de Navarre. Ces temps derniers, j'avais dû – pour raison professionnelle – laisser de côté mes investigations botaniques.

Mais d'ici là, il y avait ce repas à assurer. Facile. Même si j'ai toujours eu un peu de mal à piger la carte des restos chers. Autrefois, je m'arrêtais devant ces restos, je regardais les gens picorer leur cuisine minuscule. Je me revois mi-fasciné, mi-intrigué, une question aux lèvres. Le resto accepterait-il que je paie ma note en donnant un rein ?

Maintenant que j'étais riche, je pouvais rentrer dans ces endroits à la bouffe hors de prix.

J'ai eu droit à des sourires en pagaille, des « Monsieur » et des bonnes manières de la part de tout le monde : serveuses, serveurs, chasseurs de têtes.

À la moitié de la bavette, les chasseurs ont fini par envoyer la sauce. Ils agissaient en sous-main pour une grande boîte de consulting de La Défense qui cherchait un mec compétent pour un boulot de RAC.

RAC, le mot a claqué dans la bouche du chasseur.

Je lui ai fait répéter exprès :

– RAC ?

– Oui, RAC !

RAC. L'abréviation de Responsable Affaires Confirmé. Pas l'élite de l'élite, mais carrément pas loin. Le RAC, c'est un mec qui a su se sortir de tous les pièges et qui a fini par gagner sa guerre. Dans le petit livre d'images mentales qu'emporte partout un salarié du consulting, le RAC est d'abord un mot méchant – prononcez-le à voix haute, vous comprendrez. D'un côté, le RAC est tout en rudesse, violence et cynisme. De l'autre, il est ce rongeur sournois qui s'attaque aux murs porteurs d'une carrière pour faire tomber un concurrent. J'arrivais donc à mon but, devenir RAC. Évidemment, j'étais fermement décidé à ne pas me laisser enfermer dans l'image rugueuse et agressive du RAC de base. Pas d'inquiétude. J'en étais séparé par une distance ironique, une copieuse dose d'humour, une nonchalance naturelle, que l'on pouvait prendre, à raison, pour une quête névrotique du plaisir. Tout cela allait me permettre de doter l'abréviation RAC d'une forme de dilettantisme indomptable, astucieux et terriblement efficace. Gagner la guerre en m'amusant, et si possible en refermant enfin ma main rapace sur un végétal inconnu de toute la communauté scientifique, voilà les missions auxquelles j'étais déterminé à m'atteler.

« Et le salaire ? » j'ai demandé.

Sept mille euros par mois. Cette somme de base n'intégrait pas :

1. *Le welcome bonus* : la prime d'arrivée.

2. Les frais de représentation : possibilité de se goinfrer à toute heure au buffet de l'hôtel Accor. Les petits estomacs se la jouaient plus subtil en fabriquant de fausses notes et en empochant l'addition.

Il n'y a pas que la bouffe à ranger sous cette rubrique. Les frais de représentation, c'est la catégorie fourre-tout. On y loge le pressing, la réservation d'un billet d'avion, le salaire de la baby-sitter. On y met aussi le prix d'abonnement au club de golf et le sauna. Les séances de kiné (important pour te remettre la colonne dans l'axe après un cinq à sept avec une assistante juridique). La location du terrain de soccer pour toi et tes potes un soir de la semaine (crucial d'entretenir les liens de fausse camaraderie). Même le coach est intégré dans ces frais de représentation.

3. Les primes spéciales : de fidélité et de départ (les fameux goldens parachutes).

4. Les actions gratuites avec gains assurés si la Bourse se pète la gueule. Inutile de stresser chaque matin en lisant les cours dans *La Tribune*. Tu bois ton expresso tranquille et tu pars du bon pied. Évidemment, ce dynamisme est pour ta boîte. Ta firme ne te file pas des ronds en pure perte. Rentre bredouille de ta chasse au contrat et elle te le fera sentir.

5. La retraite payée par l'employeur, ce qu'on appelle la « retraite chapeau ». C'est une rente viagère versée à vie prenant effet dès la fin d'activité. Ou comment ne pas se faire sucrer la moitié de ses revenus après le pot de départ ?

6. Et la cerise : un conseiller fiscal (Hubert de Vasselot) que je pouvais appeler n'importe quand. « Bébert ! Fais quelque chose, j'ai trois inspecteurs du fisc qui posent pour la postérité derrière mon judas ! Le Rembrandt est sous le lit, qu'est-ce que je peux faire d'autre ? »

7. Avant de refermer le package, la firme qui me voulait avait aussi casé en cadeau de bienvenue tout l'équipement high-tech de base : portable ultraportable, imprimante dépliante, iPhone, iPad, etc.

J'ai dit aux chasseurs de têtes : « Je vais réfléchir » et je suis parti en leur laissant payer la note.

# DÉFENSE D'ENTRER

En fait, c'était tout réfléchi. Avec des garanties pareilles, je n'ai pas hésité à traverser Paris jusqu'à La Défense pour voir mes nouveaux patrons potentiels. J'ai donc pris la ligne 1 et après une bonne demi-heure de tunnels me voilà sur place, Ray-Ban sur le nez, tiags aux pieds.

Le ghetto d'abord, les sous-sols de Paris après, ensuite Charenton et Jezix et maintenant La Défense, j'aimais ma façon de traverser la vie, sûr de moi, aussi cool qu'un mec qui fait tourner les glaçons dans son verre. J'aimais aussi ma grandeur d'âme. En émigrant à La Défense, je donnais de l'espoir en termes d'ascension professionnelle à mes anciens condisciples de Jezix. Le chat parti, les souris dansent.

Autrefois, j'avais souvent traîné aux alentours de La Défense. D'abord par curiosité, pour inspecter les bacs de plantes de ce monde inconnu et comparer les tours des riches aux miennes. Les buildings des riches étaient différents des nôtres, on ne voyait pas les gens dedans. Impossible de vérifier s'il y avait âme qui vive. À mon approche, les tourniquets du bas se fermaient comme un poing prêt à se mettre sur ma gueule. Je rigolais.

Car rira bien qui rira le dernier.

J'y allais parfois le dimanche quand c'était désert. Je me faisais croire que le parvis était à moi. Je grimpais toutes les marches de la Grande Arche avec la banlieue ouest dans le dos, jusqu'à voir l'Arc de triomphe en ligne de mire.

Ce matin, j'y étais encore. Cette fois pour montrer ma tête aux patrons de Nib@Lis et voir la leur.

J'ai adoré le paysage vertical de La Défense. Gros contraste avec les hauteurs du ghetto sans doute. Dans la banlieue, les tours touchent le ciel et pourtant c'est comme un souterrain lorsqu'on marche aux pieds. À La Défense, je n'avais que des horizons.

Arrivé dès 8 heures, j'ai trotté pas mal de temps contre l'élite du tertiaire. C'était bon. On se sentait bien là-dedans, on était au chaud. J'ai toujours eu un faible pour le monde de la finance. Ce microcosme vit dans une ambiance feutrée de délits d'initiés et de discrets assassinats par balle. Essaie de leur piquer leur fric, essaie simplement de les plumer d'un centime et tu finiras contre ta roue de secours, dans le coffre de ta bagnole. Qui a fait le coup ? Personne ne sait.

Je me suis annoncé à l'accueil à la version locale de leur bimbo, j'ai passé un portique, ouvert un ascenseur, monté des étages.

Vingt-quatre étages exactement.

Hansen appuyé à la cool au fond du monte-charge. Je montais tranquillement et sans effort. Du petit-lait. J'ai repensé à mon HLM. L'ascenseur toujours en panne. Les locataires. Leurs petits sacs poubelles remplis de chiasse qu'ils balançaient du cinquième. Il y avait pourtant une pancarte à l'entrée de l'immeuble : « Nous voulons que cette résidence demeure un lieu d'habitation sûr et propre. Ne pas jeter vos sacs poubelles remplis de chiasse par la fenêtre. Merci. »

Tout ça semblait fini. Envolés au ciel les chapelets de merde. Grosse bouffée de nostalgie.

Les vivants du vingt-quatrième étage m'ont accueilli fort gentiment.

– Bienvenue chez Nib@Lis. Un expresso, monsieur Hansen ? Proposition d'une bimbo avec un sourire très nu aux lèvres. Voix fluette. Jupe échancrée. Dix centimètres de cuisses me regardaient. Et le creux de ses nichons aussi.

– Volontiers ! je lui ai dit.

– Vous n'avez besoin de rien d'autre, monsieur Hansen ?

– Non, merci, ça ira.

Après une brève attente, mon expresso est arrivé et un mec est venu me chercher.

« Kevin Kermarec, enchanté ! »

Grand sourire. Le Jérôme Peltier local.

« Vous avez trouvé facilement ? »

Est-ce que j'avais trouvé facilement ? Mort de rire ! Satan a murmuré en moi : « Hansen, tu as trouvé les pires trous à rat en banlieue pour livrer tes pizzas, tu étais bien capable de dénicher le vingt-quatrième étage de cette foutue tour. Si ces mecs te veulent, ils ont intérêt d'être un peu plus pro. »

« Je vais vous présenter à monsieur Larsen ! »

On a marché pendant cinq bonnes minutes sur de la moquette haut de gamme.

Trip, trip, trip.

Jusqu'à cette porte qui donnait sur une autre porte donnant elle-même sur un long couloir.

« Ce monsieur Larsen est bien caché ! » je me suis dit.

J'ai compté neuf portes avant d'arriver à l'entrée décisive, plus six « Bonjour, monsieur ! » de six nanas hypercanon.

Derrière la dernière porte, un mec en costume ultraléger avec la tête d'un présentateur de LCI, monsieur Larsen. Et encore des sourires et du blabla ! Gardez-en pour vos clients, les gars !

Monsieur Larsen savait tout de mon parcours de consultant et de manager. On ne m'avait pas menti sur les chasseurs de têtes, ces travailleurs de l'ombre avaient particulièrement bien bossé.

J'ai pu me rappeler qui j'étais grâce à cette rapide rétrospective. J'ai aussi su qui j'allais devenir. Larsen m'a fait l'article du boulot pour lequel il souhaitait me recruter. Il avait une petite télécommande main gauche et une canne avec un bout de plastique vert main droite.

Il a débuté piano avant de s'exciter sérieusement : « Et voici la cheville ouvrière du projet : rénover et optimiser le business unit de la région parisienne, que nous appellerons le Burp ! »

J'ai serré les dents pour ne pas éclater de rire.

Ce n'était que le début du spectacle !

Larsen casait l'abréviation Burp dans chaque phrase. Le Burp par ci, le Burp par là. Tout ça en tapant avec le bout de sa canne sur les cartes que Powerpoint balançait sur l'écran. À croire qu'on préparait un nouveau débarquement. Le Burp allait nous sauver des Allemands.

J'ai dû attendre encore un petit moment pour pouvoir assister au clou de la représentation. Après un résumé de l'exposé, il a pointé sa canne vers moi en faisant : « Et c'est à vous, monsieur Hansen, que Nib@Lis désire confier ce Burp ! À vous-même ! »

Ça sentait fort les fiches méthodes d'un bouquin de développement personnel.

Qu'importe ! J'étais dans la place. « Nous y voilà », je me suis dit. Du coup, j'ai ressenti un léger vertige en m'imaginant au vingt-quatrième étage de la tour. Il y avait de quoi perdre les pédales. La tour, La Défense, tout ce pouvoir financier à butiner.

Nouvelle intervention de Satan : « C'est là que ta conscience va se vautrer ! »

Pour la deuxième fois, j'ai dit « Je vais réfléchir » et j'ai rappelé un peu plus tard pour accepter.

J'avais trois mois pour remettre d'attaque le pauvre Burp. Plus une belle prime et du galon au bout du chemin.

# LES MEILLEURS D'ENTRE NOUS

Surprise des grands chefs de Jezix quand j'ai donné ma démission.

Les pauvres ! Ils avaient déjà à gérer le deuil du Belge. Et voilà que je les quittais à mon tour.

Snif.

Bon, inutile de s'appesantir, je leur ai fait le sourire du Joker et cassos. Direction la forêt. Hélas, pas de trèfle à cinq feuilles en vue. Le végétal inconnu se cachait bien.

Trois jours dans la nature plus tard, me voici dans les murs de Nib@Lis à Puteaux, quartier de La Défense. Changement d'air.

Je n'ai pas démarré le pied au plancher direct. D'abord, je me suis donné le temps d'observer, de boire des cafés, de pipeletter, de lier connaissance avec d'autres RAC.

Dès J+1, j'ai noué mes premières affinités avec Herbert, alias « monsieur Léonard ».

« La faute à Herbert Léonard ! » m'a-t-il dit en rigolant.

Autre pseudo, le « Réseauteur ». La passion d'Herbert était d'échanger des cartes de visite. Ce troc formait, d'après lui, la conclusion et la consécration d'une discussion « vraiment constructive ». Il avait un culot incroyable pour s'immiscer dans les conversations et effectuer ce troc qui me rappelait la logique économique régissant le système d'échange d'images Panini chez les footballeurs de cours de récré. Un domaine où Karim et moi avions excellé au temps de notre école primaire. Énième merveilleux souvenir du ghetto.

Herbert appelait ça « réseauter ». Et c'est en réseautant qu'il était arrivé parmi nous. Il en était fier. Sans diplômes, il avait niqué tout le monde.

Je me souviens qu'on prenait notre café sous la passerelle.

Il me racontait qu'il faisait partie d'un club de hooligans du PSG. Il adorait tabasser les ultras des équipes concurrentes.

Ça le détendait.

Il aborda brièvement la question de l'armement (batte de base-ball, etc.) et des stratégies d'encerclement des bandes rivales.

« Je me suis inspiré de Napoléon. »

Je n'osais lui demander s'il connaissait Manuel, le supporter de Jezix connu dans les travées du Parc des Princes sous le sobriquet affectueux de Manolo. Sûrement. Herbert étant un homme de réseau, il devait avoir (au moins) le duplicata de la carte d'abonné de mon ex-collègue. Mais il y avait fort à parier qu'Herbert jugeait les pratiques d'encouragement de Manuel trop pacifistes.

On ne parlait pas que foot.

On notait aussi les filles, patronne ou subalterne, qui passaient sur la passerelle.

De zéro à vingt. Avec appréciation à chaque passage.

Et appréciation d'ensemble :

– Putain, il me faut un cul pour ce soir, Anton ! T'as pas une idée ?

– Fais-toi une piqûre de tilleul menthe ! Ou un suppositoire.

Nous étions rarement seuls à nous laisser marabouter par ces merveilles.

À 10 heures, 11 heures, midi, 14 heures, 15 heures, bref tout le temps, notre ami Derrick nous rejoignait à ce poste ô combien stratégique.

Derrick n'était pas le vrai nom de Gabriel Le Menec. Notre collègue devait ce pseudo de Derrick à une certaine ressemblance avec l'inspecteur Derrick, un policier bien connu des téléphages seniors de l'après-midi. Pour beaucoup, le cousinage était évident. Je n'étais pas convaincu, mais je ne suis pas l'ennemi de la gaieté et je ne voulais pas pourrir l'ambiance. J'avoue, ses faux airs de policier teuton se remarquaient quand Gabriel chaussait des culs-de-bouteille pour lire de près les CV de consultants potentiels. J'adorais ce moment. Un sketch à chaque fois.

– Trop vieux ! T'as vu l'épaisseur du nœud de cravate ? Il a dû prendre sa photo du temps de Giscard.

– Trop bougnoule. J'ai pas envie que la section antiterroriste vienne mettre le nez dans nos affaires.

– T'as vu ses dents ? C'est encore plus le bazar que dans la chambre de mon neveu.

– Trop grosse. Un vrai char d'assaut. Et je minimise. Un capitaine de tanker n'en voudrait pas.

– Trop noir. On recrute pas des vigiles.

– Trop moustachue. Mais en sosie de Freddy Mercury, elle serait très bien.

– Celui-là ou c'est un Indien, ou il vit greffé à une source de Bourgogne AOC.

– Je le crois pas ! Il a pris sa photo torse poil ! Il doit être pédé. On le prend et on le refourgue aux Village People.

En plus de déficit visuel, le pauvre souffrait d'une sévère maladie de peau. Une sorte de champignon très invasif qui mettait à vif l'épiderme de ses mains et avant-bras. Ce psoriasis n'était pas qu'inesthétique, il était aussi à fort potentiel toxique et obligeait Derrick à enfiler des gants en plastique avant tout contact avec la nourriture.

« Ça pique ! » lui avait dit Périne, une secrétaire juridique, en mangeant un yaourt que Derrick s'était amusé à assaisonner au préalable de quelques bouts d'épiderme. Ceci évidemment avec la plus grande discrétion. Les chefs ne donnent jamais les secrets de leur meilleure recette.

Le principe de précaution (les gants) s'appliquait également lors des pauses expresso. C'était marrant de prendre notre tasse avec un pote qui portait des gants de vendeur de sandwich ou de laveur de chiottes. Ça faisait à la fois décalé et pile dans la note. Derrick paraissait synchrone avec le monde aseptisé de La Défense.

Notre ami Derrick ne relevait pas seulement de la dermatologie de haut vol mais aussi de la psychiatrie lourde. Il avait pour monomanie de soumettre son personnel à des exercices de mimétisme où chacun devait imiter un animal de son choix et le plus représentatif, d'après lui, de son propre caractère. À l'issue de ces tests de personnalité, Derrick s'en allait avec ses carnets de RH remplis d'annotations. En partant des observations consignées dans ses carnets, il échafaudait, sur le profil psychologique d'un tel ou d'une telle, des vérités qui ne laissaient de me troubler tant elles étaient en décalage total avec la réalité. En la personne de Henri, dont la seule inspiration avait été de camper un tigre en tailleur sur la moquette de la salle de réunion, Derrick voyait un leader naturel capable de trancher des conflits aux profits du plus puissant. Il m'en parlait et je revoyais Henri, le visage rouge, suant par tous les pores chaque fois qu'il laissait sa place dans la file de la machine à café à tous les pseudo-gros bras de la boîte et bimbos has been.

Le Réseauteur et Derrick étaient très liés d'amitié. Derrick lui prêtait ses lunettes à gros foyers pour se rincer l'œil par le trou de la serrure du local de la femme de ménage.

Le Réseauteur était dingue de l'aide ménagère. Il nous racontait qu'elle se préparait au ménage seins nus et en culotte léopard ! Oui, la dame au balai était pas mal et j'ai appris plus tard que c'était la femme du Réseauteur. Ils se donnaient des gages de nature sexuelle pour épicer leur vie conjugale.

Les talents de Derrick ne se distribuaient pas seulement dans le registre comique. Derrick était le champion du monde du gringue sur lycéennes. Il avait un plan de Paris avec les lycées fléchés en rouge. Il suivait les jeunes filles le soir, à la sortie des cours. Derrick se pointait très tôt le matin au bureau pour torcher le travail et dès 16 heures, il était libre pour, je cite, ses batifoles. En fait un simple aller-retour. Revenu des grands espaces – vers 18 heures – il nous racontait tout.

Je n'écoutais pas. En dessous de trente ans, rien ne m'intéresse.

En balade, il sévissait surtout dans l'ouest, aux quatre coins du 16$^{e}$, Passy, l'avenue Henri-Martin, la mairie, et les perpendiculaires où le fric est mis en coffre-fort dans la pierre. Propreté irréelle des façades, populations de pierres brossées, carreaux impeccables, des grilles devant tout ça et derrière, de minuscules jardinets pour donner un petit air de campagne à cet immobilier bourré de riches névrosés, bobos et vieilles chics qui peuplent la première classe des TGV avec dame de compagnie et petits-enfants capricieux.

Je connais bien Passy. Un temps, j'avais pensé dénicher dans les jardinets privatifs une espèce endémique générée par engrais hors de prix ou via une eau Évian spéciale distribuée directement au robinet.

Mais non.

Pour m'être aventuré sous ces latitudes, je savais le matériel que Derrick y trouvait. Des petites richardes aux nibards en pointe et en vêtements de marque, leurs talons en cuir de vachette tapaient le sol en faisant des bruits de suçons. D'où l'intensité des élans érotiques derrickiens. Et sa ponctualité d'horloge suisse à la sortie des lycées du 16e. J'imaginais très bien ses gants en plastique gigoter sous un long trench-coat beige pâle avec des boutons en forme d'yeux.

Se confessant lui-même comme plutôt voyeur, Derrick avouait volontiers s'être fait du bien en écrasant quelques-unes de ces jeunes filles contre le mur.

« Tout de même ! »

Il avait ses méthodes.

Au café, il les caressait avec le bout de ses chaussures. Était-ce par vice impuni ou par perfectionnisme psychotique que notre ami avait collé à l'extrémité de ses souliers une lamelle de métal recouverte d'une mince épaisseur de cuir ?

« Ça les rend folles ! »

Il m'a fallu quelques mois pour comprendre que les motivations secrètes, et apparemment névrotiques, de Derrick n'étaient pas si perverses. En fait, c'était une revanche sociale. Derrick avait passé une enfance à deux doigts de la cloche dans des baraques HLM à Tourcoing en face de la Direction centrale de la Douane. Il n'est pas nécessaire d'être grand clerc en psychosociologie pour deviner qu'à l'époque de sa puberté, les relations de Derrick avec la gente féminine du collège, puis du lycée, avaient sévèrement pâti de son psoriasis. Quand il enfilait le latex, c'était sur ses mains et pas ailleurs.

Bien sûr, Derrick n'était pas du genre à culpabiliser sur ses agissements. Niveau conscience, c'était un tranquille (la tranquillité du fou bien sûr). Pour s'en convaincre, il suffisait de le voir à l'œuvre au boulot. Il s'amusait à faire pleurer les pimpins, à savoir les jeunots à peine sortis du biberon des études.

Au début de l'entretien, il leur proposait un biscuit. Les mains nues.

« Je sais recevoir. S'ils disent non, je les force. Tu verrais leur tête quand ils bouffent ça. Tu m'étonnes, c'est un biscuit pour chien ! »

Derrick faisait durer des plombes les entretiens.

« Mes gardes à vue ! »

Les candidats sortaient du bureau les yeux rouges et le nez humide. Derrick arrivait ensuite vers nous, souriant et heureux, un peu frimeur avouons-le, et presque ému d'avoir aussi bien réussi son coup. On aimait voir notre pote de bonne humeur parce que de bon poil, il nous payait toujours un café.

Si vous pensez que la place des managers n'est pas en entreprise mais dans un pavillon psychiatrique, OK, je peux vous comprendre, mais je peux dire aussi que l'élément moral a étouffé en vous le sens de la bonne vieille blague de potache.

En chemin, d'autres types tout aussi sympas nous ont rejoints puis quittés mais on se retrouvait une fois par semaine chez le Grec pour comparer nos rendements.

Ces réunions conviviales étaient un joli tableau de mecs frimant à fond, comme s'ils jouaient, pour le dernier rang de la salle, de parfaits archétypes de managers fiers de leur réussite.

Au niveau fringue et allure, ça ressemblait à une basique réunion de costards au dénoué de cravate finement étudié. Linguistiquement, ça se passait entre gros mots, machisme décomplexé et une parfaite maîtrise de cette alchimie syntaxique qui transforme les substantifs en verbes : « On performe sur le secteur », « Il faut impacter, les mecs ! », « On processualise et on extensionne ! » Pas de meilleurs outils pour donner l'impression qu'on connaît le sujet et se faire passer pour le pro des pros.

On adorait aussi se montrer nos dernières petites merveilles technologiques.

– Il est classe et en même temps il a un côté bestial. On dirait qu'il va sortir de ta poche intérieure cornes en avant.

– C'est ça qui m'a plu. Un manager doit allier les deux. La bête et l'homme civilisé. Et tu sais qu'un client a toujours l'œil sur l'accessoire. Il n'a pas tort, c'est souvent ce qui fait l'essentiel du type.

– Et ton autonomie au fait ? Combien de temps tu peux être joignable dans la jungle avec ce truc-là, hi ! hi ! hi !

# LE MEILLEUR D'ENTRE NOUS : CROCODILE

Les esprits chagrins vous diront que dans le consulting, tu as des relations de boulot, et c'est tout. Pas de vrais potes. Tu ne peux pas en avoir. Pire, tu ne dois pas en avoir. Tu dois faire ton chemin tout seul. Te démerder comme un grand. Être un loup solitaire si l'on veut.

Faux !

Crocodile était un vrai pote. Un super-pote même.

Il me faisait rire. Pas besoin de lui dire : « Fais-moi rire, Croco ! » Il le faisait naturellement. Croc ou le bouffon du roi. Et j'étais le roi. Il me le faisait croire. C'était ça le plus drôle.

On le surnommait « Crocodile » car il avait des bottines en croco.

Mais pas que !

Il y aurait tellement de trucs à raconter sur Crocodile… Il débordait de lui-même.

Comme ses oreilles. Il avait des oreilles incroyables.

Les oreilles sont mentionnées à quatre cent une reprises dans les pièces de Shakespeare. Comptabilité garantie par un cartel d'universitaires de haut vol qui se sont livrés à ce petit calcul durant leur temps libre – à savoir tout le temps.

Quatre cent une, le chiffre est intéressant mais, si vous voulez mon avis, ô combien inutile. La preuve, je n'avais pas besoin de me crever autant pour tomber sur les plus chouettes oreilles de la création. Il me suffisait de frapper à la porte de Crocodile, d'ouvrir, de dire salut et de mater ces bonnes vieilles feuilles de chou.

C'est à ses oreilles que j'avais reconnu Crocodile la première fois.

Aucun mérite. Derrick avait insisté sur les oreilles. « Des radars. De quoi attraper les ultrasons. D'où sa capacité d'anticipation. » Sans oublier les bottes. « Dur pur croco, tu verras ! Il doit revenir des States lundi. »

Le lundi matin, je gare ma Peugeot au niveau moins trois du parking souterrain. Une moto arrive, je reconnais les bottes. Je me rapproche. Mains dans les poches. Avec la mine du mec passant par là. Le motard enlève son casque. Je repère tout de suite ses grandes oreilles. On avait envie de les tirer. Ça ne pouvait être que Crocodile.

– Salut motard !

– Salut piéton.

– Jolies, tes bottes, dis donc !

– Achetées à Austin, Texas, États-Unis d'Amérique.

– On porte bien le chapeau par là-bas.

– Je vois que monsieur est un vrai cow-boy.

– J'ai regardé *Dallas* dans mon enfance.

– Je pense que si JR avait été plus gentil et Bobby plus méchant, les États-Unis ne seraient pas là où ils sont aujourd'hui et c'est tant mieux. En tout cas, laisse-moi te dire que tes bottes sont pas mal non plus. Je te félicite pour le choix du cuir.

– Merci, mais je compte rajouter des éperons.

– Pertinent, ça renforcerait le côté déjà bien agressif de tes bottines.

– Tu t'appelles Crocodile, pas vrai ?

– Touché ! Mais tu ne me couleras pas.

Je déclinais mon identité et celle de ma boîte.

« Bienvenue chez les fous, Anton Hansen ! »

J'ai serré une pogne solide. Des yeux rieurs m'ont regardé. Plus tard, j'ai cherché – sans trouver – ce qui avait manqué pour nous pousser à exécuter à l'instinct une danse de joie après trente ans d'éloignement, bien des pays traversés et quelques femmes serrées au fond des bars de Valparaiso ou des bas-fonds du Bronx.

« Cassos d'ici, a décrété Crocodile. Causer dans un parking souterrain, c'est un coup à alerter le FBI, tu crois pas ? »

Hé, hé, en matière de grandes oreilles, Crocodile en connaissait un chapitre.

Nous voilà partis vers son bureau. Sans forcer le pas. Pieds vers l'extérieur pour Croco. La démarche d'un type suffit pour savoir à qui on a affaire. Exit les questions à double fond de DRH. Regarde le gars marcher, observe aussi sa façon d'ouvrir les portes, fais confiance à ton feeling et tu sauras si le profil psychologique est intéressant ou pas. C'est ce que Derrick m'avait enseigné.

Crocodile marchait lentement. Sage initiative.

– Ouaip, pourquoi se fatiguer ? Gardons des forces. Il en faut toujours pour sauter au-dessus des cadavres.

– Ici aussi le consulting est meurtrier ?

– T'inquiète. Tous mes collègues ne savent pas viser. Mais, c'est vrai, il y a quelques adversaires fameux. Heureusement savoir les identifier les rend moins dangereux. Ensuite, il n'y a qu'à les affronter de face.

– Bonne tactique. Fuir les bandes de voyous n'est jamais la bonne stratégie.

– Un coup à se prendre la balle dans le dos.

– Surtout quand les collègues ont des pistolets toujours chargés.

– Je vois que tu connais déjà bien les bases du milieu du consulting.

– Pas loin de quatre ans de pratique et je n'ai jamais perdu mon flegme.

– Quatre ans ?

– Oui, un peu long comme période d'essai.

– En tout cas ici, en plus du flegme, tu auras besoin d'un gilet de sauvetage. Il suffit d'un rien pour qu'on te balance de Nib@Lis par-dessus bord.

– J'ai un sifflet pour me faire repérer par les hélicos en cas de naufrage.

– Les requins passeront avant.

– D'où tes écailles ?

Le sifflet, Crocodile n'en avait pas besoin pour siffloter sur les bimbos, secrétaires, consultantes. Elles le hélaient, les yeux remplis de clins d'œil.

– Salut, Croco ! Les States, c'était bien !

– T'as fait des affaires au pays des subprimes ?

– T'as été voir ton copain Madoff, Croc ?

– Tu ramènes ta nouvelle copine de Miami, Croco ? nous fit en me regardant une grande rousse avec des yeux plus sexe que des nichons. Mort de rire ! Un quart d'heure que je connaissais Crocodile et je parie que nous avions déjà l'air de deux vieux potes qui ne se sont pas oubliés malgré les années passées.

Croc me présentait à ceux que je n'avais pas encore eu le plaisir de connaître. Je plissais les yeux pour essayer d'identifier les dangereux. Sans succès. Car la conduite de Croco n'offrait pas d'indice. Il était tout en tape dans le dos, rire sonore, clin d'œil complice. Parfait dans le rôle du meilleur pote du marié ou de l'inspecteur Colombo menant son enquête criminelle à la cool.

Et la femme de Crocodile ? Bah oui, Colombo parle toujours de sa femme. C'est sa meilleure copine. Ils font tout ensemble. Courses, repas, tout ! Y compris d'aller bras dessus bras dessous à la communion de leur petit-neveu. Chapeau, les époux Colombo.

Au chapitre matrimonial, je savais l'essentiel. Derrick m'avait renseigné sur la polygamie joyeuse de Crocodile. Monsieur le maire l'avait vu passer cinq fois. Même score au tribunal. Il était remarié depuis peu, mais ne se refusait rien.

D'où sa coquetterie. Croco n'était pas seulement l'homme aux bottes en crocodile. C'était aussi l'homme à la gomina. Toutes les demi-heures, il s'absentait dix minutes aux chiottes pour vérifier sa coupe de cheveux. Le reste du temps, il chattait sur un site dédié à l'organisation de cinq à sept après 19 heures. Croco pratiquait cette activité sur la route du foyer, un effort d'un quart d'heure pour assurer une transition entre le bureau et la maison. Notons que mes petits compagnons de jeu étaient tous mariés et justifiaient de nombreuses infidélités. La déontologie de pur cynisme et d'arrangement permanent avec la vérité qui régissait leurs habitudes professionnelles les vaccinait contre des culpabilités de tous ordres, même fugitives. Tromper leur femme était pour eux aussi naturel, voire aussi nécessaire, que de gagner dix mille euros par mois, d'en claquer cent mille pour se payer un nouveau coupé ou de descendre en week-end sur Nice à cent soixante kilomètres par heure.

Dans l'organigramme de Nib@Lis, Crocodile émargeait, comme moi, au rang de RAC. *Nota bene*: cette catégorie regroupe les fleurons du consulting capables d'enfumer tout le monde. Discipline où Croc se montrait le meilleur. Il avait beau être sans affinités avec l'informatique, c'est lui qui diligentait des ingénieurs informatiques pour bricoler des réseaux Intranet aux noms pas possibles et souvent empruntés au vocabulaire sexuel (cf. le réseau String). Il nous racontait qu'il avait recruté les as qui avaient mis sur pied le fameux réseau Casanova d'une grande entreprise de finance.

J'avais surpris des bruits de couloirs concernant Crocodile. Comme quoi, Croco trimballait un melon terrible, la tête pour un poncho. Disons que Croc était le genre de type qui se sent partout et tout le temps légitime. Un exemple : il se faisait passer pour une tronche aux cinq MBA. Les quatre murs de son bureau étaient décorés par des diplômes d'universités américaines. Des rectangles de belle typo, officialisés par un joli cachet (un tampon taillé dans de la pomme de terre ?) et la signature pleine de boucles des doyens de chaque fac, tout ça sous verre, dans des cadres qui réfléchissaient la lumière.

Ses diplômes étaient pur pipeau. Il savait à peine écrire l'anglais, il se gourait dans l'orthographe de tous les mots, il les transposait en phonétique.

Plus drôle encore, Crocodile ne savait même pas taper sur un clavier. Il gardait parfois le doigt levé trente bonnes secondes avant de me demander quelle touche incrémentait le « & » sur l'écran de son PC.

Croc était purement bidon, mais il avait le baratin si facile que les mecs qui te gratinaient tout un écran avec des hiéroglyphes n'y voyaient que du feu (trop pris sans doute à bricoler leurs algorithmes en pattes de mouche).

# LE PROJET VÉNOME +

Une amitié n'est rien tant qu'elle ne s'est pas incarnée dans un projet commun seul à même de tester la solidité du sentiment.

Important, il faut que ce projet soit formidable.

Croc et moi nous sommes investis dans le projet Vénome +. Un process aussi bidon que fendard destiné à instruire notre collègue Virginie de la rude éthique du consulting.

Définition de Virginie : jeunette hyperambitieuse et sublimement bien balancée. Une sacrée pétoire, une belle paire de poumons, nez mutin, espièglerie du regard et bouche « entre-la-moi ! » dixit Crocodile. Je confirme, devant Virginie, Einstein aurait eu beau se gratter la tête, il n'aurait jamais trouvé la solution pour ne pas bander.

Trait marquant de sa personnalité : l'impudeur. Virginie racontait toute sa vie. Comme quoi elle fêtait toujours l'anniversaire de son copain en réservant dans quatre restaurants en même temps ; combien de fois son copain l'avait prise la nuit dernière ; de quelle façon…

« La question de l'orifice est capitale ! »

Nous n'ignorions rien de son historique personnel ; ses problèmes de nichons à l'adolescence (« Je prenais une taille tous les mois ! »), sa date précoce d'entrée dans une sexualité interactive (« Au ski, à La Mongie ! ») ; son prof de philo de terminale (« Il m'a procuré plusieurs orgasmes intellectuels ! »).

La franchise et l'impulsivité de cette fille dans la confidence, son absence totale de pudeur à se livrer possédait une forme rare et donc précieuse de magie sexuelle.

Nous avions donné rendez-vous à Virginie dans un café de La Défense. On parlait tout bas et on jetait des petits coups d'œil dans les angles histoire de repérer des espions en quête d'informations industrielles top secret.

Croco tendait l'oreille.

Sa grande oreille de chou.

Moi, je prenais l'air du mec prêt à balancer un coup de sifflet à la vue de tout individu louche. Mode bodyguard. J'ai fini par laisser glisser mes Ray-Ban sur le bout de mon nez et j'ai dit au Croc : « C'est bon, Croco, vas-y ! »

Croc a sorti le dossier. Une chemise noire décorée du nom de code Vénome +. J'avais passé le week-end dessus. À pouffer de rire à chaque copier-coller de graphiques, d'organigrammes et de ces schémas mi-rébus mi-charade qui font la matière des prospects de consulting censés traiter de façon exhaustive et méthodique le développement d'un prospect.

Crocodile a exposé le projet. J'apportais parfois quelques détails. Mais sans cesser de surveiller alentour.

– Dans trois mois se tient un important sommet pétrolier chapeauté par l'OPEP dans un bled des Émirats. Nous avons été sollicités par un grand groupe spécialisé dans les énergies non-renouvelables…

– Pas d'ordre de mission explicite mais il n'était pas dur de lire entre les lignes…

Surtout pour des mecs comme nous, habitués à décrypter le sanscrit des plaquettes de management.

« Pour répondre à l'appel d'offres, nous nous sommes retrouvés sur une estimation de six blondes et six brunes… »

Par des détours tout en subtilité censés nous éviter les pièges de la vulgarité et du machisme, nous sous-entendîmes à Virginie que ces maîtres du monde auraient besoin d'un petit remontant en sortant, éprouvés, de la table des négociations après des discussions interminables sur une fourchette de prix du baril de brut. Notre challenge était de leur proposer un service d'escorts clés en main, des filles comptant dans leur pedigree assez de vécu pour exécuter avec grâce et discrétion des figures de style dans des chambres d'hôtel à passe magnétique.

« Nous cherchons une personne de confiance capable de recruter ces jeunes filles. »

Des dames à placer ensuite dans les pattes des princes arabes, cow-boys texans, etc. Je montrais à Virginie les photos d'une dizaine de cadors du pétrole : Derrick et Herbert, déguisés en émirs, monarques du golf ou DG d'une firme pétrolière implanté à Dallas.

Pour cette mission stratégique, il nous fallait quelqu'un d'ambitieux avec des capacités d'organisation (tordant quand on voyait la gueule du bureau de Virginie !) et qui ne se laisserait pas bouffer par l'enjeu. On avait trouvé la bonne personne sans s'arracher les cheveux :

« Ton nom est venu se placer tout naturellement en pole position sur notre liste de candidates. »

Détail important, on lui promettait solennellement de ne pas la traiter comme une subalterne. Une fois la mission réussie, elle viendrait bosser avec nous dans le pétrole.

On a fixé Virginie droit dans les yeux en lui faisant : « Est-ce que tu acceptes d'être des nôtres ? »

Elle a dit « oui » sans hésiter. Rien d'étonnant. Cette fille était prête à tout pour faire son trou dans notre jungle.

Je nous revois encore, Croco et moi, fixer les dernières modalités d'un air entendu, comme des mecs qui dominent leur sujet.

– Ces douze jeunes filles doivent disposer de l'expérience suffisante pour soigner seule, et sans assistance médicale, tous les incidents inhérents à ce genre de prestation. Elles devront également se soumettre préventivement à une batterie de tests sanguins pour écarter tout risque de transmission de maladie type sida et autres.

– Et, Virginie, faudra bien faire gaffe à ci ! Et à ça ! lui faisait Crocodile.

– Mais aussi à ça ! Surtout à ça ! je poursuivais.

– Sans oublier ça, oui ça ! renchérissait Croc. On la noyait sous les détails pour la perdre et lui enfoncer notre bobard le plus profond.

Il nous fallut avouer à Virginie que la mission était ric-rac sur le plan légal. Il s'agissait de rester très discret. On lui demandait donc quelques sacrifices. D'abord, garder le silence. Ensuite, à elle de financer les billets d'avion pour s'acquitter d'une nécessaire mission de reconnaissance sur les lieux. À elle aussi d'avancer l'argent pour réserver les chambres des douze escorts dans les palaces de la région. Enfin, elle accepta également les conditions d'un congé sans solde. Quelle importance ? Avec tout le fric qu'elle allait se faire ! Bref, elle se plia à tout sans broncher. Tout sourire même. Mieux valait qu'elle s'entraîne à rire. Elle volait vers une belle surprise.

En attendant, c'était nous les surpris. En la liant au silence par une clause de confidentialité, on avait enfin trouvé le moyen de la faire taire !

Cette pauvre Virginie n'est jamais partie aux Émirats. Elle n'est pas restée chez nous non plus, elle a dû nous quitter pour cause d'abandon de poste. À tour de rôle, le Crocodile et le Anton l'avaient tannée pour qu'elle « priorise » l'affaire du pétrole. Finalement, elle s'est retrouvée contrainte de mettre son vrai job de côté.

En haut lieu, ça n'a pas plu.

# CROCODILE EN AMÉRIQUE

Côtoyer les meilleurs, et Croco les grandes oreilles en faisait partie, ne peut que vous bonifier. Les cadors vous apprennent les combines, les astuces pour ne pas déjouer, ils vous forcent à rester sur le qui-vive, au top du top et à devenir encore plus filous quand un joli petit paquet de fric est en jeu et vous fait les yeux doux, petits veinards.

Hélas, je ne voyais pas le Croc aussi souvent que je l'aurais souhaité, ceci afin de me mettre à son niveau professionnellement parlant.

Crocodile filait souvent aux States. Non pas pour un weekend en mode loving à New York avec sa régulière. Pas non plus, bien que ce soit très pittoresque, pour faire ressemeler ses grolles chez un bottier du Texas profond.

Croco avait choisi de diversifier son activité en s'improvisant investisseur-spéculateur sur la côte est. J'ai eu droit à son historique complet d'agioteur outre-Atlantique.

« Anton, quand j'ai senti le vent tourner sur le marché immobilier américain, au tout début de la crise des subprimes, je me suis dit : "Crocodile, grouille-toi de monter dans le premier Boeing ! Tu vas te goinfrer".

Sans rien dire à personne, j'ai foutu le camp en Floride. Joli coin. Là-bas, les requins nagent près des côtes, leur aileron fait du surf dans les vagues et chacun des squales bouffe un gars par jour histoire de réguler la fréquentation du milieu marin. Dans ce biotope de carnassiers, ton crocodile jouait chez lui.

J'ai toujours eu un œil sur l'Amérique. Ça doit venir des feuilletons américains de mon enfance. L'éclair blanc de la voiture de Starsky et Hutch traversant L.A. à la vitesse de la lumière, tu sentais les vibrations. Anton, crois-moi, c'est surréaliste de marcher sur les trottoirs américains entourés de cette lumière hystérique vue à la télé dans *K 2000.* Même si je sais que la Floride est aux antipodes de L.A. OK, tu marques un point. Mais ne brise pas mon rêve américain.

De toute façon, quand je me suis pointé là-bas, je n'y étais pas pour rêver, j'étais là pour les affaires et j'avais choisi le pays où le fric n'attend pas.

À peine arrivé en Floride, ton Croc a racheté des rues entières, côtés pair et impair. Absolument !

La jeunesse fringante du consulting, il faut qu'elle investisse son argent quelque part. Comment s'y prendre ? S'il est jeune, le manager talentueux peut conduire une Porsche et proposer à ses amis une partie de foot en salle dans le salon de son appartement. S'il est plus âgé, une Mercedes haut de gamme fera l'affaire. Mais ça, c'est pour plus tard ! Tant qu'il a la niaque, il doit jouer les risque-tout mais sans tomber dans un délire. Les seules contraintes du boulot d'investisseur-spéculateur, c'est de garder les pieds sur terre et de finasser pour court-circuiter la mise aux enchères. On ne sait jamais jusqu'où la criée peut monter. Si les prix grimpent de trop, c'est du fric qu'on laisse filer bêtement et il n'y a pas long avant de se retrouver à poil. Seul truc à s'interdire : être assez con pour aller au bout d'un coup de cœur.

Perso, ma tactique, c'est droit au but ! Je vais voir directement les nouveaux pauvres chez eux, comme ça, je contourne les adjudicateurs. Je propose un marché simple et rapide à conclure. Je rachète les baraques au dixième du prix réel et en échange, je garde les anciens propriétaires dedans contre un loyer dérisoire. Ainsi, triple avantage, je perçois les sous du loyer, les maisons restent en excellent état (les fauchés prennent soin de leur ancienne bicoque) et grâce aux taux très courts que j'impose, eh bien, je conserve tout contrôle pour virer ces prolos dès que l'immobilier remonte.

Après les baraques des gogos, j'ai démarré une razzia sur les buildings de Trump. Le milliardaire les a construits en lisière d'Océan. Je me suis payé des étages complets de ces grandes colonnes vides. De tout en haut, tu peux voir le fond de l'eau à des kilomètres sans téléobjectif. Crois-moi aujourd'hui, c'est le désert dans ces tours fantômes.

Je peux me balader à poil dans les couloirs. Il n'y a personne pour s'arrêter, interloqué, devant la taille fabuleuse de mon engin. Ce qui est un peu dommage, je le concède.

Le seul hic des immeubles, c'est de devoir débourser pour des services à la con (entretien de la salle de gym, nettoyage de la piscine, ou encore surveillance). J'ai donc réduit les frais de représentation *a minima*. Ensuite, je profite à fond de la bonne santé du marché locatif. Partout, je joue gagnant. »

# LE BURP

Jouer gagnant, y a-t-il plus belle philosophie de vie ?

Je ne pense pas. Quand on veut vraiment s'amuser, il faut viser la première place. Le deuxième fait toujours la gueule, l'avez-vous remarqué ?

Or moi, je devais faire gagner le Burp. J'avais été recruté pour le redresser. Le mec d'avant avait effiloché toute l'affaire. Mission à moi de retrouver le fil manquant et de recoudre ce pauvre Burp.

En fait, j'ai préféré engager des types pour se taper la corvée à ma place. Autant dire que c'était reparti pour les entretiens. Sauf qu'à La Défense, les castings étaient moins compliqués que dans mon ancienne boîte. Rien à voir avec la localisation du quartier d'affaires, ou la fonctionnalité des bureaux, ou le prestige de ma nouvelle société de services, encore que…

Deux raisons expliquaient la simplicité du triage :

1. J'étais plus haut juché dans la hiérarchie.

2. À partir de 2008, la croissance a flanché. Les flèches ont piqué du nez. La crise était passée par là et les jeunes costards, à peine sortis de leurs belles écoles, en menaient moins large. Ils n'étaient plus du tout sûrs de se faire embaucher. Ils devaient courir entre chaque entretien, jouer des coudes dans l'ascenseur, patienter des heures dans la salle d'attente. Sans oublier l'épreuve des épreuves, celle qui

pouvait faire flancher n'importe quel moral : apprendre à connaître le conseiller Pôle emploi, ce petit mec planqué derrière son bureau avec sa veste reprisée, ses chaussettes à trous, ses trente-cinq heures, pas une de plus, et son salaire qui tombe tous les vingt-cinq.

Était-on recruté qu'il fallait compter sur un salaire moins haut de gamme qu'avant 2008. Jusqu'en 2008, le consulting était un des milieux qui captait le mieux l'énergie financière libérée par un taux d'expansion record dû aux performances étincelantes de la Bourse. En 2008, et en quelques semaines, les grosses paies s'étaient blindées et le boulot avait perdu une certaine innocence. Les clients, braqués par leurs propres clients, se vengeaient sur les consultants et les managers. Leur mépris pour les commerciaux avait franchi un nouveau cran. Les mecs en dessous de moi se faisaient traiter facilement de voleurs, de bandits ou de brigands. Mort de rire ! La colère et l'amertume donnent des accès de lucidité.

Dans ces conditions, pour les managers juniors et les responsables d'affaires, il était impératif de se lever avant l'aube pour caser leurs viandes. Le monde a la dent dure contre ces bougres qui conseillent ou managent à petite échelle. En 2008, la terre s'est durci un téton et depuis elle l'enfonce bien profond dans ces pauvres minets en costard.

*

Lors des sessions d'entretiens, la salle d'attente se peuplait de petits jeunes qui faisaient dans leur froc.

« Ça leur apprendra à nous mentir ! » disaient les collègues RAC.

De loin, on peut croire que les jeunes mectons qu'on reçoit en entretien sont bien sous tous rapports. Chemise blanche et pompes nickels, costard chrome, corrects et scrupuleux, tout est d'équerre et carré, la société a raison de se servir de ces gars pour fabriquer des leaders. Je savais détecter immédiatement leur baratin bidon. Et d'autant mieux que je jouais moi aussi à fond la carte de l'usurpateur. Ainsi, je m'étais arrangé un joli petit bureau. Épinglée dans son cadre, une photo de la famille Hansen confectionnée sur Photoshop. Femme BCBG et gosses bien peignés. Même le chien était correct.

L'envers du décor était moins glorieux. J'avais poussé le vice jusqu'à prélever la tête de ma femme sur un site proposant divers services d'aide à la sexualité par paiement sécurisé. Les deux petites têtes blondes étaient les enfants de Guillaume Valentin, le sympathique banquier harceleur qui m'avait poursuivi de ses assiduités au temps de ma période précaire. J'avais trouvé la tête de sa progéniture bicéphale sur le Net. Quant au chien, je le sortais de la galerie du « Carré des zoophiles » (*ouafouaf.fr*).

Les entretiens, c'était le défouloir. Je cherchais des noises aux candidats à propos de n'importe quoi. Je chicanais sur chaque ligne de leur CV. Pour faire monter l'angoisse dans la salle d'attente, j'y reconduisais chaque candidat entre deux séances d'entretiens. Ça faisait partie de la stratégie. Les pauvres diables se racontaient leurs misères, les dos se voûtaient, les têtes se baissaient et la peur grimpait.

Autre astuce pour faire monter le stress et trier le bon grain de l'ivraie : la salle d'attente embaumait l'extrait de café. Les candidats baignaient dedans. Je me disais que ceux qui réussissaient à garder leur calme devaient avoir des joints de beuze à la place des veines. Ils feraient l'affaire pour le Burp.

Moi aussi je devais rester impassible. L'exercice n'avait rien d'évident. Pas de la tarte d'être stoïque quand, derrière la fenêtre de la salle d'entretien, vos potes Crocodile, Derrick, et Herbert miment des actes érotiques contre-nature. Surtout que Derrick avait l'air vraiment pervers en jouant avec ses lunettes et ses mains. Mention spéciale du canular à Croco, son petit doigt dans sa plus grande oreille ressemblait à un nain zoophile qui passait du bon temps avec maman éléphant.

Mon initiative de casser du CV n'était pas isolée. Tous les RAC la pratiquaient à haute dose et je n'étais pas le meilleur dans l'exercice, mais j'avais la ferme intention de le devenir. Le plus fort, c'était Derrick. Je prenais modèle sur lui. À chaque présentation de curriculum, il se tapait la poitrine en chantant du Brassens en allemand. Entre le refrain et les couplets, il donnait son avis : « Ça ne va pas du tout ! Il n'y a aucune ligne directrice dans votre parcours professionnel. Ça zigzague ! Ça guidonne ! On dirait que vous avez passé votre temps à essayer de freiner sur de la margarine. Alors qu'il fallait foncer ! Donc c'est vraiment du n'importe quoi ! Au suivant ! »

Inlassablement, il resservait le même couplet.

Pas le temps d'innover. À 16 heures, il partait aux trousses des lycéennes.

Je voulais m'inspirer de lui pour partir moi aussi à 16 heures. À la quête du graal végétal, pour lequel je nourrissais toujours, dans les plis les plus secrets de mon cœur, une obsession psychotique. Rien que d'y penser, ça m'échauffait le sang. Frotter ma plus petite veine contre un thermomètre aurait fait sortir le mercure de ses gonds.

*

Il nous arrivait de choisir un jour de la semaine au hasard. Ou lundi, ou mardi, ou mercredi, ou jeudi, ou vendredi.

Ce jour-là, notre adhésion à la morale des pirates ne souffrait la moindre limitation. Elle était absolue, totale, inconditionnée.

« Pas de quartier ! »

Le but du jeu, faire pleurer les candidats.

Entre collègues, on faisait des compétitions. À qui serait capable de torturer le plus longtemps un pimpin. En jouant ainsi, on pouvait gagner des consommations chez le Grec. On avait une grille de tarifs : un perroquet la crise de larmes, un whisky l'hystérie...

D'ordinaire, on ne débordait pas d'honnêteté, mais jamais nous n'aurions menti sur nos performances réelles au cours d'un entretien. Question d'honneur de manager.

Pour ces pirateries, je suivais scrupuleusement le même rituel.

D'abord, la préparation psychologique. Je m'entraînais à jeter des regards terribles aux glaces des chiottes.

Ensuite la prise de contact. Mon premier réflexe, c'était de leur broyer les mains. Client assidu des clubs de gym, je soulevais des trucs lourds pour le plaisir de casser de l'os. Mais aussi, c'est vrai, dans la perspective d'avoir à écarter voire déraciner des troncs pour accéder à ma plante inconnue.

Le côté tout costaud de mes préparatifs ne m'empêchait pas d'accueillir les candidats d'un sourire. D'abord les mettre en confiance, leur faire croire qu'ils s'en sortiraient, ensuite entamer l'abordage et y aller cash.

Ma méthode, c'était de poser mes bottes texanes sur le bureau et de sonner les candidats d'entrée de jeu. Par du « Jacques a dit ». À l'école primaire de Fleury, on y jouait en fin de journée sous le préau. Trente petits WASP, nègres et beurs écoutaient et obéissaient à la maîtresse. Madame

Monique. Jacques a dit : « Applaudissez ! » et on applaudissait. Jacques a dit : « Montrez du doigt votre voisin » et je montrais du doigt Karim. Près de trente ans plus tard, j'étais devenu la maîtresse et les candidats faisaient tout ce que je voulais.

Ma vie était fantastique.

« Jacques a dit : rappelez-moi les grandes lignes de force de votre CV… »

Regard interrogateur.

« Jacques a dit : rappelez-moi les grandes lignes de force de votre CV… »

Ils finissaient tous par me répondre, mais en hésitant, interloqués, allant d'un mot à l'autre à petits pas.

« Jacques a dit : que pensez-vous apporter à notre entreprise ? »

Ils déballaient leur par cœur. Les leçons étaient bien sues. Je parie qu'à l'école, en prépa intégrée ou ailleurs, ils les récitaient sur l'estrade, devant la classe, les doigts sous la menace des règles en bois de leurs profs de commerce.

« Jacques n'a pas dit de donner l'apparence de la sincérité. »

Dans les entretiens, j'avais toutes les bonnes répliques. À moi le beau rôle. Je jouais le salaud pur. Si les mecs pensaient vite intégrer le consulting pour tirer leur crampe avec nos bimbos, c'était perdu.

Leur angoisse, pourtant, ne me suffisait pas. Je voulais l'effroi.

Pour l'obtenir, je fixais leur oreille gauche. Ça les déstabilisait complètement.

Pas mieux pour commencer à les soumettre.

On peut réduire n'importe qui à soumission. Contre un boulot à cinquante mille euros l'année, ces mecs étaient prêts à tout. Il paraît qu'à ses débuts de RAC, le patron de Nib@Lis réussissait à leur faire virer leur pantalon. Ensuite, il les obligeait à nouer le pantalon autour des jambes et à sauter autour de son bureau en chantant : « PSG ! PSG ! PSG ! » Il faut dire que le boss était abonné au Parc.

Je me réservais d'autres classiques pour déstabiliser mes candidats. Mes tiroirs étaient remplis d'attrape-nigauds. Il m'arrivait de leur donner la courbe des bénéfices volatiles d'une boîte et de leur demander de me l'expliquer de façon journalistique. Je les interrogeais aussi sur des connaissances de culture générale : « Le groove, c'est quoi ? »

Le week-end, je jouais à inventer de nouvelles vacheries. J'avais tellement hâte de retrouver le boulot le lundi pour tester mes trouvailles que je ne dormais presque pas dans la nuit du dimanche à lundi. Autant dire que je n'étais pas de bon poil en me pointant au boulot le lundi. Je gardais mes Ray-Ban pour planquer mes cernes et je saquais à fond le premier candidat.

Pour foutre au pas les prétentieux, je les faisais asseoir sur un minuscule tabouret bancal (un boulot de deux bonnes journées pour réussir le tabouret bancal parfait). Assis là-dessus, ils devenaient bizarres à regarder.

« Tenez-vous bien, bon sang ! Vous avez laissé votre colonne vertébrale dans la salle d'attente ou quoi ? »

Les mecs partaient dans d'impayables exercices de contorsionniste pour rester droit.

« Zut, vous ferez votre yoga après ! »

Restait plus qu'à passer une couche de « Jacques a dit » et je les ramassais dans mes filets.

La pêche n'a jamais été miraculeuse mais j'ai ferré ce qu'il faut et je n'ai pas eu à gérer la corvée du Burp. Le menu fretin s'en est occupé à ma place.

Évidemment, de loin, tout ça semble impossible par son absurdité, on n'y croit pas un instant. Mais ce cirque est bien réel. Il est même ordinaire, anodin, banal et nécessaire. C'est ce qui fait son charme.

# DÉGAGEMENT DES CADRES

Recruter de la main-d'œuvre, ça va un temps. Mais ensuite, il fallait dégraisser. Ceci pour raisons multiples. La faute à la macroéconomie, au contexte international, à des choix stratégiques discutables de rapprochement et d'absorption, à des nécessités de rentabilité et de performativité, à l'envie de se faire bien voir des donneurs d'ordre, et au plaisir de foutre du monde dehors.

Dégraisser, j'adorais.

Idem des autres RAC. Ça nous forçait à innover managérialement.

Les potes et moi, on attendait qu'une idée de crasse nous tombe dans la tête, ensuite on l'exécutait. Après l'avoir testée, on décidait de la retenir ou non.

L'épreuve des faits en somme. Le protocole était scientifique.

Le critère de réussite, c'était d'arriver à faire désirer aux consultants de ne plus être vivants. Pour ça, on a oublié les sourires de bienvenue. Sur mon initiative, on s'est acheté des lentilles vert acidulé, ça nous donnait des yeux de tueur.

Paul Newman, entre dans ce corps.

Derrick était le meilleur dégraisseur. Le lundi, il convoquait une quinzaine de consultants, il mettait ses lunettes, il passait les quinze en revue, s'arrêtait un long moment sur chacun, les dévisageait, et, en un quart d'heure, il les saquait tous. Il appelait ça des « convois Pôle emploi ». Il avait un petit carnet avec une lettre et un numéro dessus, où il écrivait le nom de tous les types. Si j'ai bien compris sa méthode de classification, il devait être à son quinzième carnet, et je ne sais pas s'il avait trente ans.

Beaucoup se scandalisaient de ses méthodes. Elles étaient pourtant banales. Le mal n'est pas spectaculaire, il est quotidien. On pose une brique tous les jours et l'enfer est construit. On corse l'affaire en continuant le train-train.

Ça vous débecte ? Mort de rire ! La piqûre d'amour-propre et de déontologie, je ne l'ai jamais sentie.

Derrick si.

« La première fois seulement. Je devais être manager junior. J'avais filé cinq mille euros à un client avant une qualif pour accepter une viande, sans vraiment me rendre compte de ce que je faisais. Le soir, j'étais dans le métro, je me souviens encore de l'odeur lourde de pieds mouillés dans le wagon. Il pleuvait ce jour-là. Des cordes. Tous les gens avaient leurs fringues détrempées. Je me foutais un peu de leur gueule. Moi, j'étais sec. Pour vérifier, je me suis regardé dans la vitre et, en tombant sur ma tronche bien sèche, je me suis dit : "Tu as une gueule de petit pourri". C'était ça qui me rendait différent des autres et qui me séparait d'eux, au point que je ne voyais plus les gens. Je ne voyais que ma tête de pourri. Sans réfléchir, je suis descendu à la station suivante. Je ne sais plus laquelle. Je me rappelle seulement que j'ai marché au hasard des rues, comme on dit. Sous la flotte, en répétant : "Plus jamais ça" ! Pour vous en sortir, vous jurez que vous ne le referez plus, mais le lendemain, il faut retourner au bureau, et vous le refaites. Pas d'autre moyen, sinon vous perdez tout. Le marché, l'estime des autres et votre place.

Heureusement, la culpabilité se dissipe vite. L'esprit du commerce l'emporte. Dès la deuxième fois, on oublie qu'on fait affaire avec des vendus et qu'on est soi-même une pute prête à tout pour fourguer ses daubes. Ensuite, tout s'enchaîne, on devient RA (responsable affaires), puis RAC. On est rôdé. »

Il y a eu plusieurs vagues de dégraissage.

Haro d'abord sur les fonctionnaires du consulting. Des surnuméraires que jamais personne n'avait casés nulle part. Ils n'en fichaient pas une et cherchaient les murs des burlingues pour les raser et passer incognito. Ils confondaient le consulting avec la fonction publique. Je trouvais à la fois décalé, anachronique et héroïque d'espérer naviguer dans le consulting entre grèves et congés payés jusqu'à la retraite. Compte sur Hansen, ça n'arriverait pas, ah ! ah ! ah !

Attendez la suite... J'ai appris qu'en plus des gars qui glandaient au bureau, il y avait les intercontrats qui glandaient tout autant mais chez eux ! En chaussons et robe de chambre je parie. Tant qu'on y est, devant un bon porno et en attendant que ça sorte.

Pour me débarrasser des intercontrats, je perfectionnais jusqu'au plus petit détail le coup du consulting en service mobile. Cette astuce de licenciement est vieille comme le monde, mais j'ai su la populariser et l'étendre aux renvois de masse.

L'astuce consistait à faire venir un consultant dans mon bureau pour lui annoncer qu'une mission de première bourre se disponibilisait. Le seul inconvénient, c'était loin de Paris.

Dans la Creuse, le Larzac ou le Gévaudan.

Je choisissais exprès de vrais bousiers. Régions, en apparence, bien peu propices à l'exercice du consulting. Les seuls conseils à refiler par là-bas, ce serait de leur apprendre à nettoyer leurs routes et à les raccorder entre elles. Encore que, ces contrées perdraient leur charme si le réseau était toiletté et mieux connecté. Et il y aurait alors trop de risques qu'un botaniste amateur y trouve une plante inconnue avant moi.

Je racontais au gars que l'initiative de muter un gazier en région Centre devait s'interpréter comme un signe que la direction lui faisait. Certes, la période serait dure à tirer, mais les choses avanceraient vite ensuite.

« Je te laisse réfléchir ! Ne crois pas que je t'oblige ! »

Tout ça n'était que du baratin pour lui forcer la main et le pousser à écrire noir sur blanc qu'il n'était pas mobile. En droit du travail, la non-mobilité déclarée d'un cadre est assimilée à une rupture unilatérale du contrat. D'où l'assurance pour les SSII d'obtenir gain de cause devant les prud'hommes. Une victoire de pure forme, on ne va pas l'accrocher au mur. À la limite, on s'en moque même carrément. Ce genre de litiges est provisionné d'avance dans le budget de l'année. Une étude rapide des courbes de rentabilité révèle en effet qu'il vaut mieux dédommager un consultant assez couillu pour porter son cas personnel devant les juridictions compétentes, que de se coltiner une dizaine de viandes en intercontrat qui pèsent chaque mois une centaine de kilos euros sur la masse salariale de Nib@Lis.

Dans l'absolu, les risques de poursuite ne dépassent pas les 10 %. Ce chiffre n'a rien de surprenant. Obnubilés par leur recherche d'emploi, les consultants sur le carreau n'ont aucune envie de se livrer à ce type de petite distraction juridique. Et je ne parle pas des conséquences d'une action devant les prud'hommes sur leur réputation.

De guerre lasse, nos consultants licenciés baissent pavillon. Pour beaucoup, ce n'est que la première étape d'un effondrement définitif. Pas mal tombent ensuite dans les affres de la dépression nerveuse, contrecoup logique de cette suite de brimades infligées par nos services pour les conduire à l'épuisement moral et à la ruine physique (les conditions d'une démission en bonne et due forme). Notons au passage qu'il revient au conseiller AFPA (Association pour la formation professionnelle des adultes) et à sa parfaite incompétence de finir le boulot consistant à réduire en cendre les capacités de concentration du consultant chômeur à zéro à force d'enquiquinantes séances de mise en situation. En vérité de pâles décalques des situations réelles, et autrement plus vicieuses, de la vie en entreprise.

Il n'existe bien sûr jamais aucun poste à pourvoir dans le Larzac ou la Creuse.

Quelques petits futés flairaient le coup tordu, ils se croyaient prêts à rivaliser de bluff avec le grand Hansen en acceptant d'y aller.

Je les contrais facilement en dépêchant sur les lieux du crime un client fantoche. Un pote manager qui voulait rire. Je louais aussi des bureaux pour la journée. Je les choisissais exprès un brin excentrés. Le premier commerce était à soixante-dix kilomètres, un Lidl plein de desserts gras, de caissières à tristes blouses, de petits chefs avec mains baladeuses, et n'oublions pas la caméra dissimulée dans la bouche d'aération des vestiaires des dames.

Deux ou trois fois, mon client fantoche est tombé sur de vrais malins persuadés d'échapper au job proposé en plantant exprès les entretiens de qualification. Soit ils forçaient sur la note incompétence. Soit ils se la pétaient, style arrogant, limite grossier. Parfois, ils consommaient une quantité anormale d'ail et oubliaient de se nettoyer sous les bras avant de se présenter.

C'était se donner du mal pour rien. La mission, ils l'avaient d'office ! Le client leur confiait qu'il était content et fier de pouvoir les compter parmi ses troupes. Il les félicitait aussi pour leur initiative citoyenne. Accepter la mission, c'était une façon de repeupler la rase campagne.

Il y avait des prêts à tout qui acceptaient la mission. Je demandais alors à Crocodile, Derrick ou Herbert de les contacter sur leur portable (quand ça passait) pour leur mettre les idées au clair : « T'es cinglé d'aller là-bas ! Je ne suis pas rat des champs mais je suppose que toutes les routes débouchent dans une ferme paumée avec un chien taré qui gueule et un plouc qui sort de sa grange avec un fusil. Pour retrouver son chemin, c'est dur. Aucun repère. Tu dois te démerder tout seul pour dénicher un patelin. Le portable ne capte pas. La radio non plus. Les seuls bruits que tu entends, ce sont ceux des roues de ta bagnole qui patinent dans la chiasse. »

Après ça, s'ils avaient encore un doute, je misais sur l'absence de réseau TGV entre la Creuse et Paris pour finir de les convaincre. À l'arrivée à Paname, leur lettre de démission était rédigée et signée.

*

On ne virait pas seulement les consultants en excès dans nos effectifs. On exilait aussi sur les listes de Pôle emploi certains managers bas de gamme. L'astuce était simple. On les plaçait sur le siège éjectable en leur filant des trucs impossibles à réussir, des objectifs que même trois RAC bossant ensemble jour et nuit n'auraient pu atteindre. Bien sûr, ils n'y arrivaient pas.

Le burn-out était notre arme de dégagement massif.

Certains étaient plus coriaces. Les bougres tenaient. Mais à quel prix ! À la moindre bourde, on rappelait devant tout le monde la liste de leurs bévues. On leur foutait la honte en public.

« À cause de toi Nib@Lis a déjà beaucoup trinqué ! »

En guise de punition, on interdisait à quiconque de leur parler. Une quarantaine qui pouvait durer des semaines ou des mois.

Un rien nous divertissait.

Si, par miracle, un mec qu'on avait dans le pif s'en sortait, pour être sûr de le faire tomber on avait recours à l'équipement lourd. On lui filait de fausses informations et on attendait qu'il se soit pris le mur de front pour lui balancer des couteaux dans le dos. On allait tout fayoter à la hiérarchie, au directeur de département, voire carrément au chef de l'agence.

Il arrivait qu'on remette la brebis galeuse dans le troupeau. Enfin presque. Le gars restait un mouton noir. On le lui faisait comprendre en lui confiant des tâches subalternes, comme laver les couverts, aller nous chercher des cafés. La réhabilitation était payée au prix fort. Perso, si le gars se gourait dans la dose de sucre, je piquais de sacrées gueulantes. Pas intérêt qu'il se replante dans la quantité d'aspartame où ça allait chauffer.

Leur réintégration définitive n'empêchait pas de leur faire d'autres crasses, histoire de les tester. Par exemple, je désignais un type et je lui ordonnais d'aller rayer la voiture d'un puni. Ça, c'était gentil.

Je me souviens qu'au début de ma carrière de RAC, mon plaisir c'était d'appeler un gogo le premier jour de ses vacances pour qu'il annule tout.

« De toute façon, tu n'as pas le choix, fais ce que je te dis ! »

Pour l'anecdote, l'utilisation de telles méthodes est passible d'un an de prison et de quinze mille euros d'amende au pénal, ainsi qu'une interdiction de bosser.

En théorie peut-être. Mais dans la pratique, je n'ai jamais vu un RAC débourser un centime pour s'être fait plaisir. Normal car personne ne porte jamais plainte.

# APARTHEID

Ça se voit, j'ai vite pris le rythme de ce nouveau boulot. Autant mes débuts de consultant avaient été un tantinet délicats à gérer, mais terriblement stimulants et amusants, autant mon arrivée à La Défense s'est faite facilement.

À présent, les matins, c'était du pur plaisir. La sonnerie du réveil m'embrassait dans le cou. Je tartinais avec insouciance. Je mordais dans la brioche pour m'échauffer à dévorer du consultant. Dans le métro, je pensais à mon bureau du vingt-quatrième entouré de petits nuages en savon à barbe.

Le sexe aussi était pour beaucoup dans ma bonne humeur.

Le consulting évolue dans un gigantesque halo érotique. Sans exagérer, on avait tous un cinéma porno dans la tête et notre passion, c'était de tourner le maximum de films.

On faisait le casting sans se creuser la tête. Le réservoir à bimbos était inépuisable. C'est par les bimbos que la vie sociale d'une boîte prend corps. Les renseignements circulent grâce à elles. En fait, ces jeunes filles sont l'un des points de passage les plus fréquentés de l'espionnite aiguë qui sévit dans le consulting. Chacun se jauge, chacun s'espionne et les infos changent de main derrière les stores baissés et les cloisons insonorisées des bureaux des managers.

Dans le monde de l'entreprise, le sexe n'est pas qu'une activité de détente. C'est un boulot à temps plein. Et ceci pour chaque pôle du rapport sexuel.

Explication : la bimbo n'est pas la seule à se donner du mal. Le col cravate aussi. Plus il performe dans la catégorie sexe, plus il change en bien l'image que les autres collègues ont de lui. Du coup, plus s'ouvrent à lui des possibilités de carrière. D'où cette compétition acharnée entre managers pour faire monter son chiffre bimbo.

Si l'échange des femmes est bien la caractéristique centrale des sociétés primitives, alors on peut dire que le consulting est une société primitive. Ce qui explique également les inégalités hiérarchiques entre les femmes et les hommes dans ce milieu. Dans le consulting, les hommes ont le pouvoir. Ils décident des mérites de chacune et de la distribution des postes, car les possibilités de gratification existent. Une fille pas très intelligente mais bien balancée peut démarrer à l'accueil et grimper marche par marche l'organigramme de la boîte. « Chargée de recrutement », voilà un titre ronflant dans ses cordes. Pour y arriver, il lui suffit de proposer un type de sexualité attractive en acceptant un éventail illimité de positions érotiques.

Le sexe, on ne se contentait pas de le pratiquer, on le parlait sans cesse.

On utilisait un jargon de vestiaire pour bien rendre compte de la démarcation entre les managers de haut vol, peu ou prou assimilés à des stars du X et les autres, les consultants et les commerciaux sans envergure, identifiés à des figurants pas foutus d'enlever le bas. Ces mecs souffraient de l'image de « petite queue » qu'ils renvoyaient.

En parlant de petite queue, un truc me revient.

À mes débuts à La Défense, je me demandais souvent pourquoi les chefs avaient filé le grade de RA à des managers bons à rien. Dès le premier coup d'œil, on pigeait qu'ils n'avaient pas les épaules. Et pourtant, de la part des patrons d'agence, c'était pensé et calculé. Derrière cette promotion, il y avait l'objectif d'en faire de la chair à canon, un défouloir pour les RAC. Rien de mieux pour cimenter une équipe qu'un pauvre mec sur qui taper. Un RA, c'était la possibilité de se divertir à moindres frais en le menaçant de l'envoyer dans la succursale de Nantes où on expédiait les losers.

« On fera en sorte que toute la boîte le sache ! »

Autre menace, le faire redescendre au niveau IA (ingénieur affaires).

Pour donner libre cours à nos petits amusements, nous n'avancions pas seulement le prétexte de mauvais chiffres (bien trop facile), nous allions chercher des motifs plus dérisoires encore, comme un bureau mal rangé, un retard de deux minutes au retour de la pause déjeuner, etc. Trouver les raisons les plus ridicules, c'était notre manière de corser nos petits jeux. Ainsi que de neutraliser toute notion de moralité.

Crocodile adorait faire venir un RA à son bureau, sa paperasse sous le bras. Exprès, il posait son sandwich sur les factures du RA en gueulant : « Merde, tes factures sont dégueulasses, fais un peu gaffe à mon sandwich ! »

Ma meilleure perf, ce fut sûrement Dominique Foenkinos qui l'encaissa.

Dominique ?

« Il a une tête trop marrante. On dirait un ailier gauche du PSG des années soixante-dix ! » dixit Crocodile. Je me rappelle que ses oreilles riaient à plein tympan. Comme des grandes oreilles pliées de rire.

C'est vrai que la tête de Dominique était marrante. Autant que sa vieille BM au carburateur plutôt amorphe sur le parking.

Dominique était depuis peu chez Nib@Lis. Il était manager junior. J'en avais la tutelle. Gros boulot.

Le risque majeur avec un junior, c'est que le jeune éclate un budget en voulant à tout prix être synchrone avec les désirs du client. Manque de bol, j'avais tiré ce numéro. Le junior était particulièrement couillon, je sentais que j'allais devoir lui tenir la selle encore longtemps avant de pouvoir lui enlever les petites roues. Je ne dis rien de ses feedbacks. Poussifs. On aurait dit des rédactions de CE2 écrites par un élève de CP. Pas besoin de s'appesantir. Si ce n'est pour évoquer brièvement son assiduité aux sites porno spécialisés en cravache de cuir, tenue de latex.

Un midi, toute la troupe avait invité Dominique chez le Grec. Sympa.

Oui, sympa, le traquenard…

On parle boulot, cul, et j'encourage Dominique à chauffer les deux minettes du bout de la table : Vanessa et Sabrina. Vanessa avait des yeux pas mal, perdus dans le lointain ; l'autre avait l'air vraiment salope.

Je connaissais bien les deux filles pour les avoir recrutées.

« Vas-y, mon Dominique ! Elles n'arrêtent pas de te mater depuis tout à l'heure. »

C'était vrai. Je les avais payées pour.

À la suite d'une drague serrée, Dominique obtint d'elles qu'ils s'écrivent via Internet. J'avais bricolé deux fausses adresses mails et quand Dominique pensait leur écrire, en fait, il m'écrivait.

Vanessa et Sabrina n'avaient même pas besoin de s'embêter à me faire suivre les mails.

En gribouillant ses avances, il causait tout haut : « Celle-là, gros potentiel érotique. Je vais lui foutre une raclée ! Un bon coup de ceinture, voilà ce qu'elle mérite ! Qu'elle s'amène un peu chez moi et elle ne repartira pas sans avoir enfilé ma tenue de latex. »

Dominique enchaînait sur des propositions à caractère automobile :

« Je vais te prendre à l'arrière de ma BM. »

Exprès, je le surchauffais : « T'es le meilleur, Dominique ! Je connais deux pauvres filles qui vont déguster ! »

Il gobait tout.

En guise de réponse, je faisais écrire à Vanessa : « Dominique chéri, ton trip me kif, d'accord pour ton rencard, tu me reconnaîtras facilement, j'aurais mon petit slip brésilien ou pas de slip du tout (hypothèse plus probable). Merci de me mener à la baguette ! »

Quant à Sabrina, elle était totalement impudique et souhaitait vivre en collectif et avec un collier à clou sa sexualité.

En lisant les réponses, Dominique poussait des cris de loup-garou dans la nuit.

Toujours impressionnant d'entendre le loup hurler au fond du bois.

Mais de Sabrina et de Vanessa il n'y eut pas.

Ça rime !

Il en revint patibulaire. À croire que l'air de la rue ne lui allait pas. Dominique était-il un animal de bureau ? Libre au fond de sa geôle. Enfermé quand on lui ouvrait les portes. Le grand air l'énervait, le café de l'automate le calmait.

Mauvais diagnostic. Dominique souffrait de la maladie du type qui s'est pris un lapin.

Il y eut trois autres rendez-vous.

Je chantais à Dominique la même ritournelle avant chaque rencard : « Ce coup-ci, ça se présente gentiment. Je crois que c'est bon ! »

Mais non ! Sabrina et Vanessa ne venaient pas.

Je fixais exprès les rencards le midi pour voir la tête dépitée de Dominique à 14 heures.

Je n'étais pas seul à me bidonner. J'avais mis au jus Crocodile, Herbert, et Derrick. Tous les quatre, on rigolait en voyant Dominique revenir gros jean de ses expéditions. Les cannibales mangent toujours ensemble.

# AUDITING CONSULTING

On ne passait pas notre temps dans nos bureaux, ça arrivait qu'on prenne l'air dans les burlingues des autres boîtes, on y avait des super-copains. On faisait les écureuils dans les tours et les noisettes, c'était les astuces qu'on se refilait, tous les tuyaux qu'on échangeait pour se débarrasser de gugusses qu'on ne voulait plus se coltiner.

Les secrets industriels mis à part, on se racontait tout. Pourquoi jouer les mystérieux ? Chacun connaissait le pedigree professionnel et sexuel de l'autre et pour montrer qu'on se faisait confiance, aux chiottes, on n'avait pas honte de se la montrer.

En se promenant d'une pissotière à l'autre du parvis, je pouvais croiser des potes managers auditeurs. Eux, c'était vraiment des carnes. L'élite des enfoirés. Rien de péjoratif. Ils se revendiquaient tels, les bons bougres.

Ils avaient des leçons à nous donner. Quand ces mecs se pointent avec leur valisette en cuir dans une société, on sait que la gangrène va prendre et que les effectifs vont fondre en moins de deux.

La méthode des auditeurs consultants n'avait rien de compliqué. Bien mis et bien peignés, la parlote facile, ils soulevaient des brouettes de poussière et lorsque le nuage retombait, la main-d'œuvre des entreprises visitées se retrouvait à poil devant les locaux du Pôle emploi, une main devant, une derrière.

Parmi les auditing consultants, j'en connaissais surtout un qui s'appelait Jean-Michel. C'était un grand rouquin coiffé à la lionne. Charpenté en mètre cube. Gros potentiel intellectuel et grosse instabilité mentale, cette dernière trahie par un permanent déséquilibre optique. Tout en parlant, son œil braquait vers l'extérieur jusqu'à la butée pour mater les culs avant de revenir vers vous – sans direction assistée – pour retrouver la bonne ligne d'eau. Pendant ce temps, l'autre œil avait viré de bord sur un second cul. Et ainsi de suite.

Sur le parvis, vous ne pouviez le rater. Il marchait de façon plutôt trisomique, mais sa langue marchait droit et c'est tout ce qui compte. Jean-Michel avait tellement de baratin qu'il aurait pu faire un poème d'un dossier de stratégie managériale.

J'étais fan de ce mec. Chaque fois qu'il l'ouvrait, je voulais l'applaudir. Comme si une force souterraine m'y obligeait. Peut-être parce que Jean-Michel avait franchi depuis longtemps le niveau zéro question éthique et qu'il creusait encore. Jean-Michel posséderait sans tarder une galerie sous La Défense.

Et si ma plante inconnue dormait sous le béton ?

Sa spécialité, c'était de préparer le terrain en vue de rachats-compressions. Activité qui suppose des tonnes de bla-bla bidon sur la viabilité d'une société. Pour faire joli, Jean-Michel avait toutes sortes de métaphores sportives. Les managers adorent s'inspirer du sport pour faire mousser le client. Et le sport utilise les techniques du management pour doper l'athlète. C'est un cercle vicieux. Pour finir, on se retrouve à organiser une demi-journée avec un coach issu d'un sport peu médiatisé (curling ou pétanque), qui tarifie ses interventions trois mille euros pièce. Contre ce chèque, on a un type en Pumas citadines qui distribue ses conseils dans un argot de vestiaire, ne renouant avec la syntaxe de la langue française que pour dégobiller des slogans du style :

« Un manager, c'est comme un entraîneur. Il doit savoir libérer et mobiliser les énergies, écouter et ne laisser personne s'endormir. »

Et quand une équipe de onze tarés en short ne sait plus shooter dans le ballon, on appelle un manager qui troque son costard contre un sportswear décontracté pour prêcher la bonne parole devant une équipe de mal-rasés : « Les gars, un entraîneur, c'est quoi ? C'est simple, c'est comme un manager. Il doit savoir libérer et mobiliser, écouter et ne laisser aucun mec s'endormir. »

Dans sa spécialité, Jean-Michel passait pour l'un des meilleurs. Il pouvait transformer les colonnes d'actifs de n'importe quelle boîte en dessous de pied. Il avait fait ses preuves et maintenant, c'est lui qui embauchait les mecs dont le boulot était d'enlever à d'autres mecs leur boulot.

Sur le papier, son job tenait en une ligne, arroser toutes les boîtes malades avec son gang de carnassiers. Pour lui, c'était aussi excitant qu'une cuillère pleine de blanche chauffée à la bougie. Il dealait les plans sociaux et ça lui rapportait de pouvoir rouler en Porsche Carrera et de se taper les bimbos qu'il voulait quand il voulait. Après cinq minutes avec ce type, on savait jusqu'où l'homme pouvait descendre.

Je le rencontrais en une belle journée du mois d'août, sur la terrasse du Starbuck des Quatre Vents. Après un quart d'heure à m'énumérer toutes les filles qu'il s'était cognées depuis notre dernière entrevue (quinze jours plus tôt), Jean-Michel m'expliquait ses nouveaux objectifs professionnels.

Il visait désormais un poste de money-maker. C'est-à-dire faire du capital développement en bossant avec les « gazelles », ces boîtes en soif de croissance rapide qui ont besoin de doper leurs fonds propres tout en gardant le pouvoir. Le boulot consistait à lever du fric, du smart money, pour leur permettre de s'envoler en termes d'objectif business sans se faire emmerder par des actionnaires qui demandent des comptes. Dans ce genre de coup, les mecs assez tarés pour geler le budget PQ restaient très minoritaires.

« Leurs revendications, qu'ils les écrivent sur le mur des chiottes si ça leur dit. On s'en fout ! Quand on va aux gogues, c'est pour se vider le ventre, pas pour y étudier une forme sauvage de littérature. »

Jean-Michel me racontait que ce boulot ne consistait pas qu'à dénicher de l'argent frais pour sortir du guidon la tête d'un client. Entre autres services, les consultants en capital développement pouvaient faire jouer leurs puissants leviers pour appuyer une décision, en apportant un carnet d'adresses et une crédibilité auprès des banquiers de bas de bilan, ces mecs qui comptent les centimes sur leurs grands bouliers en os humains.

Ce type de partenariat était des plus lucratifs. Mon ami calculait qu'en quelques mois, il aurait de quoi passer d'un T8 à un T10 et du 14e arrondissement au 16e. C'était ce qui s'appelle un boulot valable.

En attendant d'y arriver, il profitait comme moi de cette belle journée d'août, où l'on glandait tous plus ou moins en matant ce qui se passait. On regardait défiler les merveilles, des bouts de bretelles de soutien-gorge sur les épaules, des cuisses et des ventres mis aux normes des canons de la beauté par des régimes basses calories, des foulées légères qui caressaient chaque centimètre carré du parvis dans le sens du poil et la cerise sur le gâteau, ces corps aéroportés laissaient dans l'air un sillon parfumé.

« Celle-là, c'est Alison, j'ai choisi l'occasion d'un pot de départ pour la tirer. Elle portait ce soir-là une minijupe en peau de couille retournée. Ça s'est décidé vite fait. Pas de temps à perdre. J'ai déchiré sa culotte en deux et je l'ai ferrée en jockey, ma position préférée, il ne manquait que la cravache. Descendu de cheval, j'ai profondément réfléchi. Le galop fait trotter les idées. Je me suis dit, Jean-Michel, tu dois investir dans le cheval. Ah ! ah ! ah ! Et c'est ce que j'ai fait. Money Maker court à Longchamp début septembre. »

Après les projets et les confidences pornos, on se racontait les dernières histoires de burlingue.

La semaine dernière, je m'étais bien amusé en filant un petit boulot absurde à Pierre Batanzay, un consultant sans mission qui glandait dans les couloirs. Je lui avais donné les indicatifs des zones téléphoniques des États-Unis à apprendre en lui faisant croire que je le préparais à prendre d'assaut le marché américain.

– J'aurais mieux fait de lui fourguer à retenir le numéro du Pôle emploi. Il était dans la prochaine charrette des consultants en intercontrat.

– Excellent !

– Qu'importe, il n'a pas mis longtemps à se trouver une salle pour bosser sa liste d'indicatifs.

Jean-Michel aussi avait une anecdote pas mal. Il terminait un dossier facile sur lequel on l'avait mis il y a trois mois, le démantèlement d'un team de trois blancs-becs affectés à une mission de consulting en plan social pour une entreprise en région Centre : une firme de volailles dirigée par trois notables coincés de province.

« Je les ai fait grimper sur Paname avec voyage payé, hôtel à l'œil et resto à volonté. »

À la gare de Lyon les attendaient quelques hôtesses avec de l'or dans les doigts et dans la bouche.

Je demandais à Jean-Michel : « Pourquoi ce trio de professionnelles ? »

C'était tout simple. Il avait bricolé aux trois provinciaux de quoi expédier plus de la moitié de leurs salariés en zone chômage en limitant les pertes sèches dues à la prime de licenciement. Le seul problème, c'est que le triumvirat n'était pas encore tout à fait purgé de l'élément moral (la plus grande béquille en affaire) et Jean-Michel avait dû leur adoucir le cuir avec du câlin avant de les prendre à part dans son bureau pour leur expliquer qu'en procédant bien la grippe aviaire pouvait être une aubaine. C'était l'occasion à ne pas rater pour accéder à une vraie maturité économique via un dégraissage important de la masse salariale.

« Du coup, j'ai réussi sans mal à leur fourguer clés en main une équipe de consultants spécialisés dans l'optimisation de ressources humaines. »

Trois mois après le début des opérations, l'affaire était bouclée et une partie du personnel rémunéré par la caisse d'assurance chômage. Le reste, c'était de la préretraite et une petite pension de guerre pour des mecs rendus complètement invalides par leur travail à la chaîne. Après ça, il ne restait plus qu'à dégommer le team des consultants constitué pour l'occasion du plan social. C'était en bonne voie.

Jean-Michel méritait son succès. Ses débuts à lui non plus n'avaient pas été évidents. Après avoir bricolé des tableaux de statistiques et préparé des présentations en Powerpoint pour son chef, on lui avait mis une belle pression pour qu'il réussisse à charpenter tout seul un plan social.

Il devait appeler les entreprises pour les convaincre de dégraisser. À lui encore de constituer une équipe de spécialistes et de les envoyer là-bas pour purger les excès de main-d'œuvre. À lui enfin de les virer quand la mission était finie.

En somme, c'était une petite affaire bien compliquée. D'autant qu'à l'époque des faits, avant 2008, la croissance se portait plutôt bien.

Jean-Michel avait les couilles. Or le sac scrotal, c'est le fil rouge de l'auditing consulting. Il en faut pour contacter des entreprises et les convaincre que leur avenir, c'est l'optimisation des ressources, autrement dit le dégraissage massif. Il en faut pour arracher à la concurrence des auditeurs expérimentés. Il en faut aussi à ces mecs pour accepter d'être envoyés en province sur un plan social avec un risque que les types à virer (et à tirer au sort sur des motifs bidons) se mettent à bloquer la porte de l'usine avec leur piquet, leur barbecue à saucisses et leur parasol de la CGT.

« Pour toutes ces raisons, j'en ai chié, Hansen ! Je mérite bien ma place au soleil. »

J'opinais du chapeau. Ces heures sombres étaient loin. On a donc trinqué à notre succès et on a regardé passer une dizaine de jeunes minettes qui entraient dans une tour pour faire leur tour de garde à l'accueil.

# PROCESS NOUREDINE

Le consulting est un monde flottant qui se défait aussi facilement qu'il se fait. Comme dit si bien Crocodile : « La technique managériale et le jargon qui va avec ont un taux d'obsolescence statistiquement très significatif. »

Tout passe si vite que tout semble fait pour de faux. Le mal ne compte pas.

Et puis le mal est si spectaculaire que son extravagance dilue sa gravité.

Un exemple.

Bon, j'avais souvent l'idée de mes plus beaux coups grâce à Jean-Michel. Ça m'inspirait de l'entendre. Après une heure avec lui, j'aurais pu décider de doucher tout mon personnel à l'averse électrique. D'ailleurs, c'est après une visite à Jean-Michel que j'avais mis en route le Process Nouredine, du nom d'un consultant. Un hommage que je lui rends. En matière de joli coup, je n'ai peut-être jamais réussi mieux.

Je n'avais rien contre Nouredine. Le garçon était sympa et il n'avait pas le sourire forcé. Il était travailleur, ses nœuds de cravate étaient parfaits et ses pompes d'une netteté ! Rien à dire non plus sur ses chemises. Il méritait plus que moi d'être Français.

Mais tout ça ne suffisait pas. Pour les petits jeunes d'origine maghrébine, les managers avaient vraiment du mal à déblayer le chemin jusqu'à une place correcte. Les clients que j'accrochais, je les connaissais de réputation et je savais que Nouredine allait se faire bourrer les côtes pour des prunes.

Entre quatre yeux, je lui ai annoncé :

– Pour décrocher les pommes pendues aux arbres, il faut taper dans le tronc ou cravacher dur.

– Oui ! Oui, bien sûr, monsieur Hansen !

Je n'ai pas cherché à finasser et je lui ai conseillé l'émigration.

– Mais où, monsieur Hansen ?

Au pif, j'ai pointé le doigt sur un atlas et l'Inde a surgi sous mon ongle. C'est un pays d'avenir, ils ont déjà compris la fusion de l'atome. Dans le même élan fiévreux, ils ont fait fondre aussi le droit du travail.

Il est parti là-bas avec sa femme et ses deux petites filles. Avant de nous quitter, il voulait me les présenter (pour qu'elles m'appellent tonton Anton ?). J'ai préféré décliner l'offre. Sur mes recommandations, il a donc embarqué sa maisonnée, liquidé ses meubles et il a fait route vers New Delhi. Un mois plus tard, il était viré, sans prime de licenciement, ni chômage. C'est le droit indien.

# LE PAPE

Le Burp recadré, la graisse des sureffectifs brûlée au lance-flammes, les big boss m'ont filé des entretiens bidons à faire.

Vous pensez que c'était du tout cuit, une mission sans importance, un pensum pour seconds couteaux ?

Ces bidouillages représentent un taf central dans la stratégie de Nib@Lis, comme dans celle des autres SSII. En convoquant des candidats pour rien et en interrogeant ces gogos sur leur CV, on se débrouille pour récolter en douce des tuyaux sur les clients possibles et les SSII concurrentes. Sur le papier, ça semble de l'info facile à glaner. En fait, c'est tout un art de leur sortir les vers du nez. La discipline impose des compétences à part. Par exemple, à Jezix, ce qu'on nommait « les interrogatoires » entrait dans le cadre des prérogatives d'une section spéciale de trois commerciaux d'une incroyable discrétion. On appelait cette triplette d'indétectables « le KGB ». Il nous arrivait souvent de rigoler sur leur compte – mais à mots couverts, et à rire étouffé, car nous vivions dans l'angoisse constante d'être écoutés par un membre du trio. Il n'y en avait pas deux comme ces trois-là pour circuler incognito dans les couloirs. Ils bondissaient d'angle en angle avec un art accompli du cache-cache. À l'époque, je tirais mon chapeau à ces gars du renseignement. Maintenant, j'étais à leur place et je n'étais pas peu fier.

Je connaissais la combine depuis que Léon avait éclairé ma lanterne suite à mon entretien bidon à Saint-Malo. Un éclairage rapide, pas plus. Herbert, alias le « Réseauteur », a peaufiné ma formation.

« Anton, si tu veux faire du fric à ta boîte bien-aimée, la vraie martingale, c'est l'information. Il faut frôler l'inculpation pour délit d'initié. Dans le consulting, les bénéfices sont en lien direct avec la qualité du tuyau. Normal, tu dois savoir où tu peux caser le max de consultants. C'est très simple en vérité. »

Il connaissait toutes les ficelles et il n'a pas fait l'avare pour me les refiler. En échange, je lui ai payé un petit meuble en bois précieux pour ranger sa collection de cartes de visite. Il était fou de joie. Le manager, ce grand enfant ! Qui joue avec la vie des gens.

– Hansen, dans cette boîte à chaussures qu'est le monde du consulting, les managers ne peuvent pas nier être parfaitement renseignés de la réalité des protocoles comme les entretiens bidon.

– Ne sous-estime pas la passion des commerciaux pour la vérité !

– C'est sûr ! Amène-les sur la problématique des entretiens bidons, tous jureront leurs grands dieux de ne s'être jamais abaissés à des pratiques pareilles. « C'est d'un autre âge ! », « C'est trop salaud de demander à un gars de faire mille kilomètres aller-retour pour rien ! »

– Herbert, le manager a une réponse toute prête pour ça, il bosse pour ceux qu'il a engagés, pas pour ceux qui postulent.

– Mort de rire quand tu vois ce qu'on fait à ceux qu'on a engagés !

– Chut, je pourrais nous écouter !

– En fait, les entretiens bidon en loucedé, tout le monde le fait ! C'est comme la baise. Devant les autres, on trouve ça cochon, mais en vrai, tout le monde le fait, je te dis. Même le pape.

– Même le pape ? T'es sûr ?
– Si je te le dis !

Sacrément bien renseigné, ce réseauteur ! J'avais raison de lui faire confiance pour gagner ma guerre de l'information.

# WEEK-END

Quand il a bien bossé, le travailleur a droit au week-end. Nos consultants travailleurs aussi avaient cette veine. Enfin, sur le papier. Mais en pratique, on les forçait à marner samedi et dimanche en leur fourguant le jeudi ou le vendredi des tas de dossiers à se taper. Le vendredi soir, il y avait la fameuse réunion d'objectif qui leur foutait bien le moral en l'air. Mort de rire ! Bah, ils avaient deux jours pour digérer. Pas de quoi se plaindre ! Pendant ce temps, je me la coulais pépère. En faisant la course aux costards avec mon ami Crocodile les Grandes Oreilles. Question fringues, le Croc était le pendant de ses oreilles dans le domaine auditif, une pointure. Il m'avait initié à la nippe et j'adorais appliquer ses tuyaux. C'était mon nouveau jeu. Plus question de pousser la porte des entretiens bidon avec mes frusques de Jezix. Trop voyants. Je devais être net, élégant et surtout discret. Pas tape à l'œil comme le commercial.

Le Croc prenait très à cœur mon éducation vestimentaire :

– Anton, tu sais comme moi, en consulting de haut vol, le chapitre choix du costard revêt un caractère de première importance. C'est toute une littérature. Des codes et des codes sur des lignes et des lignes. Si tu loupes un seul hiéroglyphe du code, tu bouffes seul le midi. À la moindre faute de goût, au mieux on te chambre, au pire on t'évacue.

– J'aime quand tu me rappelles les bases de l'élégance, mon Croc.

– Rigole pas ! Dans le *consulting high level*, la vie d'un mec mal fagoté, c'est l'histoire d'un pauvre type qui passe à côté des gros contrats.

– Exagère pas, il peut faire des coups, à la limite recevoir les félicitations de quelques collègues.

– Et même de la direction, mais il ne partagera jamais les blagues grivoises et machos de l'élite de la boîte !

Crocodile tapait dans le mille. Il avait tout bon ! Croyez-moi, il n'y a rien de meilleur que de froisser le papier du journal du matin en commentant la fille de la nuit dernière.

– Trois sacres en une demi-heure, hier soir.

– Elle a été gâtée.

– Et attends ! Pour le dernier round, elle avait la tête qui dépassait de la fenêtre, moi je la travaillais planqué derrière les rideaux. Pas envie de me faire canarder par Oswald…

Sur les conseils pressants de Crocodile, je m'étais donc débarrassé de mes anciennes frusques. J'avais fait une poubelle de linge et j'avais balancé le sac aux clodos.

Netteté, élégance et discrétion, il y a des fringues hors de prix pour cet idéal de dépouillement.

J'écoutais les recommandations de Croco : costard Hartwood, chemise Pink, cravate Hermès, boutons de manchette Tiffany, chaussures John Lobb.

J'ai acheté le package et je l'ai enfilé. Ça m'allait pas mal et je sentais que j'allais encore baiser (au sens figuré) pas mal de gugusses grâce à ma nouvelle tenue de combat. J'en profiterai aussi pour me taper encore plus de nanas (au sens propre cette fois).

Bref, la compète, rien que la compète !

# LES PARIS DU MIDI

Certes, maintenant que j'avais un boulot vraiment sympa, j'aurais pu me choisir une nénette canon et m'amuser tous les soirs avec elle tranquille. Mais je me sentais empêché par toutes mes coutumes de célibataire endurci d'envisager une mitoyenneté durable avec un être du sexe opposé. J'étais trop difficile à fréquenter dans un tête-à-tête quotidien. J'avais pris des habitudes. Comme de boire mon expresso au bol ou de faire le plus de bruit possible en pissant. Par pudeur, je préfère ne rien dire des thèses nudistes intégristes que je pratiquais assidûment chez moi et parfois au bureau. Mon idéal d'homme des bois en action !

Autre raison, je préférais continuer en solo plutôt que de devoir supporter le soir, après le boulot, un débat d'idées avec ma régulière sur mes convictions profondes. Je n'avais pas envie non plus de tomber sur une fille qui paraît sympa de loin, puis de près, mais qui progressivement, et insensiblement, vous coupe les couilles. Ça arrive vite.

Dernière raison, célibataire, je protégeais plus facilement mon jardin secret. Je parle de mon prospect botanique. OK, j'étais très sollicité par mes impératifs professionnels, pourtant pas une heure ne passait sans que je sois ressaisi par l'espoir de serrer un jour la tige d'un végétal inconnu de toute la communauté scientifique.

Chaque midi, je vivais à fond ma séquence « Pari du midi ». Le jeu, rien que le jeu ! Mais sans le côté vieillot du PMU ou sport de masse du loto national.

Le pari du midi. Une habitude solitaire datant de Saint-Germain-des-Prés, l'époque antédiluvienne où je larbinais peinard comme stagiaire gratuit au service gestion d'une grande maison d'édition. À l'époque, à midi pétante, j'allais chier dur ou mou mais toujours dans le trou à Sciences Po, patrie du minet et de la fille à papa.

Dix ans plus tard, rebelote, réveil réglé à 11 h 59 et départ du bureau à midi pétante.

Tout pareil.

Ou presque. Entre-temps j'avais changé d'occupation. J'allais faire mumuse avec des filles en tailleur dans les parkings souterrains des tours de Puteaux. Fini les chiottes de Sciences Po.

Il me fallait au moins ma gaudriole de milieu de journée pour décompresser. Aux heures de déj, à La Défense, le désespoir peut vous tomber dessus sans prévenir ! Même un mec armé jusqu'aux dents par la joie et la bonne humeur n'est pas à l'abri d'un coup de blues quand la foule des tours descend dans les restos et qu'elle tapisse partout sa convivialité commerciale ou sa solitude extra-large. Les tout seuls se creusent alors un trou dans l'épaisseur de leur journal économique. Le long des couloirs de la galerie marchande, les costards et leur sandwich marchent ensemble. À Saint-Germain-des-Prés, j'avais connu moi aussi ce régime alimentaire ultra-mobile dominé par l'image obsédante du sandwich américain. Saint-Germain-des-Prés, un chouette souvenir mais j'étais parti sans dire au revoir. Le dernier jour, le midi pour être précis, j'avais versé incognito de la flotte frelatée dans la réserve d'eau de la cafetière des éditeurs. De 14 heures à 19 heures, les intellos s'étaient baraqués aux gogues. Je n'avais donc pu respecter les règles de bienséance et prendre congé d'eux poliment. J'avais seulement dit : « Aux chiottes, les intellos ! » Ma blague ultime.

Sandy fut mon premier pari du midi remporté.

Nous avions remis la main l'un sur l'autre à la faveur du salon Prosearch de La Défense, cette géniale assemblée où le recrutement bat son plein, et où le soir venu, ça baise allègrement à peu près n'importe où. Très bon moment. Quoique j'étais resté spectateur. Mutique et attentif, et accompagné de Derrick et Herbert, j'avais regardé Crocodile s'en taper une entre deux bagnoles en zone septentrionale de la Grande Arche. Exotique. Je revois Croco en pleine action. Grandes oreilles et impressionnante puissance de reins alliée à une dimension d'obus surpassant les modèles courants du marché.

Respect.

On contemplait. Sans parler.

Je me rappelle très bien le silence de la scène. Avec ses grandes oreilles, Croco aurait tout entendu.

Nous regardions. Attentifs.

Je revois Derrick et ses gros lorgnons. Je revois aussi la petite goutte de sueur qui passa sur le front du Réseauteur. Je repense à la Bimbo. Elle ressemblait à un tout petit animal craintif qu'on égorge sur un autel devant tout le monde et qui ne peut plus rien faire, qui n'arrive même pas à crier. Sur la fin, j'entends un bruit de plastique. C'est Derrick qui enfile ses gants.

Le jour d'après, à moi de jouer. Mais sans observateur extérieur.

Sandy a grimpé dans ma tour, jusqu'à mon bureau. Au vingt-quatrième.

– Bonjour, Anton !

– Salut, Sandy. T'es montée en fusée ?

Je suis drôle, c'est mon métier.

Du vingt-quatrième à ma bagnole garée dans le parking souterrain, il y a cinquante-cinq secondes d'ascenseur.

À midi et cinquante-cinq secondes, les sièges de ma Peugeot grinçaient.

La nuit suivante, j'ai rêvé que Sandy s'était acheté un vibro-gadget. Pour personnaliser son acquisition elle l'avait appelée Anton. Tous les mois, son gadget faisait éclater sa facture d'électricité. Elle dormait avec, lui tricotait des petits bonnets, le bordait dans un lit pour bébé. Elle l'utilisait comme sucette et tantôt, exprès, elle le faisait vibrer dans son sac. « Chut, Anton, chut ! Maman est là. » Il lui servait à tout.

Je me suis réveillé et j'ai constaté que Sandy était chez moi. Elle venait de remettre le couvert. Elle avait poussé la grande glace face au lit et ses yeux jaillis, presque à fleur de tête, se reflétaient dans le miroir. Un regard dément. C'était vraiment une fille à part, dans le bon sens du terme. Elle était pleine de panache, toujours partante pour le sexe et le fric. Dans l'absolu, on veut toujours d'une petite poule qu'on puisse bricoler dans tous les sens avec plusieurs cylindres où mettre son piston, mais, dans la réalité, on n'a pas toujours ça à portée, alors il faut limiter ses prétentions et faire avec les moyens à disposition. Eh bien, moi, Anton Hansen, j'avais le must à disposition. Sandy. Tout ce dont on peut rêver. Très relâchée question mœurs, libérée diront certains, impudique pour les autres. Chacun son avis. Perso, je l'avais jugée sévèrement au début de mon ère Jezix. On a toujours tort d'être dur. Mieux vaut s'amuser. C'est ce que j'ai fait avec Sandy. Cette nuit-là, mais aussi les midis quand j'avais du temps et que je ne fourrais pas une autre.

Car ça y allait.

L'œil aussi feutré qu'une table de bridge, j'offrais ma conversation sans en faire des tonnes, je promettais de l'avancement, des grimpées dans l'organigramme, je payais des restos, je fourrais comme un forçat.

Hansen, le stakhanoviste de la pâtisserie porno.

J'avais le CV de Rocco.

Quand on se met à collectionner le fric et qu'on a le pouvoir dans sa profession, on peut profiter à fond d'un panel d'offres alléchantes en termes de sexe. Pas besoin de ratisser large. Tu choisis qui tu veux parmi blondes, brunes, grandes, petites, bustées, maigrichonnes, vierges, vierges Marie, cracheuses, cravacheuses, etc. Les journées ne sont pas assez longues pour tout voir et tout essayer. La cantine est gratuite. Droit de cuissage à tous les repas et c'est un menu pas mal quand on a bouffé des râteaux à Fleury. Mort de rire ! Du passé, les râteaux ! Désormais, autour de ma case, circulaient en pagaille des foules de jolies petites nanas. J'avais un choix monstre et les restos que je leur payais étaient pour rien, ils passaient en notes de frais. J'ajoute qu'en officiant sur mon lieu de travail, ou pas loin, je grimpais progressivement les marches jusqu'au hot d'or du consulting, la première place du classement des fourreurs de Nib@Lis. J'étais bien décidé à remporter la palme – un prix qu'on décernait chaque mois et qui te payait tes cafés du mois suivant au Globe-Trotter.

Question horaires, je n'étais pas trop regardant. J'ai gagné des paris du midi en soirée. Comme le jour de la galette des rois. J'ai transformé la reine en steak haché. Facile, j'étais le roi et elle en avait envie autant que moi. On l'a fait de façon musclée dans un placard à balais avec nos deux couronnes. Étreinte rapide et si brutale qu'après l'effort, on s'est partagé le seau de la femme de ménage pour s'asseoir et récupérer.

En soufflant, j'ai regardé un peu la reine et je me suis dit : « Tiens, je ne sais pas d'où vient cette fille. » Je ne l'avais jamais vue. Mais qu'est-ce que ça peut faire ? Sans se poser de questions, on a repris la compétition. [...] J'ai gardé sa couronne comme souvenir et je lui ai filé la mienne.

Après la galette, j'ai bouffé de la tarte au cul presque tous les midis. Et à chaque goûter. J'enchaînais plusieurs bimbos par jour.

Ça se passait surtout dans les placards à balais.

D'ailleurs, je m'étais spécialisé dans le benchmarking de placards à balais.

Qu'est-ce que c'est ?

Du prospect comparatif. On recense une centaine de placards, on croise leurs avantages, leurs inconvénients, et puis on les départage en donnant à chacun une note suivant des critères bien précis : volume, propreté, ergonomie (important de voir d'un seul coup d'œil toutes les filles qui sont là pour toi), etc.

Après l'effort, j'écrivais scrupuleusement mes appréciations sur mon carnet de prospect.

« Deux sur vingt au placard du quatorzième étage de la tour Gan. On a eu du mal à tenir à trois dedans. »

Je transformais tous les placards en baisodrome.

À force de m'amuser en compagnie de ces dames en volume restreint, j'avais acquis une vraie prestance pour quitter les lieux tête haute, élégant et chic comme un majordome britannique. *God save the Queen.*

Je ne veux pas donner l'impression que toutes ces dames étaient interchangeables. Ça non ! Auquel cas, mes excursions n'auraient été que routine et ennui. J'avoue toutefois volontiers avoir du plaisir pour certaines choses qui tiennent de l'habitude et du rituel.

J'adorais visiter la petite Muriel, une subalterne qui partageait son temps entre le courrier et la photocopieuse. Elle était arrivée jusqu'à nous par mille détours, et notamment un passé de fresquiste-muraliste. Elle allait dans les écoles pour forcer les petits à se sortir les doigts des narines et elle leur tenait le pinceau pour les aider à dessiner sur les murs des motifs vilains. Elle avait largué ça, et un petit boulot en poussant un autre, Muriel était arrivée chez Picard, le magasin de surgelés. D'où on l'avait sortie en acceptant sa candidature spontanée au poste d'auxiliaire polyvalente. Elle nous en était infiniment reconnaissante. Pour autant, elle n'incarnait d'aucune sorte un idéal de fille facile.

Au point que nous avions lancé un concours, Crocodile et les autres. À qui aurait le premier les faveurs de Muriel : la plus sûre méthode pour étalonner les mérites de chacun et y voir enfin clair dans la hiérarchie des galants du bureau.

J'avais un bon tour de piste d'avance sur mes amis. Je partageais avec Muriel un vécu alimentaire dans la vache enragée. Du coup, je jouais un peu le confident et le grand frère.

Muriel avait une marotte. Elle dessinait des petites fleurs sur mon tableau d'objectifs business personnels. J'avais le nez pour prévoir ses passages et, exprès, avant qu'elle ne se pointe, je décorais le rectangle par des prospects hyperambitieux, avec des taux de croissance crevant le plafond des cent pour cent. Tout ça pour faire croire à Muriel que mon quotidien, c'était jongler avec des pourcentages de croissance considérables sans jamais perdre mon sang-froid. Cette façon très pro de bosser m'avait fait faire du chemin dans la jungle du consulting. Je parie que c'est ce qui a donné à la petite Muriel l'envie d'en faire avec moi.

Un soir, après 20 heures, elle est venue dessiner sur mon tableau d'objectifs business un couple enlacé et elle m'a demandé :

« Est-ce que tu sais ce que c'est ? »

C'était nous dans cinq secondes.

Je l'entraînai d'une main sûre derrière mon bureau pendant que du talon je refermai le tiroir « licenciement ». Le nom de Muriel était dedans. Son renvoi pur et simple au profit de la jeune cousine écervelée de Crocodile était acté.

En attendant de la fixer dans les colonnes d'actifs inactifs du Pôle emploi, je la plaquai au sol sur la moquette. Là, une pêche au sexe nous occupa un bon moment.

Je suis tombé sur une originalité, une cicatrice d'appendicite, curieuse rainure de chair brune parmi tout ce blanc de chair. Le bidule m'a bien plu. Je l'aurais bien confisqué et remisé dans mon porte-monnaie pour le lécher à l'envi.

Un moment, il faut savoir clore les préliminaires, ce que je fis après cette soigneuse inspection des épidermes. Nous ne fûmes plus alors qu'un corps unique pris dans une gesticulation passionnée conclue par une phase de puissante exaltation.

« Espèce d'immonde salope, je te nique à mort ! »

De mémoire, j'ai dû prononcer quelque chose d'assez approchant.

Le coït consommé, elle devait se dire qu'elle allait écoper d'un bon coup de pouce professionnel.

Je le lui ai fait croire pour continuer de me soulager avec elle.

Mais elle n'a rien eu. Enfin si, une lettre de licenciement.

Le dossier Muriel bâché, j'ai gratté la première place du concours. En quelques mois, La Défense avait appris à compter sur Anton Hansen pour arbitrer ces gigantesques tournois de sexe qui se déroulent derrière les bureaux de glace translucide de la Grande Arche. Nouvelle preuve que La Défense, ce ne sont pas que des gestionnaires retirés dans de petites cellules de guêpes.

Que s'est-il passé après Muriel ? J'ai retrouvé l'endroit d'où le péché originel avait chassé l'humanité, le jardin d'Eden.

Ou presque. Je n'y ai pas trouvé ma plante inconnue mais c'était pas mal quand même.

Durant des semaines, ce furent des fouillis de chair tendre, des chevelures en boucles, des poitrines aussi pleines de promesses de plaisir que des canettes de bière grand modèle, du cartilage derrière les oreilles où planter les dents, des jambes interminables à dresser dans l'air pour mettre du bisou dans l'envers du genou, des reins à effleurer du bout des doigts, et quand on les renversait de l'autre côté il y avait cette chose dans laquelle je brodais avec ma langue les lettres de mon nom.

Et puis un jour ce fut Mélanie.

Si je séduisais en violation de tous les contrats maritaux (cf. Lizbeth), je m'envoyais aussi les cloquées. Parmi ces ventres en croissant, nous trouvions Mélanie, quatre mois de gros ventre, un mari (Antoine) dans l'aéronautique. Hélas pour elle, son avionneur était souvent en voyage.

Mélanie était en manque.

Or j'avais toujours rêvé de me faire un plan avec la femme affairée et enceinte, capable de mener de front vie privée et vie professionnelle, minceur et grossesse.

Mélanie n'était pas l'une de ces bimbos de l'accueil ambitieuses mais intellectuellement limitées. Son cursus universitaire était costaud : Sciences Po, HEC. Idem du parcours professionnel : un itinéraire sans faute aboutissant à un poste à hautes responsabilités acquis un peu avant le début de sa grossesse au sein d'un grand groupe pétrolier dont les politiques écologique et littoral m'épataient par leur insolence et un cynisme à tous crins. J'essayais d'en être le pendant dans le domaine sexuel. Mélanie aussi. En sorte qu'elle et moi nous nous donnions l'un à l'autre sans chiqué ni arrière-pensée et souvent dans le cadre anonyme d'un parking souterrain, une fois sur la banquette arrière de ma Peugeot coupé sport, une autre fois sur celle plus confortable de sa Renault Espace.

C'était vraiment super !

Sans doute aussi ce rapport intime hors mariage, qui plus est avec une future mère, recevait par le fait de la transgression de l'institution maritale une sorte d'amplitude sociale qui créditait nos extases d'une telle vigueur. À quoi s'ajoutait encore l'esprit gentiment revanchard d'un petit banlieusard parvenu au faîte de la réussite professionnelle et qui profitait d'un extra en grimpant sur une femme bien installée dans la vie. Jadis, dans la banlieue, je m'étais souvent demandé : « Qui s'envoie ces femmes parfaites, pleinement accomplies sur le plan professionnel et familial ? » Eh bien à force de grimper les échelons du pouvoir, j'avais enfin trouvé une réponse : moi !

Cette caricature du manager joueur et baiseur fou, j'ai eu vite fait de l'incarner à la perfection. Je puis garantir que ce qu'on fantasme au sujet des professions du tertiaire, eh bien, désolé de briser le rêve, mais c'est la pure réalité. Dans l'imaginaire collectif des petits salaires, un col cravate est une sorte de héros négatif. Dans le réel, il l'est aussi. Il n'a pas d'éthique, il est fort en gueule et surtout audacieux. Une énième preuve dans ce qui suit.

# DIRECTEUR DE DÉPARTEMENT

Dans la vie, il faut savoir se sponsoriser. Pour sortir mon nom de la nomenclature des responsables affaires confirmés et l'inscrire au niveau suivant, celui de directeur de département, j'avais depuis longtemps ma petite idée.

À Jezix, je m'étais projeté vers l'avenir en piratant tous les listings des contacts clients (des bases de données mentionnant l'interlocuteur à appeler pour faire avancer un dossier) de mes chers collègues commerciaux. Ça ne partait pas d'une mauvaise intention. C'était seulement histoire de ne pas arriver les mains vides à Nib@Lis. En fait, c'est moi qui leur offrais le cadeau de bienvenue. Manière de prendre mes marques ? Oui, mais en vérité, j'anticipais, ce qui a toujours été mon fort. Grâce à mon éducation, sans doute. Tout petit, j'étais chaussé deux pointures au-dessus par mes vioques. La peur de dépenser à tort ? Non, la passion de l'avenir, la hâte d'y être, la nostalgie du futur. Voilà pourquoi je montais aux arbres, pour guetter ce qui s'annonçait. Depuis, pas une heure ne passe sans que je ne me demande ce que les prochaines soixante minutes ont pour moi. La découverte d'une plante inconnue, j'espère.

Cette obsession de l'avenir a toujours joué en ma faveur. À vingt ans, cloué aux abysses de ma banlieue, mort de rire !, je m'imaginais en richard, habitant sous un pont de la banlieue peut-être, ou dans une cellule HLM, mais plus riche que le pote clodo ou que le voisin d'à côté. En tout cas, partout où j'allais, j'étais convaincu qu'il y aurait toujours un chemin pour filer vers l'Ouest, pays de la conquête.

Je suis comme une chanson de Julio Iglesias : « Je n'ai pas changé. » Aujourd'hui, je continue de me débrouiller pour avoir un temps d'avance, ce qui suppose un bel investissement personnel. À Jezix, les dernières semaines, je restais bon dernier tous les soirs au bureau, pour empocher les listings de clientèle des collègues. Bien sûr, les mobilités au sein des boîtes accentuent l'obsolescence de ce type d'index. Mais il n'y a pas de petits profits. Et puis j'aimais rappeler les sociétés régulièrement histoire de maintenir mes catalogues à jour. Quel plaisir de subtiliser un état civil en se faisant passer pour untel ou untel. Avancer masqué n'est pas une ruse, c'est mon style de vie. Mais revenons à la fin de ma période Jezix. Le soir, je ne flânais pas d'un PC à l'autre, je faisais des sprints entre les poubelles, les tiroirs et les ordis (ça leur apprendrait à ne pas respecter la charte sécurité et à laisser leur session ouverte) avec un œil dans le dos pour ne pas me faire surprendre. Et puis j'avais changé de registre en quittant le répertoire sportif et en inspectant les lieux très lentement avec l'œil sévère du manager perfectionniste et protecteur qui sait que la santé de l'entreprise passe par une infinité de petits détails comme des poubelles vidées de leur chargement tous les jours.

Un soir, j'avais eu vraiment chaud. Je m'étais fait pincer par la conchita avec ses balais, son seau d'ammoniaque et ses rouleaux de PQ. Elle m'avait surpris la main dans son sac-poubelle. Comme les éboueurs à l'époque du ghetto, ils me prenaient souvent pendant mes emplettes de fin de mois derrière la boulangerie. Je piquais le pain rassis, j'étais trop ric-rac pour payer ma baguette à la caisse. « Au boulot, clodo ! », ils me lançaient avant de passer au prochain dépotoir.

« Démarre, Gégé ! Fais gaffe de pas écraser le jeune clodo ! Hi ! hi ! hi ! hi ! »

Ce soir-là, en un éclair, j'étais redevenu clodo dans le regard de conchita. Je revois encore ses gants de plastique bleus, et enroulés à son index par leur cordelette, trois vieux Tampax tout rouges qui pendaient comme trois gibets.

Mort de rire !

Conchita voulait cinq cents euros contre son silence.

Je me suis marré à la menacer. Ça a duré deux bonnes heures. Je la ferais virer si elle osait parler, je la ferais suivre, elle aurait peur tout le temps. Chez elle, elle se planquerait contre le mur de sa cellule HLM par peur que le mur d'en face lui fasse la peau. Elle crèverait dans la rue. J'y veillerais.

Tout avait été bien qui avait bien fini. Conchita l'avait fermée contre cent sacs et quand je me suis cassé de Jezix, je disposais d'un bottin complet de contacts clients. Je n'attendais plus que le bon moment pour en faire la surprise au big boss de Nib@Lis, Monsieur Vincent.

*

Un vendredi soir, plusieurs mois après mon arrivée à Nib@Lis, je suis allé voir Monsieur Vincent, le grand patron, mais pas du tout comme un mec qui se la raconte, non ! Juste comme un mec sûr de son art, un type qui sait qu'il peut se la jouer grand seigneur sans en faire des tonnes. Les yeux dans le vide, j'ai posé mon petit paquet de feuilles sur le bureau. Évidemment, c'était le fameux listing, celui avec tous les noms, les téléphones et les mails de la clientèle de mon ancienne firme.

« Boss ! Petite lecture du week-end. Rien de très important. Un œil rapide suffira. »

Et je suis parti, sans rien demander. On aurait dit ces petits chats qui ramènent en douce des souris sur le paillasson et courent se regarder rouler des jarrets sur les enjoliveurs métallisés des bagnoles.

J'ai patienté deux petits mois avant d'avoir un retour. Monsieur Vincent me mettait à l'épreuve. Si j'avais la patience, j'aurais le job. C'est le jeu. Vive le jeu !

Pendant tout ce temps, je me suis fait tout petit. Je savais que le boss prendrait mal que je tape du pied pour dire : « Alors, ça vient ? » Je n'ai rien dit. J'ai laissé faire la nature. Excellent choix stratégique. Tout naturellement mon nom s'est inscrit en fluorescent dans les consciences des collègues. Monsieur Vincent m'a appris à la machine à café, devant tout le monde, que j'avais le poste de directeur de département. Et c'était vraiment trapu comme grade, ça en imposait. Directeur de département de Nib@Lis, ça valait tous les postes de directeur d'agence (le grade au-dessus en principe) du petit monde du consulting et pourtant, on va le voir, ça ne me suffisait pas !

# ESPIONNITE

J'ai hérité d'un bureau en rondelle. La pièce en question, ça faisait comme un petit donjon. C'est en haut de ces tourelles que les reines se touchaient en attendant leur roi. Mais moi, je n'en branlais pas lourd. Du moins dans un premier temps. Pendant deux jours, ma nouvelle place m'a laissé un brin rêveur. Je somnolais. Ma tête restait dans la paille, au repos. Je ne dirais pas qu'il fallait que je récupère après ma rapide ascension. Je m'y étais attendu, aussi je n'avais pas été très secoué d'arriver aussi vite au poste de directeur de département. Est-ce que je regrettais un seul des trucs que j'avais faits pour grimper les échelons à toute allure ? Non. Suivre son gentil bonhomme de chemin dans le consulting suppose de neutraliser toute notion de moralité. Ce qui donne la légèreté et la rapidité au pas, c'est cette nonchalance guillerette à l'égard des règles d'éthique. Mais je ne revendiquais pas le cynisme, je n'avais rien contre le fait de bien agir tant que ça ne me gâchait pas mon plaisir. Des types comme moi ne peuvent rien regretter si ce qu'ils ont accompli les a rendus heureux. Herbert Léonard chante *Pour le plaisir*. Il a bien raison.

Bref, je ne me prenais pas la tête. Je ne me la pétais pas non plus. Je n'avais aucun message significatif à adresser à l'humanité, sinon de s'amuser le plus possible. Le matin, j'étais content de m'acheter une petite brioche, content de la faire durer jusqu'à midi, et voilà. Je la mangeais miette par miette.

En face de chaque miette, je mettais un chouette souvenir de banlieue, du consulting, des filles, bimbos et autres, un souvenir parmi mille.

Je me souvenais de mon arbre à Fleury, ses cinq mètres de haut. En m'installant dans mon donjon, j'avais multiplié la hauteur de l'arbre par vingt. Et après ? D'où j'étais, je continuais à penser à ma plante inconnue et c'était bon.

Pas le tout de ne rien faire les deux premiers jours. J'ai décidé que ce serait pareil le reste du temps et j'ai donc continué à en foutre le moins possible. Œil impassible derrière mes Ray-Ban, cravate impeccable, bottes texanes sur le bureau, oui, j'étais comme ça.

En réunion, je parlais peu. Ni bonjour, ni au revoir et pas grand-chose entre les deux. Je fixais les collègues, c'est tout. J'étais payé pour faire ça, c'était la planque.

Les autres bossaient à ma place.

Un exemple : je me suis servi de la fameuse liste Jezix pour piquer vite fait bien fait à mon ancienne SSII leurs gogos de clients. J'imaginais déjà la tête des managers de Jezix, Hubert, Étienne, Manuel, en face de la fiche récapitulative de leurs consultants sans mission.

J'ai foutu quelques-uns de mes meilleurs gars là-dessus. Pendant qu'ils cassaient les prix, je me suis remis à ne rien faire. J'ai laissé le vide me fasciner. Ça meublait bien le temps. J'aimais beaucoup la sensation que ça procurait.

Pour autant, il n'était nullement dans mes intentions de virer en ces responsables du personnel ou DRH qui se tournent les pouces à la machine à café ou qui se pètent des neurones à réfléchir à des économies sur les rouleaux de PQ. Pas question de demeurer directeur de département toute ma vie. Je venais à peine de choper ce poste que je voulais déjà le larguer pour la place au-dessus.

Ceci exigeait que je me maintienne en mode gros niquage.

Mon mode de fonctionnement préféré !

Je le déclinais à l'infini, je l'utilisais pour tout. Par exemple, pour diriger mon team d'une poigne de fer. Je foutais les boules à mes gars avec mon haleine de croqueur d'ail, un vieux truc de flic pour faire peur aux bandits. Je n'allais jamais loin sans ma gousse. Mes expressos, je les coupais à l'ail. En plus, cet aromate est bon pour le cœur alors que la caféine pète les artères.

Le mode gros niquage était requis pour gérer toutes les tâches basiques de directeur de département. Par exemple, je devais me débrouiller avec certains petits malins qui pensaient me baiser en séchant le job. Ils espéraient être licenciés et profiter de la prime. Là-dessus, les patrons novices se prennent souvent les pieds dans le tapis. Ils pensent éviter le licenciement et l'indemnité à casquer en assimilant l'absentéisme des larrons à une démission tacite. Grave erreur, les petits vicieux obtiennent toujours gains de cause aux prud'hommes pour licenciement abusif.

Voilà comment je me démerdouillais pour mieux me démerdouiller qu'eux.

La loi est ainsi faite qu'il faut dégainer tout de suite lorsqu'un type sèche le bureau. Lanterner, c'est se réserver des corvées et il y a un risque de devoir verser pas mal de fric au motif de licenciement abusif si l'on déclenche une procédure de renvoi.

J'avais donc mis au point un système d'alerte minute qui consistait à envoyer en recommandé une demande de justification, par retour de courrier, aux absents de plus de deux jours. Évidemment, sur cette question de la justification, pas de secret professionnel qui tienne. Vus les salaires qu'on leur versait, tout était nos oignons.

Pas de réponse de leur part ? J'attendais quarante-huit heures et je lançais une procédure de licenciement basique en spécifiant le motif « abandon de poste ». Je les coinçais ainsi pour faute grave et ils étaient de leur poche. À eux de se débrouiller ensuite pour payer leur loyer avec leur chômage.

Qui tente de niquer Hansen se fait niquer. C'est ce qu'on appelle le mode gros niquage.

Tout mon job, heureusement, ne consistait pas à faire le postier. Avec mes nouveaux galons, j'avais mission de recruter les mecs qui devaient en recruter d'autres. Inutile de dire que je n'allais pas intégrer à mon équipe de RAC n'importe qui, ni les laisser faire n'importe quoi, danser sur les tables, se taper les bimbos à la fenêtre de leur bureau, merde ! Que diraient les types d'en face ? « Tiens, en face ils font pareil que nous sauf qu'ils le font à la fenêtre ! »

Je recevais les candidats au grade de RAC en entretien. Je les laissais parler. À un moment, je sortais mon thermos, j'enlevais mes Ray-Ban, je plissais les yeux, et, sans perdre le gazier du regard, je me servais un grand gobelet. Jusqu'à ras bord. Je n'en faisais jamais tomber une goutte. Je buvais, toujours en les fixant, sans rien dire, et c'est tout.

J'ai passé des semaines, puis des mois, à boire mes cafés sans rien dire. À force, je n'écoutais plus les types, je les choisissais au pif. Celui-là ou celui-ci, qu'importe. Ils avaient tous le même profil. Prêts à tout pour rentrer chez eux avec un boulot bien payé en poche. Et encore sans compter les primes. J'évitais seulement les plus nuls ou les meilleurs. Et les trop moches. Car le physique est officieusement un critère objectif de recrutement en management. Ça, Derrick me l'avait dit et redit.

Mon nouvel objectif hédoniste, c'était de devenir un directeur de département franc du collier qui ne laissait rien passer. J'allais mettre au pas tout le personnel en gardant un œil sur tout le monde. Une sorte d'Edgar Hoover version consulting. Cet ex-boss du FBI pouvait être rencardé n'importe quand sur les mensurations des maîtresses du président ou sur le nombre de branlettes annuelles de l'employé le plus minable de l'économie américaine.

Recycler les méthodes de l'Intelligence Service dans la sphère du consulting, voilà le challenge.

Herbert, alias le « Réseauteur », me l'avait rappelé tant et plus :

« Partout, l'information, c'est le nerf de la guerre. En consulting, sans info, tu gères la circulation des énergies de la boîte avec des tuyaux percés. Au pire, on te débarque vite ; au mieux, tu ne seras jamais un vrai chef voyou. »

Dans l'entreprise, la performance repose sur un dogme, observer tout le monde avec méfiance. Je l'ai pigé illico et je me suis mis à surveiller mes moutons de très près. Tout était bon pour glaner les bruits qui courent. Ça allait du fayot qui venait moucharder un collègue en espérant de l'avancement, à des opérations beaucoup plus sophistiquées (pose de micros et équipes de trois mecs – presque toujours des anciens de la DST – se relayant dans une piaule en face de l'appart d'un élément douteux susceptible d'être recruté par une boîte rivale). On n'allait tout de même pas laisser des mecs se barrer avec des informations sur la taille de nos braguettes.

À propos de braguettes... Je pouvais compter sur certaines cafteuses qui descendaient pas mal de zip. C'était la catégorie des bimbos les plus salopes (sans connotation péjorative). Des filles vénales qui monnayaient tous les bruits de couloirs. À condition d'y mettre le prix, on avait la vérité. D'où la tiraient-elles ? Ces filles assoiffées de promotion et de rémunération facile étaient toujours sous le bureau pendant que le reste du mec parlotait affaires avec d'autres types surpayés.

La réunion finie, elles débarrassaient le plancher en quatrième vitesse et elles filaient tout droit à mon bureau. Je les récupérais presque dans mes bras, pas d'aérofreins sur ces gonzesses. Leurs fringues sont trop serrées pour laisser sortir quoi que ce soit, sauf leur poitrine abondante.

« Anton, ils ont dit ça, et ça, et ça aussi ! »

J'avais aussi ma copine Sandy. La meilleure des informatrices. J'adorais ses mails.

*Mon loup,*

*Tout d'abord, je tiens à te féliciter pour tes dernières performances de serial-fucker !*

*Tu vois, c'est comme le vélo, ça ne s'oublie pas !*

*Je t'envoie ce court mail pour te conter mes exploits de jeudi dernier.*

*Je suis tombé sur ton ami Crocodile au Passage. Il était avec un autre pote à vous. Un type avec des grosses lunettes qui ressemble à l'inspecteur Derrick. Moi, j'étais avec une amie qui s'appelle Cynthia. Je t'en ai parlé, une lesbienne super-sympa qui travaille dans la tour Total. C'est elle qui m'embrassait à pleine bouche la deuxième nuit du séminaire organisé à Paimpont alors que sa petite amie était dans la chambre d'à côté en train de pleurer toutes les larmes de son corps. Donc Cynthia m'invite à prendre l'apéro dans mon bar préféré. J'étais très peu vêtue. Une robe noire très décolletée que je ne mets que pour les grandes occasions. Eh oui, cet après-midi, le jeune Manu, un nouveau manager arrivé chez nous via smart sourcing, était au bureau, je le savais et m'étais mis en tête de le séduire. Je ne l'ai pas vu de toute la journée, plan à l'eau, mais continuons. J'arrive donc au bar, Cynthia est déjà là, je commande un demi, on papote. J'allais aborder le dossier Manu quand je vois Crocodile. On ne peut pas le rater avec ses grandes oreilles. Il était avec l'inspecteur Derrick. Tes potes s'assoient en terrasse. Je vais les saluer, Crocodile me propose de les rejoindre. Avec plaisir ! Je rapatrie donc Cynthia en terrasse et la conversation s'instaure rapidement entre nous quatre. Elle s'arrête brièvement quand l'inspecteur Derrick se met à enfiler des gants en plastique avant de boire son verre. Ça m'a sacrément excitée, je t'avoue (souvenir de mes soirées latex ?) mais t'aurais vu la tête de Cynthia ! Ton ami l'inspecteur nous explique son problème de peau et la conversation repart.*

*Quelques heures, et une dizaine de demis plus tard, nous commençons à parler de sexe. Nous plaisantons joyeusement sur le sujet. Et puis, je lance une phrase qui les laisse (un peu) pantelants : « Seule une fille sait réellement faire les cunnilingus, désolée les gars. »*

« Cunnilingus !?! Sandy a trouvé avant moi la plante inconnue !!! »

*Cynthia est d'accord question cunni. Pas Croc et l'Inspecteur. Une compétition sur le thème : Lequel est le meilleur des deux à ce jeu s'engage et nous décidons d'une « cunni battle » dans les règles. Ils devront donc en quatre semaines trouver une fille et lui faire cette petite gâterie, après quoi, elle devra décider d'un gagnant. J'aurai donc droit, ensuite, au cunni parfait effectué par le vainqueur.*

*Tout ceci nous a bien excités et nous décidons de rentrer chez Crocodile pour boire quelques bières.*

*Cynthia nous quitte prématurément. Elle prétend qu'elle a un dossier à peaufiner mais je sais qu'en fait elle tente de recoller avec sa petite amie. Ça ferait mauvais genre de rentrer au milieu de la nuit. Je la comprends. Mais je trouve ça dommage, elle aurait pu regarder ce qui a suivi.*

*Anton, tu ne m'avais pas dit que Crocodile avait une garçonnière à La Défense !*

Un grand studio de soixante mètres carrés. Style épuré. Blanc carrelage du sol au plafond. Micro-kitchenette. Un grand lit. Pas de salle SM à l'horizon d'après mes souvenirs. Suspect.

*À 2 heures du matin, on y est. À 2 h 10, début de la « séance ».*

*Les jeux commencent entre nous et je me retrouve palpée, embrassée, caressée de partout. Ça monte crescendo. Les coquins explorent chaque recoin de mon anatomie. Mention à Crocodile. Il a fait les choses dans l'ordre et surtout il n'a pas oublié d'aller explorer de la langue cet endroit fascinant que plusieurs de nos collègues managers, confirmés ou pas, semblent ne pas connaître.*

*Bref, la robe a vite volé, me voilà nue sous le regard de tes deux amis. Je passe de l'un à l'autre. Ce n'est pas une mince affaire de chercher à satisfaire deux hommes en même temps, c'est un travail à plein-temps.*

*Mais (il y a toujours un « mais ») malgré moi, je suis plus attirée vers Crocodile dont l'attribut fait au moins deux fois la taille de celui de l'inspecteur Derrick. Lequel, déçu, se retire de la partie (en enlevant ses gants) et part en prétextant qu'il doit être très tôt au boulot le lendemain. Je n'ai rien compris à son histoire : il devait être dès 7 heures au turbin pour être près d'un lycée à 16 heures. Il avait dû trop boire… Sans importance.*

*J'ai fini la nuit avec Croc qui m'a avoué que l'inspecteur Derrick me voulait pour lui tout seul. Je n'aime pas l'égoïsme, ça me gonfle vite. Ce soir-là, il fallait savoir partager.*

*Moralité, j'ai donc trouvé un nouveau « fuck friend ».*

*Je t'embrasse.*

*Sandrine.*

*

J'apparais sans doute ici comme une sorte de méduse du consulting, étendant ses mandibules pour capter tous les secrets du milieu.

C'est conforme à la réalité.

J'avais développé mes dons d'espionnage quand j'étais RAC. À l'époque, je m'étais fait la main sur du flicage de consultants. Rien de bien méchant. Je me démerdais pour filtrer les sites de recherche d'emploi. Dès que je repérais le CV d'une de mes viandes, je contactais le gazier. Bien luné, je lui servais le petit discours coolman, tape là mon frère : « François-Xavier ? Je crois que sur le site de Cadremploi, ils ont dû boguer et faire basculer ton CV en mode Recherche active par erreur. Merci de faire le nécessaire pour supprimer ton offre du site. Tu sais qui appeler si tu n'es pas bien en mission… »

Si j'avais l'esprit à la déconne, je lui faisais le grand numéro du tête-à-tête menaçant : « Tu n'es peut-être pas bien chez nous. Exprime-toi ! On peut se débrouiller pour casser ton contrat et on saura dire du bien de toi autour de nous. C'est peut-être ça que tu veux ? »

Un mot sur la méthode fétiche de Crocodile. Il privilégiait la démonstration de force en public : « Prends tes cartons et chope la porte, mon con ! »

Après ce licenciement minute, Croco se cassait avec les sourcils froncés et la dégaine roulante d'épaules de ces athlètes musclors qui passent d'une barre de traction au banc des haltères dans une salle de gym. Ça faisait très très peur dans le contexte du bureau, mais, dans l'absolu, Crocodile avait conscience que c'était très très con. Qu'importe, faire un exemple est toujours utile pour calmer les exigences du personnel.

D'ailleurs, cette conduite d'autoritarisme inspirait sur de nombreux points mon management des équipes. Pas plus indiqué que la terreur pour garder des troupes à l'œil, les mettre sous pression et immobiliser ainsi l'aiguille de la jauge rendement dans la zone rouge de l'affichage. Internet était particulièrement nocif en termes de productivité. Heureusement, j'avais le compteur du nombre d'heures passées par mes gars sur le Net. Les plus assidus, je les interdisais de Web après une engueulade en public.

« Et ça vaut pour les autres aussi ! Vous êtes là pour bosser. Pas pour mater sur le Net des filles qu'ont oublié leur culotte quelque part ! »

On appelait les pointeurs ceux qui se faisaient prendre.

Parce qu'ils attiraient les enfants avec des bonbons?

Non, parce que je les forçais à pointer chaque matin pendant un mois sur la liste des mecs qui m'avaient sur le paletot.

Olivier Danel, un mouchard, m'avait balancé que Benoît Riou s'autorisait de très nombreuses pauses Internet pour mater des sites d'éducation sexuelle. Si j'en croyais Danel, Riou exorcisait ses frustrations en fixant l'écran avec des yeux rêveurs.

Je n'ai pas attendu longtemps pour dégommer ce taré. En consulting, la santé mentale prime. Ni une, ni deux, je l'ai ramené au niveau consultant. Ensuite, je l'ai fourgué à Derrick qui l'a muté sur Bourges pour une mission de signalétique. Rien de bien méchant: revoir le parcours des pistes à vélo de la ville et s'occuper des parkings.

J'ai dit à Derrick: « Excellente réorientation. Il lui manquait une case, il est donc très bien à dessiner des cases… »

Herbert le « Réseauteur » avait fait mon éducation en termes de gestion de l'information. Je me souvenais toujours avec affection et respect de ses paroles de grand sage.

« Maîtriser l'information, c'est aussi réussir à faire prendre en grippe un mec revendicatif ou trop ambitieux en lui fourguant de mauvaises fiches. À cause des cracks qu'on lui file, il se trouve toujours en décalage avec les attentes des collègues. Bientôt, il devient incapable de se coordonner avec l'ensemble du groupe. Sans tarder, il pète un câble. Il suffit d'attendre. Si on ne peut pas patienter pour avoir sa peau, on peut compléter avec un léger harcèlement, mais rien d'excessif. Il y a une erreur à éviter quand on harcèle, il ne faut jamais engueuler le répondeur. Une bande enregistrée est recevable devant un jury et elle fera office, dans la majorité des cas, de preuve de harcèlement et coûtera très cher devant les prud'hommes. »

L'élève a dépassé le maître. Pour arriver à mes fins, j'ai trouvé moins risqué et plus drôle. Ma passion, c'était de balancer des rumeurs sur un gars et de regarder les dégâts qu'elles faisaient. L'enfer est une anecdote à côté des calomnies qui se propagent par mille indiscrétions dans le dédale de nos couloirs où les talons aiguilles maltraitent la moquette. La rumeur se plaît à utiliser le labyrinthe des bureaux comme caisse de résonance pour fuser en chicanes et zigzags de bouche-à-oreille et détruire plusieurs mecs au passage. Un ragot est aussi toxique et destructeur que de bloquer une information à un collègue qui lance un coup périlleux. Rétention d'info ou boule puante : même combat ! Ça revient à envoyer un mec au casse-pipe. Et croyez-moi, foutre des carrières au clou est toujours une grande jouissance. Indignez-vous si ça vous chante, vous ne savez pas ce que vous ratez.

Un autre de mes joujoux, c'était de semer une légère zizanie parmi les groupes qui me semblaient peu fiables. Ça demandait du boulot. Tout un art d'enfumer les employés en les dressant les uns contre les autres. Mais je ne me plains pas. Mes efforts furent chaque fois payés de succès, et en amont de l'opération, j'avais passé des heures de pur délice à mettre aux points mes mécanos destructeurs.

Exemple : une fois j'ai piqué le portable du meilleur pote de Mickaël Charrière. Avec l'engin, j'ai envoyé à Charrière un SMS en racontant que Robert Lastenet, un autre ami de Charrière, couchait avec la bimbo du bureau administratif sur qui le pauvre Mickaël concentrait ses attentions. Devine la suite. J'ai trouvé Charrière et Lastenet qui s'étranglaient avec du PQ aux chiottes. Aussitôt, j'ai viré les deux.

Si malgré ça, le team restait soudé, je disposais d'une variante. Avantager une partie du team au détriment des autres sous des motifs purement arbitraires. C'était le coup radical et ça se terminait toujours en éclats.

*

Je devais à mon culot de fouine d'être où j'étais. Ma manière d'agir, toute de discrétion et d'audace, tenait à la fois de l'inné (tout petit, vers quatre ans, je regardais depuis mon balcon HLM ma voisine togolaise bronzer en topless au soleil de Fleury) et de l'acquis. Dans la banlieue, j'avais eu plaisir à cultiver ce don naturel de passer partout inaperçu pour me mettre à l'abri des petites inimitiés des bandes du quartier. Ménager la susceptibilité de ces différents cartels m'avait incité à développer ma dimension invisible, et c'est ce talent que j'avais fait fructifier ensuite en me camouflant dans la canopée du Bois des trous puis, désormais, en m'infiltrant sans me faire voir dans les replis les plus secrets de Nib@Lis.

Le soir, j'allais visiter les tiroirs des collègues. Je passais au peigne fin les listes de clients, les personnes à rencontrer, toutes les données qui me permettaient d'estimer l'efficacité de mes effectifs. Après, je bondissais des bureaux à la photocopieuse et je polycopiais les trésors que je dégottais. Je les bossais dans le métro, au McDo et avant le dodo. Étape suivante, je faisais des classements suivant mes critères pour déterminer lesquels se démerdaient le mieux. Sur la base de ces classements, je décidais qui resterait et qui foutrait le camp, qui pousser à bout jusqu'à ce qu'il déloge tout seul et qui ménager pour le garder près de nous. Dans le consulting, seuls les cow-boys survivent. Pas de place pour les mecs qui se baladent sur des chevaux pliés en deux.

La base de dix de mes calculs de compétences ne s'enquiquinait pas d'embarras. Il me fallait des mecs capables de se faire tout seuls leur pelote de clients et non des types qui vivaient sur les listings de la société pour réussir à ventiler leurs viandes. Rémunérer des gars qui n'avaient pas de culot, c'était jeter l'argent par les fenêtres et surtout, se faire mettre au placard à courte échéance. Qu'on se le dise, en consulting, le culot est la seule manière de faire tourner la petite clé plate qui donne accès aux avantages de la profession, sans les inconvénients.

Mais tout ça reste du baratin tant que je ne vous ai pas livré quelques croustillantes anecdotes sur ma façon de procéder.

J'adorais la pêche dans les poubelles. Il y avait mille jus là-dedans : de l'encre, de la sauce chinoise, indienne, blanche, du ketchup, souvenirs des repas de midi qu'on dévorait dans des gamelles en cartons devant l'ordinateur, histoire de faire croire que notre temps était trop précieux pour le gaspiller à manger proprement. Ça débordait des poubelles et ça giclait sur la moquette.

Outre ces reliquats du midi, les poubelles du bureau étaient remplies de précieuses infos. Je les consignais dans mon cahier de taches : quatre-vingt-dix pages pleines d'auréoles de graisse. Il suffisait de mettre le nez là-dedans pour se croire en cuisine et tout savoir des petits secrets de la SSII.

Au passage, je trouvais que j'avais un côté hypersexy quand je fouillais les poubelles, celles des chiottes comprises. En un sens, je ressemblais à James Bond. Lui non plus n'a pas peur de mettre les mains dedans quand la sécurité de la reine est en danger. Comparaison d'autant plus justifiée que je me débrouillais comme un as pour descendre les fermetures Éclair. La comparaison s'arrête là. La sécurité de la reine, c'est du picotin à côté des intrigues agitant le monde du consulting.

À propos de secret, celui des correspondances, rien à battre ! Mort de rire et sans remords, j'ouvrais les enveloppes de mes ouailles. En plus de satisfaire ma curiosité, je bloquais l'information. Parfois, je m'amusais même à détourner l'info en rédigeant une lettre avec des conclusions contraires à celles stipulées dans le courrier. Quand c'était fait, j'échangeais les lettres et je recachetais l'enveloppe. Pas meilleure méthode que de pourrir l'info pour faire sombrer les éléments faibles.

Outre mes investigations dans les poubelles, les correspondances et les disques durs, je m'étais fait une vraie spécialité de fouiller la boîte SMS des portables de toute la SSII. Une nouvelle mine d'informations pour établir de précieuses fiches récapitulatives sur leur vie intime et exercer ensuite un chantage efficace sur certains cadres rétifs à appliquer mes méthodes expéditives. Oui, c'est illégal, je sais. Et alors ?

*

Peu de temps après ma promotion en tant que directeur de département, Crocodile m'a rejoint au même niveau de hiérarchie. Je l'ai reconnu tout de suite à ses grandes oreilles, on avait envie de les tirer, et aux bruits de ses bottes en croco.

– Croco !

– C'est moi.

– Le Croco en chair et en grandes oreilles !

– Et mes pompes en croco *made in Texas* pour te botter le cul.

– Quelle heure est-il à Austin ?

– J'en ai rien à foutre !

– Tant mieux, moi aussi.

Croc venait d'être nommé directeur d'un autre département au sein de Nib@Lis.

La première initiative de Crocodile a été de me proposer de mutualiser nos efforts et de créer une caisse noire destinée à subventionner des pratiques hors-laloi mais courantes dans le milieu : la surveillance et le fichage du personnel. Bien sûr, ces protocoles existaient déjà de longue date à Nib@Lis. Les employés de la firme évoluaient depuis belle lurette dans un monde de micros cachés, d'écoutes téléphoniques et d'autos branchées sur GPS. Croc m'offrait en fait de fonder notre propre réseau afin de n'être soumis à aucune vassalité dans la guerre de l'information.

J'ai accepté immédiatement.

La black box nous permettait de payer en dessous-de-table les bimbos affectées officiellement à l'accueil ou aux tâches de secrétariat.

Officiellement.

En fait, on les balançait dans les bras d'un type un peu subversif.

Crac-crac.

Puis clic-clac : un de nos hommes de main immortalisait l'instant par quelques clichés pris sur le fait.

Pour constituer ces dossiers d'adultère, nous nous étions lancés dans la production de films. On tournait des longs-métrages de boules en plan séquence. Mais sans contrat ni autorisation. Ou presque. Seules les actrices étaient au jus. Pas les acteurs. S'ils avaient su, il m'étonnerait que ces Rocco d'un jour eussent accepté de jouer Jésus les bras en croix et un string roulé en boule dans la bouche. Mais sait-on jamais. Un gène de l'exhibition coincé quelque part dans votre ADN peut vous pousser, à l'insu de votre plein gré, vers d'étonnantes déviances.

Caster les acteurs n'était pas sorcier. On filmait les types qui nous avaient menacés de faire venir dans la SSII les inspecteurs du travail, histoire d'éplucher un peu les contrats.

On filmait aussi de jeunes mecs trop ambitieux que nos agents avaient photographiés en plein déjeuner de tractation avec une boîte concurrente.

En règle générale, dès que nous avions un doute sur la fiabilité d'une viande ou d'un collègue, une enquête était diligentée.

« Je fais rédiger une fiche. »

Appelons ça la chasse au faciès. D'abord déterminer la cible sur des critères physiques ou un simple ressenti. Ensuite, planifier la stratégie globale, choisir les hommes à mettre sur le coup, les moyens logistiques, le lieu du tournage. La bimbo n'intervenait qu'en fin de chaîne.

Le dossier d'adultère constitué, c'était le même rituel, je fourrais les clés USB dans une enveloppe et Crocodile refermait l'enveloppe. Esprit d'équipe et complémentarité.

Après ça, deux cas de figure. Si le mec n'avait pas encore franchi la ligne jaune, nous nous contentions de déposer le pli sur son bureau. Une manière efficace et sans timbre payé d'éteindre certaines revendications.

Si le gars en remettait une couche, Croco timbrait l'enveloppe au tarif en vigueur et je l'envoyais à son adresse personnelle en écrivant le nom de sa femme sur le courrier compromettant.

Ces méthodes étaient plutôt bon marché. On n'imagine pas comme il est facile de convertir à la loi du consulting des jeunes filles sans tête, désargentées et ambitieuses. La meilleure feinte, c'était de se débrouiller pour les accrocher à la coke. Ensuite on les dirige à la carotte. Du coup, j'avais mis mon vieux pote Karim dans le coup.

Crocodile et moi, nous faisions ainsi chanter le personnel.

Obligé ! Notre boulot ne consiste pas à envoyer des consultants dans une boîte et à les laisser dévaliser les secrets défense de l'usine avant de partir chez le concurrent. Ça fait tache. Lorsqu'on bosse avec des grands groupes, on peut être sûr que notre cote descendra en flèche. Autant dire qu'on a nos travailleurs à l'œil.

Certes, nos contrats aux clients ne mentionnaient pas un service clés en main de contrôle de la vie privée de nos cadres. Dans les bouts de chiottes écrits en jargon juridique que Nib@Lis faisait signer à ses consultants, il n'y avait trace d'aucune clause drastique de confidentialité. À quoi bon ? Ce genre d'option motive une rémunération, alors que la clause en question n'est jamais respectée. Pour autant, on ne restait pas à regarder passer les bagnoles, on mettait les moyens pour garantir le respect du secret professionnel.

S'il y avait besoin, on foutait les boules à nos consultants. Dans ces conditions, l'espionnite changeait de nature. Les types de mon calibre avaient coutume de solliciter des anciens de la DST pour avoir un œil sur les troupes. On leur louait des fourgons pour planquer dedans, comme pour la police, mais avec des moyens plus conséquents. Ils avaient le droit à la meilleure colle forte du marché pour fixer les GPS sous les bagnoles (présence électronique constatée par huissier). Ils visaient aussi les apparts des employés suspects avec de grandes antennes en plastique. Évidemment, la boîte aux lettres des mecs sous surveillance était ouverte, le courrier relevé, photocopié au Kodak numérique dernier cri et remis à sa place initiale. Ni vu ni connu. Pour le reste, c'était plus traditionnel. Des barres coupe-faim plus des pochons remplis de pisse sur la banquette arrière. En planque, il faut parer à tout.

Bizarrement, niveau look de James Bond, ces mecs étaient plutôt nuls. Même mon gros boulanger avait plus la gueule de l'emploi. J'en suis venu à me demander s'il ne planquait pas des mini-micros dans mes baguettes.

Les ex de la DST n'avaient pas le physique pour défier plus de cinq minutes un tapis de course branché sur le niveau débutant. C'étaient souvent des gros lards, enflés au kebab et au hot-dog : planqués dans leur sous-marin, ces braves types ne faisaient guère d'exercice.

Ils jouaient sur ce côté passe-partout pour se replier dans la nuit, à la façon des lames de canif dans leur manche. Pas du genre à la ramener. Des discrets.

J'ai eu la chance d'être convié à quelques traques. Histoire de ne pas perdre le contact avec la réalité, comme dirait l'autre. Des filatures dans Paris. Qui consistaient à marcher, à grimper dans des immeubles inconnus, à attendre la cible sur le trottoir. J'ai retrouvé le tempo haché et exaltant des nuits avec Léon. Mais aussi le rythme et les habitudes heureuses de la précarité. La pauvreté, c'était aller à pied partout, sentir que je puais des pieds, du coup inspirer par la bouche, et, le menton relevé, défier, insolent et mort de rire, les autres qui me « respiraient du bout du nez » avec l'air de métrer ma surface sociale. Être pauvre, c'était attendre à Pôle emploi, aux bureaux ANPE ou Assedic de jadis. Du temps pour penser à ma plante inconnue. Le bureau ANPE ou les temps heureux de la patience obligatoire, réglementée devant le guichet. Pas le choix, partir, quitter la queue voulait dire « être rayé des listes, voilà ce que vous risquez ». Dixit la fonctionnaire qui ne risquait rien. Elle ignorait que le risque est le sel de la vie et qu'il vaut tous les antidépresseurs. Sans lui pas de poussée d'adrénaline, pas de plaisir qui vous transperce jusqu'aux entrailles, Vierge Marie !

Espionner, l'amusement n'était pas forcément lié à des impératifs de discrétion. Parfois, l'astuce consistait à se montrer en restant caché, sommet de l'art de la dissimulation. Se faire repérer n'était pas grave, à condition de ne pas se faire prendre.

Devenir visible pour faire peur et intimider.

Un consultant était tenté par les appels aguichants de chasseurs de têtes d'une boîte d'en face ? Eh bien tous les matins, en sortant de chez lui, il était sûr de croiser le même type en imper, faciès inquiétant, regard paralysant, sourire à l'ironie glaçante. Un contemporain de la guerre froide.

Pour garder la mainmise sur les troupes, on leur donnait chaud aux pattes. Notre tactique, leur montrer qu'on était là, partout. Au bas de la rue. Poussant le chariot derrière eux au Shoppy. Dans la cour de l'école de leurs gosses. Tu soulevais une pierre, on était là. Un caillou au hasard dans le gravier et notre œil était dessous. Qui sait s'ils ne se baladaient pas eux-mêmes avec une cravate piégée ? Leur garçonnière devait leur sembler bien petite entre cinq et sept : les micros prenaient toute la place.

Leur monde était une immense chausse-trappe. C'était faux mais il s'agissait de le leur faire gober. Pour ça, on payait des impers d'espions aux gars de la DST et, par email, les collègues sous surveillance recevaient en pièces jointes des photos de leur bonne femme avec nos gars en imper et visage flouté juste derrière. Une fois, j'ai même donné l'ordre d'écrire à la tondeuse dans les poils du grand berger allemand d'un ingénieur affaires le nom de l'école de ses gosses.

Passé un stade, on stoppait tout. Les collègues tournaient tout seul parano.

Quelqu'un sonnait chez eux ? Ils avaient peur d'ouvrir. Possible que trois mecs en imper attendent derrière la porte avec un gun dans la poche.

*

Espionner n'était cependant pas une activité que je menais à des fins strictement professionnelles. Pour moi, il y avait aussi là-dedans un moyen de tremper ma vie dans la sauce au piment. Chaque fois que je jetais sur le papier le matricule d'un consultant, IA, RA ou même RAC à écarter, je sentais l'adrénaline monter. Imaginez que vous vous mettiez au pieu avec une gonzesse de *Playboy*, c'était pareil.

Bref, la vie est belle pour un chef dans le consulting. La société tourne autour de nous, on est le centre du monde. Mais le cœur de la pomme, c'est le trognon, c'est là qu'il y a le moins à bouffer. En effet, on ne peut rien tirer de nous, mais on profite à fond des autres. On les laisse bosser et l'argent vient à nous, tranquille. Notre monde respire paisiblement dans du papier-monnaie. Pour savoir le bruit qu'il fait, on froisse les billets, pas dur. Il faut juste avoir les sous.

# SEXTAPE CORALIE

Heureux Crocodile. L'homme aux grandes oreilles ! Le quasi beau gosse de Nib@Lis travaillait depuis deux semaines le dossier Coralie. Ça le rendait poète.

– Coralie est si mignonnette.

– Un exemple ?

– Quand elle attend, elle porte son sac à l'écolière, la poignée saisie des deux mains. Il y a dans cette attente, en plus d'un jeu de patience, une réapparition de la petite fille qu'elle fut, une confirmation d'une certaine timidité, un zeste de pruderie.

– Hein ?

– Et peut-être même une mesure incontestable de désir. Mais pas si sûr.

– Décris-la physiquement, tu veux ?

– Coralie ne met jamais de maquillage. Je l'encourage à se mettre un peu de rouge. « Histoire de vous égayer le visage, Coralie ! »

– Tu la vouvoies ?

– C'est plus sexe.

– En tout cas, si tu fais tout ça pour te la taper, tu es face à un super-challenge, Crocodile !

Je parle couramment le croco. Autant dire que je décryptais sans problème les intentions profondes de l'ami reptile.

Il n'était évidemment pas sans arrière-pensée en mettant Coralie au défi de se peindre un peu. J'étais convaincu qu'il s'était promis de se l'envoyer sauvagement le jour où il verrait sa frigide, vaincue, s'avancer dans le lacis des bureaux, les lèvres écarlates. Peut-être même bien qu'il était sur le point de concrétiser.

J'ai tout fait pour l'en empêcher.

C'était de bonne guerre ! Une façon de me revancher pour la blague que le Croc m'avait faite. Rien de très vilain.

Je raconte.

Crocodile s'était payé récemment une Audi TT en série limitée, jantes sport, deux ou trois turbos et tout le toutim d'options. Pile celle sur laquelle j'avais jeté mon dévolu. Depuis plusieurs semaines, la caisse roulait à toute allure dans ma tête. Le soir, je m'endormais en m'imaginant au volant. Je lui dégourdissais les pneus en alternant petites allures pépères et accélérations saignantes, façon boucherie ou resto de viande. Dans ce rêve, c'était l'été. Un soir d'été pour être précis. Le soleil était rouge. Comme l'auto. Mon coude faisait l'équerre à la vitre et je portais un tee-shirt avec des manches hypercourtes pour laisser mes tatouages à l'air. J'allais faire le plein avec l'Audi et je draguais la pompiste à gros seins en retirant mes Ray-Ban. Le reste du temps, je poursuivais des méchants dans des tunnels, sous La Défense. J'allais encore plus vite que Steve McQueen dans *Bullitt*. J'étais un héros. Au volant d'une bagnole pareille, on ne peut être qu'un héros.

Le choc affectif en voyant Crocodile se pointer un lundi matin aux commandes de l'Audi !

« Crocodile, tu mérites de passer toute ta vie au grade d'ingénieur affaires ! »

Ou de se faire baiser sa pouffe Coralie par Anton Hansen.

Coralie m'a été présentée. Une consultante pâlotte et tristoune. Pas très bavarde. Un faux air mystérieux. À la limite un petit côté mutin, et encore. Bon, je la laissais volontiers au Croc. J'ai vu Coralie avec Croco un vendredi soir. Le lundi midi, je l'ai niquée comme il faut derrière ma Peugeot, au niveau moins trois du parking de l'ancienne tour Gan. Très belle séance. À chaque coup de queue, je voyais l'Audi de Crocodile s'enfoncer dans la pile du pont de Neuilly.

« Hansen, fais-moi tout ! »

Je me suis contenté de lui faire la spéciale Hansen.

« Offert par la maison ! »

Certes, j'étais concentré sur mon petit exercice hygiénique de cinq à sept entre midi et deux mais pas assez pour oublier d'envoyer des sourires insolents à droite à gauche. Je savais que l'ambiance de clandestinité sexuelle du parking souterrain était pur pipeau. Dans un rayon de cinquante mètres, trois mecs (minimum) nous mitraillaient au téléobjectif en me soufflant par télépathie des encouragements : « Chauffe-la ! Chauffe-la, Hansen ! Cette chaudasse le mérite ! »

Des gars à Crocodile.

Crocodile souffrait d'une vocation de James Bond refoulée à la ville comme à l'écran. Il se réservait le droit de déployer ses agents pour d'autres missions que celles, classiques, de constitution de dossiers d'adultère sur les détenteurs de secrets stratégiques. Sa Bond attitude déviait souvent, il avait pour manie d'engager ses troupes sur des objectifs plus personnels, comme les nanas qui appuyaient sur son interrupteur d'érection.

Coralie était de celles-là. En sorte qu'à tout moment, l'alerte : « Emergency, Hansen se tape une séance avec Coralie » pouvait clignoter en rouge vif sur son téléphone portatif.

La Big Brother attitude de Croco m'avait forcé à exiger de Coralie un black-out absolu. En échange de sa discrétion, je lui avais promis un poste de responsable affaires d'ici au mois prochain. Promesse toute bidonne. Mais elle y croyait à fond. La place qu'elle occupait (paperassière), c'était la honte vus ses diplômes (HEC avec mention) ; et son bureau était près des chiottes. Comme ça, elle savait qui baisait qui. Intéressant moyen de pression.

En attendant, c'est moi qui la baisais.

Je baisais aussi Croco. En quasi simultané, Croc était le spectateur déconfit d'un porno tourné en plan-séquence au niveau moins trois d'une des tours les plus hautes d'Europe.

J'imaginais sans mal le pauvre Crocodile victime de décrochages subits d'attention en plein comité de pilotage stratégique.

La tête lui tournait. Vertiges. Étourdissements.

Vomirait-il dans ses bottes en croco ?

Non, il donnerait le change en faisant mine de parcourir attentivement le long défilé de chiffres, courbes, diagrammes de Pareto ou d'Ishikawa, pyramide de Maslow, camemberts sur les bénéfices volatiles et consolidés de la boîte. En vérité, il ne penserait qu'à une chose, ce court-métrage qui défilait pour la millième fois dans sa tête, clichés d'Hansen retroussant l'ourlet de la jupe de Coralie jusqu'à la naissance du string, le gros plan sur Anton avançant une langue menaçante vers le buisson-ardent. Et le clou de l'expo, le sacrilège ultime, Hansen poussant dans l'air, non sans mal, un engin de dimension gigantesque pour perpétrer les derniers outrages.

Quelle belle journée quand j'y repense.

Belle soirée aussi. Je me sentais serein au volant de ma Peugeot avec mes Ray-Ban sur le pif.

Pas besoin d'une Audi pour être heureux.

# LES SOIRÉES ORLÉANAISES DE CROCODILE

Pas rancunier pour un sou, Crocodile m'invita à une soirée privée dans son manoir orléanais.

Une soirée privée chez Croco… Hé ! hé ! Je m'attendais à tomber à l'entrée du manoir sur une pancarte : « Soirée privée. Défense d'entrer aux femmes de plus de quarante ans. »

Suite du fantasme, à l'intérieur, de la jeune consultante en pagaille. Toutes chauffées au champagne de gourmet. Le string aux dents. La robe assez remontée pour laisser voir l'élastique dentelé du bas. Ça cause, ça rit. Je n'en fais pas trop, je reste mystérieux. Je m'économise. L'important, c'est de savoir tourner la manette des gaz au bon moment. On bouffe, je prends des forces, j'évite de manger gras pour rester alerte. Je prépare l'avenir. À minuit pétante, les filles enlèvent leurs guenilles et tout ce beau monde commence à faire la chenille pendant que Croco se balade le majeur en l'air en répétant : « Mesdemoiselles, à qui le tour ? »

Le bonheur quoi !

Le lendemain, je peux envoyer à Léon des petits nuages de fumée en grillant des toasts : « Léon, j'ai trouvé ton paradis. Le château de la partouze est près d'Orléans. Passe quand tu veux, je connais le propriétaire du manoir ! »

Un manoir.

J'exagérais à peine. Croco habitait une baraque de campagne plutôt balaise à la lisière d'Orléans. Villa sur trois niveaux. Du gazon à tondre au tracteur. Des allées en cailloux blancs traités un par un à la brosse à dents. Des sportives alignées dans le garage. Et sur la place, devant l'hacienda, Crocodile au milieu de ses pépées. Y en avait plein ! Les grandes oreilles louchaient dans les petits décolletés.

« Anton ! Gare donc ta Peugeot où tu veux et dépêche-toi de venir dire bonjour ! »

Là, je sais ce que vous vous dites. OK, Croco a fait venir son fan-club de Nib@Lis pour m'impressionner. Il a payé les filles en piquant dans la black box. Ou alors il a ramassé toutes les auto-stoppeuses entre Paris et Orléans, ça sent l'essence d'ici, plus les dessous-de-bras pas lavés, et le sac à dos qui pue le linge sale. Et leur doigt levé, tu sais où elles peuvent se le mettre ?

On se calme, pas de jalousie. Certes, les filles n'ont pas la trentaine, elles taquinent Crocodile à bout portant, mais c'est normal s'il leur a payé cent sacs pour la figuration ou qu'il les a plaquées un jour contre le mur de l'open space en leur susurrant à l'oreille : « Si tu parles, tu peux dire au revoir à tes espoirs d'avancement. »

Elles ont le droit de lui dire merci en le tripotant.

Je salue les filles.

En retour, j'ai le droit aux questions rituelles.

– Anton, c'est votre vrai prénom ou vous vous appelez Anthony ?

– Votre Peugeot, elle a un vrai moteur ou vous pédalez ?

Après le bonjour aux filles, Crocodile m'amène faire le tour du proprio.

Joli, le petit bois privatif. À la dérobée, je pose une question sur les espèces qui poussent là, à l'abri du grand chêne.

« ? », dixit Crocodile.

Touchant, le microplan d'eau avec un crocodile sculpté dans la pierre qui sort de la mare.

Forte impression devant la piscine couverte en construction.

– Financement gratuit, Anton !

– T'as hérité d'une grand-mère ?

– Dans le mille ou presque. J'ai hérité de la baraque d'une grand-tante. Je l'ai mise en vente pas trop chère, j'ai eu des tas de visites. Du coup, j'ai trouvé facilement preneur.

– Trop facile.

– Attends le deuxième effet kiss-cool. Je signe le compromis de vente. Ensuite, je coupe les ponts, je ne donne plus signe de vie, je disparais. Les acquéreurs reviennent sur leur promesse, ils se dédient. Et là, je reviens du pays des morts façon conte de Monte-Cristo.

– Monsieur Croco a de la culture.

– Je les fais banquer en exigeant 10 % du prix de vente. Normal, ils avaient signé le compromis. Ce n'est pas beau de ne pas tenir sa promesse. Je tiens toujours les miennes, pas vrai ?

– Je te promets que tu es mon idole.

– Tu n'es pas le premier qui me dit ça, ce soir.

– Sauf que moi tu me crois.

Et toi, tu me crois si je te dis que j'ai fait trois fois le coup des 10 % pour financer la piscine ?

– Douterais-tu de ma crédulité ?

Après ce rapide échange avec Croco, il était temps de passer à l'étape suivante, le becquetage. La table nous attendait. Énorme buffet. Au menu, des cracottes au caviar. Du homard m'a tuer. Des huîtres, sorte de mollards servis dans un caillou plat. Et les amis des olives pouvaient crier « Banco ! »

Soutenus par une complexe armature de cure-dents, leurs légumes fétiches faisaient des pyramides. Dingue que ça tienne.

Des heures durant, ce furent risées, rigolades, trinqueries, fous rires. Ambiance assurée par Croco en personne. Il nous fit narration de ses exploits immobiliers en Amérique. Le plein d'anecdotes plus un gentil petit cours d'économie gratuit rien que pour nous !

« Là-bas, la crise vraie de vraie a démarré d'un coup. Par effet domino, en un claquement de doigts, tout s'est cassé la gueule. La crise s'explique en dix lignes. Après septembre 2001, aux States, les taux d'intérêt sont passés à l'unité. Là-bas, on empruntait pour rien, le cash était donné. Il suffisait de signer un papier et on partait s'acheter la maison de ses rêves. Mais les petites banques qui prêtaient sans regarder se sont vite retrouvées en panne de sous. Elles ont revendu les prêts à des plus balaises qui ont découpé les titres et les ont combinés avec des actions plus fiables en faisant valoir la vieille astuce de la diversification. Un moment, ç'a été la grande mode d'acheter ces trucs. Tu étais le con de service si tu refusais poliment ces « titres saucissons ». Enfin, par incompétence ou lâcheté, les agences de notation chargées de quantifier le risque des actions ont laissé faire. Une raison simple à cela, elles étaient payées par les banquiers détenteurs des titres. Conséquence : le poison s'est diffusé à grande vitesse dans la nature. »

Les filles buvaient en l'écoutant. Glouglou ! Ça y allait !

Hé, hé, je me frottais les mains !

« Buvez les filles ! Buvez tout votre saoul ! »

Mon fantasme d'érotisme en collectif s'apprêtait à passer du virtuel au réel. J'aime ce moment de déséquilibre, de basculement, entre le potentiel et l'effectif. Le futur est si gros de possibles. On dirait que tout le plaisir du monde va bientôt vous tomber dessus. Dans les bras. Ou sur la tête. Ou les épaules. Qu'importe où, tant qu'on a l'ivresse.

Parfois, au milieu de la fête, le regard du maître de cérémonie s'éteint. Le clown essaie bien de cacher qu'il est triste. Par instants, sa larme peinte le trahit. Je ne fus soudain que solitude au milieu de la liesse. Ce soir-là, le sexe groupé serait pour Croco. Pas pour moi. Les sunlights étaient braqués sur lui. Croco ou le mec qui attrape la lumière et ne la relâche pas. Icare en mieux.

C'était mérité ! Crocodile avait traversé plusieurs fois l'Atlantique à tire d'aile avec ses oreilles qui imitaient les ailes du Boeing. Le self-made-man y avait bâti son empire. Il s'était fait tout seul sa place au soleil de Miami.

J'ai mis mes Ray-Ban et j'ai écouté la suite du cours magistral.

« Tant que l'immobilier allait, le système tenait sur ses pattes. Mais les taux d'intérêt ont remonté, le crédit s'est tari, tout s'est blindé et là désastre ! Les fameux titres saucissons ont fondu. Le plus grave, impossible de remettre la main dessus. Ils étaient dispersés aux quatre vents. Bride sur le cou, ils avaient galopé jusqu'au fond de la savane. Aux spéculateurs le rôle d'accélérateur. Ils ont catalysé la chute en multipliant les fausses rumeurs pour parier sur les gadins. Au passage, ils se sont lestés de couilles en or. Le golden boy est increvable. Incognito, il continuait à en croquer. Dans le trading, il faut faire comme les chats et enterrer ses merdes. On a parlé de la fin des traders au moment où ils s'en foutaient plein les poches ! Idem des profs d'économie qui n'ont jamais gagné un dollar en Bourse. Pour eux, la crise fut une aubaine, ils en ont profité à fond en venant montrer leur gueule à la télé. Je me rappelle leur tic linguistique, ils avaient tous le même :

« Il y a dix ans, j'avais déjà prévu le crash. » On invitait ces prophètes sur les plateaux pour rassurer les moutons. Ça allait très bien aux traders. Pendant ce temps, ils continuaient de leur couper la laine en spéculant à mort… »

Je me suis endormi et j'ai constaté au réveil que ma vertu était restée indemne.

Croc m'avait bien eu.

Mort de rire !

# CONSANGUINITÉ

On a dépeint les relations entre managers et clients avec des teintes obscures, de lourdes gouaches chargées de haine et de mépris. Dans ces tableaux s'affrontent deux fratries hostiles prêtes à se jeter le gant et se retenant juste à temps pour tenir leurs objectifs business.

Mais ceci n'est pas toujours vrai. L'intérêt colore les rapports entre commerciaux et clientèles d'autres nuances, moins sombres et plus enjouées, rappelant par certains traits la légèreté rayonnante d'une aquarelle de Turner. Ce qui donne à la toile une telle exubérance ? La dimension incestueuse des relations entre les dirigeants de boîtes de services ou de consulting et ceux des services achats des clients. Dans ces sphères, la corruption est monnaie courante. Il existe même un club confidentiel où les personnalités les plus en vue du secteur festoient allègrement en compagnie des responsables achats dans les luxueuses demeures des chefs de SSII ou des villas louées spécialement pour ces agapes. Quand l'utile se joint à l'agréable, tout devient possible, même nécessaire. La déontologie s'ankylose vite.

La consanguinité entre les managers et certains clients va parfois si loin que ces confréries se retrouvent pour de petites sauteries baiseuses dans les forêts qui bordent Paris de vert. On n'y nique pas contre les troncs. Les plaisirs collectifs s'éprouvent dans des maisons de cachet XIX^e^, toutes en pierre de taille, en belles pelouses d'époque tranchées de larges allées en gravier blanc. Autour, des prés et des étalons gambadent, jarrets déployés, naseaux fumants, croupe à peine crottée en rentrant à l'écurie. Cette banlieue n'a rien à voir avec Fleury, grand seau de métal où Paris chie tant qu'il peut.

C'est dans cette verdure que commerciaux et clients partent fusiller peinards de la call-girl et que les corps s'enjambent pour mieux se mettre. Il suffit de donner le mot de passe à la grille (« Gartner ») et le pays des délices ouvre ses portes. Bienvenue dans un film porno des années soixante-dix !

J'aurais bien voulu goûter à ça mais j'avais un peu la flemme de dévaler vers la lointaine banlieue pour m'amuser. La soirée orléanaise du reptile avait un tantinet douché mon enthousiasme à l'endroit des expéditions lointaines.

Désormais, je préférais rester au port.

J'ai eu raison car mon pic de jouissance s'est passé en intra-muros de Paname. Un soir.

Préliminaire. En nocturne, on sortait pas mal. Quand je dis « on », je veux parler de « nous, les managers ». Grâce à nos facilités de paiement et à l'opacité du processus de traitement de nos notes de frais, la nuit était à « nous, les managers ». On avait assez de fric pour marcher dans la nuit en lunettes noires et choisir les plus beaux taxis pour rentrer.

Lorsque Crocodile m'a filé une invite pour un barbecue en me promettant des cadors à gogo, managers et gros clients, j'ai dit : « Banco ! »

Je quitte donc mon chez-moi vers 20 heures. Direction Bercy. Il est 21 heures quand je sonne chez Patrick et Mélissa.

Ding ! Ding !

C'est Mélissa qui m'ouvre.

– Bonsoir, je suis Anton !

– Bonsoir, Anton. Tout se passe en haut !

Je grimpe.

Patrick est aux manettes du barbecue. Une dizaine de convives picolent leur scotch à l'eau et leur vodka polonaise. Pas de Crocodile en vue. Mort de rire, j'ai dû me refaire piéger.

Sans rancune aucune.

– Un verre, Anton ?

– Oui, un Orangina, please.

Mon Orangina et moi, on fait le tour de l'assistance.

Je flashe immédiatement sur Marina (peau pâle, une coupe au carré, une taille petite, des grands yeux clairs).

Le coup de foudre est réciproque et Marina me glisse bientôt à l'oreille :

« Anton, on reste jusqu'à 23 heures et ensuite, tu me suis… »

J'ai dans l'idée que Marina et Hansen vont passer une bonne soirée.

Je bouffe une brochette, les yeux dans les yeux de Marina.

23 heures sonnent bientôt au carillon.

Dix minutes plus tard, Marina et moi sommes dans la rue, bras dessus, bras dessous, puis main dans la main et bouche contre bouche. Je glisse une main quelque part.

On prend sa tire. Une BM sportive. Marina conduit à fond les manettes, elle grille un ou deux feux. Mon cœur s'emballe. Pauvre petit cœur. Encore une fois soumis à rude épreuve. Bref.

Nous arrivons bientôt à Passy. Des souvenirs ressurgissent. Je revois ces bancs où je me suis assis tant de fois, jadis.

Marina gare la bagnole. Avec quelle maîtrise ! Si elle fait l'amour comme elle conduit, une belle nuit s'annonce.

On descend du bolide et on monte au troisième étage du numéro *** de la rue *** (je garde le secret de mes bonnes adresses).

Cinq minutes plus tard, sans savoir trop bien ce qui s'est passé, je me retrouve dans une cabine, genre cabine d'essayage où les femmes essaient leur culotte. Dans la cabine, un grand sac.

J'entends la voix de Marina derrière la porte :

« Déshabille-toi et plie les fringues dedans. »

Excitante panique. Où suis-je ? Que fais-je ?

Hop, j'enlève tout, ou presque. J'hésite un bref instant au niveau de mon slip boxer tatoué HANSEN (c'est mon slip préféré). Et puis zut ! À la guerre comme à la guerre !

Je garde ma montre, histoire d'avoir un œil sur l'heure. J'ai promis « une séance » à Sandy demain matin dimanche, à l'heure de la messe. On ne fait pas attendre le Seigneur.

Avant de sortir, je remarque un peignoir qui joue à cochon pendu sur un crochet.

« Sûrement pour les pudiques… »

Je passe le truc. Ça me va plutôt bien, il me semble. D'accord, un peu serré au niveau des bras, mais c'est ma carrure qui veut ça.

Sous la porte, Marina me glisse un masque. OK, j'ai compris.

Je me fous le truc sur la tête.

Quelle gueule je peux bien avoir avec ça ?

Je respire un bon coup. La vieille méthode de yoga pour décompresser. Dommage qu'il n'y ait pas la place pour la position du lotus.

Allez en avant !

Et j'ouvre la porte.

Dans une immense pièce, une cinquantaine de corps nus. Beaucoup de femmes et pas beaucoup de boudins.

Deux types sur trois sont au garde à vous. L'autre type sur trois picole un verre l'air de rien, main sur la hanche. À la bonne franquette. Il y a quatre ou cinq peignoirs.

Je comprends que je fais tache dans cette assemblée et je quitte mon peignoir, tout en gardant mon masque. Pas fou non plus.

La moitié des convives est démasquée. Sûrement plus excitant de faire ça à tête libre.

Je reconnais quelques types que j'ai déjà croisés en réunion de qualif ou en tournant les pages d'*Entreprendre.* Clients, managers. Sympa de se retrouver.

« Baladons-nous ! », je décide après ce bon vieux *check control* des familles.

Et voilà votre Hansen tout à l'air qui fait sa petite riboule dans un des appartements les plus chers de Paname. La preuve, on voit la tour Eiffel. Je lui fais un coucou, sœurette.

Une porte entrouverte. Je glisse un œil, un grand jacuzzi. Un type avec un masque barbotte en compagnie de quatre nanas. L'une d'elle a gardé ses grosses lunettes. Sûrement l'intello de la troupe. Je rentre sans tabou ni fausse pudeur.

– Bonjour.

– Bonjour, monsieur.

Je passe un moment à les regarder faire trempette.

Remake du *Grand Bleu,* mais version jacuzzi. Une après l'autre, et chacune leur tour, les filles disparaissent sous les flots qui bouillonnent.

Disparaissent, c'est beaucoup dire. Leurs petites fesses rondes jouent au périscope parmi les bulles. Elles trichent ! Ça n'a pas l'air d'embêter le type qui barbote avec elles. Ce brave gars en profite même pour leur foutre la fessée.

Et si elles se vengeaient ?

Bon, je suis content d'avoir gardé ma montre, extrêmement utile pour chronométrer le temps de plongée des apnéistes et décider de la vainqueur.

C'est la fille à binocles qui emporte la palme d'or mais d'un rien.

Elles finissent par plonger ensemble. En moins de trente secondes (d'après ma montre réglée sur l'horloge mondiale), le type change de couleur, il écarquille les yeux et serre les dents. Enfin, c'est le grand cri du fauve des profondeurs qui retentit.

Les filles se sont vengées.

– Allô, Huston ? Mission accomplie !

– N'oubliez pas de vider le jacuzzi avant de rentrer à la base.

Je quitte la pièce du jacuzzi. Direction la cuisine. Là-bas, une table immense et dessus trois nanas se donnent la langue à tour de rôle.

Je me raidis sérieusement. Une des filles le remarque et elle me fait signe.

J'arrive et je m'amuse un bon moment avec la triplette.

Puis retour à la pièce principale où les réjouissances battent leur plein. Les convives ont entamé une sarabande endiablée dans le plus pur style « File indienne ». Ils font Tchou ! Tchou !, preuve qu'on ne grandit pas, on reste toujours à l'âge de sept, huit ans, quand on jouait au train électrique reçu en cadeau à Noël.

Autant vous le dire, je commence à être sérieusement excité et j'attrape le premier bonnet D qui se présente.

Le reste est confidentiel.

Sachez seulement ceci, en redescendant l'escalier quatre à quatre (Sandy m'attendait), j'ai textoté Léon illico. Tant pis pour l'heure matinale, il y a des nouvelles qui n'attendent pas, j'avais retrouvé son paradis perdu !

# WORLD MANAGER

Jusqu'à présent, j'avais été inapte à couvrir le chemin qui me séparait de la plante inconnue. Que d'efforts accomplis, mais rien à l'horizon. Par « rien », je veux dire rien qui se rapproche de ce que la communauté botaniste internationale ignorait : pentatrêfle (trêfle à 5 feuilles), séquoia nain, baobab bananier ou autres monstruosités de la nature.

Impuissant dans la sphère plantigrade, j'avais su me ressaisir, et de quelle belle manière, sur le terrain professionnel. J'avais obtenu tout ce qu'un gars entreprenant peut obtenir de baisant dans le consulting. Seulement voilà, tout ce que j'avais conquis dans le consulting me poussait à vouloir plus encore. Si bien lancé, je voulais mener ma gentille petite aventure le plus loin possible. D'où la question cruciale : qu'est-ce que ce métier pouvait me proposer de neuf? Identifier un nouveau challenge était de première nécessité. Mon cœur ne battait plus que pour vaincre, dominer, et broyer, détruire si la victoire passait par là. Il aurait été méchamment déçu de trouver le vide sous sa dent, enfin, peut-être pas au point de perdre le sourire. Mais qui sait ?

Un poste de world manager s'est libéré à Nib@Lis.

Le graal professionnel.

Le world manager, c'est l'apothéose d'une carrière dans le consulting. Un des postes les mieux rémunérés de la profession. Et le plus aventureux. Le titre du job l'indique, un world manager voit du pays. Il faut cavaler sans arrêt d'une frontière à l'autre, couvrir des distances énormes en avion, tâter de nouveaux terrains tous les jours, visiter les pays en vue de rachats de boîtes. En somme, c'est une vocation de pionnier. Où qu'il aille, la boussole du world manager indique l'Ouest.

Que de vécu à convertir en expérience.

Et je ne parle pas du paquet de femmes que ça rapporte. Nos amies les femmes adorent les cœurs de mercenaires et les vainqueurs. Que voient-elles en regardant un world manager ? Des yeux qui ont affronté le désert en face et qui ont gagné contre les dunes.

Voilà pour la pratique.

Il est temps d'exposer la composante théorique. Bon, vite dit, le taf était très simple. Le world manager est le chef des chefs. C'est le mec de confiance que la maison mère recrute afin de gérer dans plusieurs pays la petite armée de patrons de boîtes qui font chier leurs consultants mais qui se chient dessus quand le world manager se pointe. Angoisse légitime : parmi les prérogatives du world manager, on trouve celle de juger de l'opportunité d'un plan social pour assainir les finances et revendre ensuite la boîte si on ne peut pas la rendre largement bénéficiaire. Le super-commercial peut donc échanger son plaid d'excursionniste contre une cape de super-liquidateur. Le plus drôle : il a le droit de tirer à la courte paille qui il veut virer et, pourvu qu'il tienne ses objectifs, il ne doit de comptes à personne. Par exemple, il peut faire croire en AG : « On gardera tout le monde ! », puis virer les 90 % de l'effectif sans attendre d'avoir quitté les eaux territoriales du pays visité, et sitôt rentré à Paris être appelé dans le bureau de Monsieur Vincent, le big boss, pour être chaleureusement félicité. Que celui qui ne voudrait pas d'un boulot comme ça lève le doigt.

En synthèse, ce poste avait tous les atouts charme pour me plaire. J'imaginais déjà les chefs sous ma coupe faire dans leurs frocs en repérant ma grosse bagnole sur leur parking. Mort de rire !

# COLIS CLANDESTIN

Incognito, un revolver souriant s'était mis à pousser dans la poche intérieure de mon costard depuis longtemps. Bien longtemps. Sans que je m'en rende compte, il avait grandi, grandi, comme son sourire, devenu chaque jour un peu plus grand, car plein de dents. J'étais prêt à sortir le revolver, j'en avais hâte, si hâte, pour entendre l'éclat de rire. Ah ! Ah ! Oui, je voulais faire rire ce grand sourire rempli de dents. Pour entendre le rire des dents mortes de rire. Ce rire qui serait la preuve que le consulting vous fait pousser les canines en un rien de temps et qu'il rit bien celui qui rit le dernier. Hi ! hi ! hi !

Il me fallait cette dentition massive car un obstacle de taille me barrait la route pour accéder au poste tant convoité de world manager : Crocodile.

Croc avait élevé des ambitions.

On ne change pas une équipe qui gagne, c'est dans les vieilles marmites qu'on fait les meilleures soupes.

Une fois de plus, j'ai donc appelé Karim.

Je lui ai demandé un sachet de poudre.

Cinq cents grammes. Rapidement.

J'ai payé cash et j'ai placé le colis dans la doublure de la valise de Crocodile un soir qu'il m'avait invité chez lui.

Il était au téléphone avec les States. Il partait le lendemain. Pour la semaine.

J'ai attendu qu'il soit dans l'avion.

J'ai foncé dans un bar Internet.

J'ai créé un nouveau compte.

J'ai envoyé un mail aux douanes américaines.

J'ai donné le signalement de Croco. J'ai insisté sur les oreilles.

Et hop, le tour était joué.

Le jeu, toujours.

La vie, si simple !

J'aurais pu appeler Croco, lui faxer de vive voix l'état civil de son passager clandestin (« Madame Cocaïne, la dame en blanc, voyage avec toi »), lui demander d'envoyer un mail de renonciation à candidature à Monsieur Vincent. J'aurais pu, je ne l'ai pas fait, je n'y ai même pas pensé. C'eût été une grave erreur. Croc aurait trouvé une combine, il se serait sorti du guêpier, et alors adieu le poste, douchés mes espoirs de voyage permanent et de commis voyageur du licenciement minute.

L'amitié est peut-être le premier terme du dictionnaire des mots tabou du consulting. À moins qu'elle soit feinte, c'est la meilleure façon pour couler les affaires.

# PLÉNIPOTENTIAIRE

Une fois Croco mis hors d'état de nuire, j'ai pu me consacrer pleinement à ma candidature. Ça a été facile. Certes, il me manquait l'avantage d'avoir fait mes classes outre-Atlantique et de savoir parler l'anglais avec un fond d'accent américain, mais un CV se trafique. Ce qu'on fait à autrui, on doit se le faire à soi-même, et c'est ce que j'ai fait. Et j'ai eu le boulot.

Un mot sur le CV d'un WM (diminutif affectueux de world manager). Jadis, un world manager se recrutait dans un vivier de bac plus cinq avec une solide expérience. Mais les exigences sont retombées à bac plus deux. La maison mère prendra plus facilement un petit gazier avec un BTS pourri, mais ne reculant devant rien pour donner carrière à sa cupidité et aux côtés les plus sombres de sa personnalité, qu'un bac plus cinq, roublard certes, mais désavantagé par un certain code de l'honneur. La déontologie est une plaie pour la compétitivité. Sois moral une seule fois et les cadors du SS (siège social) s'occuperont de t'éjecter du business pour toujours.

Le plus exaltant dans le boulot de WM, c'était le prospect de rachat de boîte. Un world manager intervient au début et à la fin de la procédure. Le middle-process ne le regarde pas. Des mecs prospectent pour lui et c'est le WM qui tranche et qui fait le premier pas. Ils laissent ensuite les préliminaires à ses subalternes. À eux de baiser le mieux possible les anciens patrons.

« Montrez-moi que vous êtes crédibles commercialement ! », c'est ce que dit le WM à ses esclaves.

En droit, les ex-boss, liés par un contrat de cession de biens, ont obligation de jouer les partenaires honnêtes et coopératifs en communiquant toutes les informations sur les secrets de leur boutique. En réalité, ce transit d'info exige un art consommé de la diplomatie : franches poignées de mains, bobards souriants (« Vous êtes un costaud, vous ! »), petits cadeaux (bouquets pour les femmes, montres Rolex pour les hommes).

Arrivé à un certain niveau, les Rolex et les fleurs ne suffisent plus. Il faut pouvoir offrir davantage. Augmentations et revalorisations des primes pour les gros salaires, je veux parler des postes occupés par les mecs qui détiennent le carnet d'adresses de la boîte.

Sans ces précautions, c'est l'inévitable fuite des cerveaux et la clientèle se barre avec. Racheter une SSII et se retrouver avec une portée de quarante consultants sur les bras et pas un client pour les adopter ? Le rachat de boîte n'est ni du baby-sitting ni du tutorat ! À quoi bon absorber un concurrent si on ne peut pas lui piquer ses listings et étoffer le réseau clients ? Absorber pour étoffer, voilà le mot d'ordre. Évidemment, ça vaut le coup de capter quelques consultants bien lancés dans le monde du conseil, mais bon… Le plus important, c'est de nourrir notre pieuvre et de la voir grandir. Ce qui suppose que les listings ne nous passent pas sous le nez.

J'ai vite excellé au petit jeu du « Je te tiens, tu me tiens par la barbichette… »

J'enfilais ma main de fer dans un gant de velours.

Ma mission : éviter que l'affaire tourne à l'aigre.

Monsieur Vincent, alias Grand boss, m'avait mis au parfum.

– La manie des types auxquels on rachète leur boîte est d'encaisser nos chèques tout sourire et de démarrer aussitôt les hostilités. Ils refusent d'indiquer où sont les ardoises, les comptes en Suisse, la liste des clients, les clés des bagnoles de fonction, même la planque des rouleaux de PQ. Certains enlèvent le papier cul des chiottes.

– On peut s'en sortir sans PQ !

– Ils bloquent l'arrivée d'eau.

– Aïe ! Dans ce cas, on ne peut pas s'en sortir. Pourquoi tant de haine ?

– Un rachat de boîte, ça veut dire que, dès le lendemain de la signature, la boîte se transforme en un repaire de jeunes loups du consulting. Une marmaille de managers questionneurs et remuants envahit les salles de réunion, les couloirs ne sont plus qu'une file de costards hors de prix.

– Je capte, pas besoin d'attendre la fin de semaine pour voir les bimbos se faire culbuter dans les coins par les primo-arrivants.

– Les femmes aiment les vainqueurs. Mais ne le dis à personne.

– Parole de scout.

– Il y a une autre raison à tant d'hostilité. Les vieux briscards ont monté leur firme tout seul.

– Poignets et huile de coude, le cocktail de la réussite.

– À leurs yeux, nos hommes ne sont que des freluquets tout juste sortis du monde capitonné des grandes écoles. Jeunes lascars avec du lait au nez et qui ne connaissent pas la dureté des trottoirs de la vie.

– Mon ring, c'est la rue. Sylvester Stallone, *Rocky V.*

– OK. Bon, ces petits prétentieux se sont contentés de faire jouer leur diplôme pour intégrer une boîte déjà existante et calotter le travail d'une vie entière. Passer le relais à des rapaces comme ça, arrogants et prétentieux, mi-vautours, mi-hyènes ?

– Inadmissible !

– S'être fait racheter, c'est déjà une honte, mais devoir confier les secrets de sa société à des petits coqs, niet. Pas question de collaborer. La rétention d'informations s'impose. Crois-moi, la résistance des boss prend souvent la forme d'imbéciles entêtements.

C'est juste avant que tout ne dégénère que le world manager intervient. Un peu comme Zorro ou Batman, enfin pour le côté frime. En vérité, l'art du world manager s'apparente plus à la science du tortionnaire qu'à celle de porter la cape.

En interrogatoire, la gégène consistait à garder l'ex-patron de la boîte dans le droit chemin. Ces vieux brigands essayaient toujours de nous semer. Ils digressaient sur n'importe quoi. Ils adoraient nous raconter leurs mémoires.

« Ma ligne de conduite tout au long de ma carrière, ça a été de résoudre le problème du client et de lui donner de la considération. »

C'est bien, pépé, on te donnera la présidence d'honneur, mais maintenant il faut filer les clés.

À titre d'exemple, ce cas d'école : Mick Jagger. Mick se caractérisait comme un « patron rock ». Il avait un poster géant des Rolling Stones au-dessus de son bureau.

« Le rock, c'est être patron et créatif. J'ai toujours fait en sorte que l'attitude rock infuse toute ma pensée d'entrepreneur. J'ai mis mon énergie rock dans mes prestations et dans mes budgets. Et puis la rock attitude, ça détend la relation commerciale. Une de mes grandes idées, ça a été d'emmener mes clients voir les Rolling Stones. Ce que Mick Jagger dégage sur scène vaut tous les séminaires de motivation ! »

Mort de rire ! Il y a des types qui osent dire ça. Ce sont des mecs comme vous et moi, ni plus ni moins, mais un peu moins quand même.

Dans ce cas-là, la recette est la suivante. Écouter les bobards du gars, puis le mettre sur le gril et pousser le feu à fond. On le bombarde de questions et on compare les réponses. Sans arrêt. Ne jamais toucher la pédale de frein. Presser, presser. Le world management peut se comparer à une course de stock-cars : du corps à corps, chair de fer contre chair de fer. Pas le choix, une vie de business intensif a durci le cuir des mecs qu'on interroge.

À jouer à ça, les journées passent vite. C'est le vrai avantage du taf. Pas mieux que le management international contre le risque de finir en gélatine comme les vieux flans de la maison mère. Le poste de WM oblige à assurer au quotidien la synthèse et l'unité de toutes les qualités du commercial agressif, viril et joueur, « sans cesse dans le projet et jamais dans la nostalgie » comme disait Crocodile. Paix à son âme.

Voilà pour la manière forte.

Avantage : tonifiante.

Inconvénient : bouffeuse d'énergie. En même temps, il n'est jamais bon de garder trop d'énergie à la cale.

J'aimais bien la manière douce. Une méthode inspirée d'une parole de sagesse du Croc en personne : « Biaiser pour mieux baiser. » Câliner pour faire en sorte que le changement de propriétaire se joue en douceur. Toujours du théâtre.

C'est vite devenu ma spécialité.

Je manageais dans le dos des patrons de boîte en nouant des relations privilégiées avec leurs subalternes, à savoir les RAC et les chefs de département. D'expérience, je savais qu'on entube ces types-là aussi facilement qu'ils entubent. Il suffit de leur servir un petit baratin bien rodé qui commence toujours à peu près comme ça :

« Les gars, je connais la qualité de vos expertises. N'ayez pas peur de parler ! »

Inutile d'insister longtemps, ils causent sans tarder. Rien d'étonnant, ils ont tout intérêt à vendre la mèche si la boîte prend l'eau. Au WM de les encourager. Comment ? Par des primes à la trahison, quatorzième mois, jours de congé, horaires à la demande, vacances aux Seychelles ou un poste en vue dans une de nos filiales les plus performantes.

Une carotte à l'horizon et ils vident leur sac pour arriver plus vite à la carotte.

Voilà ce qu'on peut entendre :

– On ne voyage plus qu'en classe éco.

– Les CDD sont tous virés en fin de contrat.

– Nos nouvelles conditions de paiement font fuir nos clients.

– Les prestataires se font embaucher chez les clients à la fin des missions.

RAC et chefs de départements sont de précieux instruments de mesure pour détecter les signaux faibles. Pas mieux pour se mettre au courant de la situation financière réelle d'une SSII. Là-dessus, il ne faut jamais compter sur le chef de la boîte : « Un petit trou du cul qui camoufle ses merdes avec d'autres merdes ! » Dixit un RAC à qui j'avais fait les yeux doux en lui promettant juillet et août. À savoir deux mois de vacances passés sur le littoral de son choix.

– Autant que les profs ?

– Ne me parle pas de ces bons à rien !

Évidemment, au bout du compte, tout le monde est viré et la boîte est liquidée. Au mieux, on garde les listings de clients. Les bureaux, on les découpe par tranche et on les loue très chers à d'autres gugusses. Le coup tordu parfait, c'est de coller des micros sous la moquette, derrière les cloisons, d'utiliser un prête-nom, puis de caser des concurrents dans les locaux. Après ça, il suffit de payer trois gars à nous pour les écouter vingt-quatre heures sur vingt-quatre et nous rencarder. Oui, c'est pas légal. Eh oui, on s'en fout que ce soit pas légal.

Un des prolongements de cette stratégie de noyautage discret est de racheter des boîtes et de les regrouper en un ingénieux système de « superposition en triangles », qui leur permet de fonctionner en réseaux et d'empêcher les petits curieux de pouvoir faire le lien entre les organes et la tête pensante. En somme, c'est du « consulting sous burka » pour reprendre la jolie formule d'un RAC, sûrement versé dans les sciences islamistes.

Le commercial rejoint donc l'ésotérisme. Au WM de s'adapter à ce culte du secret, en posant clandestinement des jalons dans les arcanes du consulting. Le WM doit être tout sonore d'un côté pour impressionner ses interlocuteurs et silencieux de l'autre pour arriver à ses vraies fins.

# KING-KONG À HONG KONG

Hong Kong, ça rime avec King-Kong, c'est ce que je me suis dit le jour où Monsieur Vincent m'a proposé de gérer la reprise d'une boîte asiatique : Tsui & Tsui. Une tête de pont pour impacter le marché chinois. J'ai dit oui direct. Je me sentais comme une sorte de primate plein de muscles. Pas un gramme de graisse. Il fallait au moins ça pour escalader la tour où je serais installé durant plusieurs mois.

Hong Kong, ce n'est pas toute l'Asie, mais c'est plus balaise qu'on croit. Environ dix fois Paris. Sans prétendre ici en établir un descriptif fidèle et objectif, je peux tout de même en parler car j'ai inspecté ce lieu de près, fasciné par le détail et bien aidé par mes talents naturels d'observateur. Chez moi, la pénétration du regard va plus loin encore que cette inscription physique que je réalise tantôt à l'aide de mon crochet magique dans cette zone de gras fendu où la femme révèle son intérêt et dévoile sa pudeur.

De l'avion, j'ai trouvé Hong Kong métallique. Cet acier vivait en flottaison sur la mer de Chine. Ça semblait un miracle que tout ce bazar tienne si haut en l'air. Il le fallait pourtant : à Hong Kong, il n'y a plus une place au sol, alors les Hongkongais se réfugient sur les hauteurs. Il n'y a que dans les nuages qu'ils trouvent la surface. Par dizaine, des tours de cent mille persiennes en colonnes et rangées au millimètre grimpent aux cieux.

Et si la plante inconnue avait poussé tout en haut ?

À Hong Kong, l'aéroport est comme le reste, il flotte sur l'eau. C'est dans la mer et sans hydravion que j'ai atterri. Au terminal, un Chinois m'attendait avec une pancarte : « Monsieur Hansen, Nib@Lis »

J'ai été plutôt surpris de voir le Chinois se mettre au volant d'un taxi. Innocemment, j'avais pensé que là-bas, la religion, c'était le pousse-pousse, une voiture légère tirée par un bonhomme à pied ou saccadant sur des pédales.

Après vingt heures de vol, j'avais besoin de marcher. J'ai demandé à l'homme à la pancarte de se garer cinq cents mètres avant le bureau et j'ai fini le trajet à pied. La rue était bluffante ; ça grouillait de monde jusqu'au bout de l'avenue. J'avais deux têtes de plus sur la foule. Rien d'étonnant : les Jaunes ont la passion de l'insularité, ils construisent sur les îles mais très vite la place manque. Du coup, à l'inverse de leurs buildings, ils sont tout rétrécis. Il faut ce petit gabarit pour réussir à leur trouver de la place à tous. Le nez suit le reste du corps, il est minuscule. Conséquence : aux nez longs toutes les filles.

En attendant d'avoir les faveurs des dames, j'ai eu les honneurs de l'ascenseur. Je l'ai pris en solo (signe de supériorité) et j'ai grimpé un paquet d'étages posés les uns sur les autres à la manière d'un tunnel d'arceaux ovalisant l'espace sur une hauteur de trois cents mètres.

Au cinquante-deuxième étage, ils y étaient tous, la centaine de gaziers de Tsui & Tsui.

Sans boussole, je me suis orienté entre les box. Enfilade de cases qui baignaient dans une ambiance frigorifique digne de Picard. Dans chaque boîte un regard pour moi.

J'ai présenté rapidement les enjeux et les objectifs de ma présence à l'équipe, blablabla en anglais mondialisé.

« Et maintenant, repartez au boulot ! »

Ils sont tous repartis au boulot. Ça m'a rappelé le bon vieux temps du « Jacques a dit ».

Universalité du consulting. Même management à Hong Kong qu'à Paris. Encore plus global que l'espéranto.

Avantage : inutile de se recycler. Les règles du jeu sont identiques.

Entre Hong Kong et Paris, pas de grandes différences, seuls l'urbanisme et la couleur de peau changent. Pour le reste, kif-kif ! Pratique pour les trafiquants de peau humaine, ils continuent leur business en mode relax. Je m'explique. En Asie, tu peux charger tes consultants suivant ton caprice. Confucius leur a appris à courber l'échine. Non seulement, ils acceptent la fatalité mais en plus ils en redemandent. Enfin si j'avais bien compris le beau fichier joint envoyé par Derrick le jour précédant mon départ.

« Salaud, mate un peu le dossier "Team building en Asie". »

On y décrivait huit jours d'épreuves dans la steppe. Plus rudes que les travaux d'Hercule. But de la séance de torture, isoler les plus résistants. C'était une sorte de bizutage puissance mille. Et on ne se contentait pas de leur arracher les poils sous les bras. On les privait d'oxygène en les balançant dans la gadoue, face contre terre. Quel lien entre leur job et l'obligation de faire des bulles dans la vase ? Aucun, mais on leur faisait croire. Ça les motivait.

La mondialisation, c'est toutes les folies mises ensemble, ensuite on y rajoute des gens, on secoue et on regarde les pauvres zigs jouer des coudes pour survivre.

J'ai démarré mon rodage tranquillou. Je me laissais le premier jour loin des affaires, retiré dans mon bureau. Une belle cabane : cent mètres carrés clairs, lumineux, solaires même dès qu'un rayon perçait. Pas mieux pour vénérer Hansen, le nouveau dieu du soleil de Tsui & Tsui. Un tiers de la surface du burlingue était dédié à un mini-parcours de golf installé sur mon initiative. J'avais dit d'accord pour Hong Kong mais à une condition : qu'un type au marteau-piqueur passe un peu avant mon arrivée pour percer quatre trous dans le béton, qu'un second gars se pointe après le gars au marteau-piqueur et colle trente mètres carrés de gazon synthétique. Mais sans recouvrir les trous bien sûr ! Bon, je ne connaissais rien au golf, et je n'avais aucune envie d'apprendre, mais j'étais convaincu qu'Anton Hansen aurait de l'allure en puttant avec sa casquette Hansen à l'envers. Pour l'épate et la flambe, dur d'inventer mieux. Même Tiger Woods aurait été bluffé. Je pense. En tout cas, le résultat était valable : quatre trous respectant scrupuleusement les dimensions officielles (j'avais vérifié). La pelouse : un vrai billard et elle sentait même l'herbe ; hélas, pas trace d'une herbe inconnue perdue au milieu des brins. Je me consolais avec la vue sur Hong Kong.

Question déco d'intérieur, j'avais choisi des meubles orange et des tapis du même fruit. L'orange est le fruit que je préfère dans mes jus de pomme.

Le premier jour, j'ai tapé quelques balles mais j'ai vite laissé tomber. Je me suis posé dans un fauteuil mandarine et j'ai admiré la baie en me gorgeant d'expressos sucrés à l'écorce d'agrume. Le spectacle était chouette. Le port de Hong Kong avait toutes les tailles de canots en stock. De la coque de noix qui tanguait méchamment à la moindre vaguelette au gros cargo qui restait bien posé sur sa base. Aucun raz-de-marée ne l'aurait sorti de son sillage.

Et dire qu'au bout de la flotte, il y avait la Chine, son milliard et demi de culs. D'où j'étais je les enculais tous. Avec le sourire, SVP !

Le sourire, fil rouge des trépidations d'Anton Hansen. De Fleury à Jezix, de La Défense à Hong Kong, une ligne ininterrompue d'histoires captivantes avec la banane pour dénominateur commun.

J'avais raison de sourire et d'être heureux. Niveau bagatelle, l'Asie, c'était la cantine gratuite. Les hôtels du Tour de France, la nuit. Je me rappelais des confidences de Madame X.

L'Asie : un menu gastronomique servi dans le jardin oriental des supplices. Faune et flore au diapason pour t'offrir du nectar divin.

Mais toujours pas l'ombre d'une plante inconnue en vue.

Avec les Asiatiques, inutile de tendre la main au-dessus d'une poêle pour sentir la chaleur, elles avaient le feu au creux des reins. C'était peut-être l'air marin. Les Asiatiques étaient à bloc. Dans les tours, il y avait des surprises pornos qui patientaient sous chaque tailleur et quand j'avais fini d'effeuiller la dentelle, je tombais sur ces gros buissons que j'aimais tant, elles n'avaient rien taillé exprès pour me faire plaisir ! Mais d'où savaient-elles ma perversion ? Mystère total.

En revanche, de mystère des corps, il n'y avait pas. Le désir allait droit au but, peu de suspense, et aucune tentation puisque la consommation était immédiate. Imaginer, c'était déjà voir, et voir c'était prendre. Je veux dire prendre tout ce qui se caresse et qui est doux au doigt, tout ce qui est soyeux et dans lequel les petites hanches se glissent en gigotant.

Hong Kong était un grand boudoir. Dans cette ambiance à croquer du gâteau, le mythe de l'Asiatique à petits nichons n'a pas tenu longtemps.

J'explique.

À Hong Kong, j'avais mes habitudes au Œdipe's club. Un club hyperclassique, sans fioriture, avec néons clignotants sur la façade, offres préférentielles sur les peep-shows écrits en décalcomanie sur la vitrine, sans oublier les gros balaises habituels qui montent la garde devant l'enseigne avec leur gueule à chercher les crosses. Comme c'est l'usage, il fallait traverser un rideau dégueulasse pour entrer. À l'intérieur du club, un spectacle assuré par du gibier haut de gamme. Des filles de vingt ans, pas plus, une bonne trentaine à vue de nez, un cache-sexe entre les cuisses, pas davantage (à quoi bon ?). Ah si, tatouages sur les reins ! Ce que ça donnera quand elles seront mémés, je n'en sais rien. Enfin, d'ici là, on aura bien le temps de voir. Les filles étaient perchées sur une estrade et greffées à leurs barres de strip-tease avec la même complicité qu'un couple de lesbiennes s'affichant en soixante-neuf sur le char de tête d'une marche des fiertés. Au Œdipe, elles en avaient toutes des gros, idéal pour la tétée, d'où le nom du boxon. Sûrement que ces filles allaient au garage tous les jours pour vérifier la pression avant de foncer au boulot fières de leurs Goodyear. Du basique. Quand elles le veulent, les Chinoises en ont de gros, j'y mordais et c'était bon.

À écouter Roy Keane, il y avait meilleur encore : Macao.

D'abord, un mot sur Roy, notre Irlandais à l'œil vert. Chef de la surveillance des employés. C'était le portrait-robot du mec qui se bagarre dans les rues de Dublin. Il venait d'un ghetto dublinois où il s'était construit, à l'adolescence, dixit Monsieur Vincent, un solide casier, et je crois que ce n'était pas pour avoir piqué des clopes dans les bagnoles. Sacré Roy, même loin de Dublin et de l'adolescence, il restait branché sur haut voltage et pétait pour un rien un PC par semaine. Histoire de le calmer, je lui proposais de venir taper quelques balles sur mon mini-parcours. Mais il détestait le golf. Ce qui ne m'empêchait pas de le trouver sympathique. Enfin, comme tout le monde, il avait son côté obscur : un sale racisme anti-Jaunes. À le suivre, tout était de la faute des Chinois. Les contrefaçons, la pollution, les ouragans, toutes les emmerdes venaient de chez eux. Un truc comme les inondations, c'était de leur faute. En Chinetoquie, ils en avaient des tas et ils s'en débarrassaient sur les Irlandais.

« C'est pour ça que chez nous, il pleut toujours. Je te dis, les Jaunes, il faut les avoir à l'œil. »

Roy allait loin dans ses délires. Je l'entends encore me dire un soir : « Hansen, quand les Occidentaux se baladent sur la Grande Muraille, les bridés les visent avec des fléchettes imbibées de sang séropositif. »

En guide touristique, il était mieux informé.

– Macao, c'est Las Vegas sur mer. Des casinos et des hôtels en pagaille. On les a casés en gagnant sur la flotte. Depuis 2002, ça pousse partout.

– Pourquoi 2002 ?

– Date de la levée du monopole de l'État chinois sur la construction des salles de jeu. Les Américains se sont mis dans la partie et les mafias chinoises et japonaises n'ont pas tardé.

– Toujours ces bons vieux Amerloques.

– Ça leur suffit pas de gagner le Tour de France !

J'ai repensé à Madame X. Décidément !

– Malgré la colonisation américaine, Macao garde plusieurs spécificités. D'abord, les putes sont chinoises.

– Le savoir-faire des Pékinoises est de réputation mondiale.

– Elles viennent des régions reculées, elles bossent en moyenne neuf heures par jour contre un salaire de dix patacas à l'heure. D'après les statistiques, le tiers de ces professionnelles a été violé au moins une fois par les services de police.

– Ça donne envie de passer le concours de commissaire.

– Autre différence entre Vegas et Macao, les deux cités gèrent le crime différemment. À Macao, les corps finissent au fond du Pacifique.

– Comme ça, inutile de s'emmerder à creuser des trous dans le désert par soixante degrés minimum.

– Bref, on transpire moins et en plus on a la promenade en mer. En ferry turbo jet, Macao est à cinquante-cinq minutes de Hong Kong.

– C'est un Paris-Le Mans.

– En plus sexy.

Roy n'allait pas à Macao pour les jeux d'argent, ni pour défier la mafia, mais pour affaires, uniquement. Voici lesquelles. Dans le temps, avant que les casinos raflent toute la thune, l'enfer du jeu brûlait au canidrome, l'ovale où se disputent des courses de chiens. Aujourd'hui, avec tous les casinos, l'intérêt s'est déplacé. L'affluence a tari, laissant place à l'ennui – je parle de l'ennui de se débarrasser des chiens. Comme l'adoption est interdite, on les abat. Reste ensuite à liquider les carcasses. C'est là que Roy intervenait :

– Je les revends aux restaurants chinois à Hong Kong.

– Bon appétit.

– Le filon rapporte.

En écoutant Roy parler cadavres, un point de nostalgie a piqué mon petit cœur sensible. Nostalgie de Fleury. J'avais bossé un temps aux abattoirs. Contre un SMIC, je pendais des barbaques aux crochets dans de grands hangars aérés par la forte odeur du sang. À l'époque, je n'avais pas encore senti l'odeur de charogne qui suit les meilleurs éléments du consulting dans tous leurs déplacements. Je me rappelle que les rosbifs se faisaient face par rang de cent sur des colonnes de deux cents. Il fallait tenir la pièce de bœuf à bout de bras pour l'enfoncer sur l'hameçon en visant un endroit précis de la chair. Adresse et force exigées. Humour aussi. Un SMIC contre dix heures par jour, la blague ! Mort de rire !

Tous les soirs, après un demi-jour à faire grimper la viande sur son grappin, j'étais tellement au fond du rouleau que je pétais le parquet en tombant sur le lit. Sensation merveilleuse de perdre pied, de basculer dans le néant.

# HONG KONG JET

Une fois par mois, je revenais à Paris.

Pour raison professionnelle, j'alternais trois semaines à Hong Kong, une semaine à La Défense.

Et raison privée. Pour augmenter ma collection de gros billets, j'avais décidé d'investir dans la pierre. J'étais devenu propriétaire d'un joli loft dans le 19e. Bienvenue à Boboland, patrie de la bonne conscience, de l'écologie citoyenne (on ne rit pas !) et de la morale indolore. Passons. C'était un duplex avec des grands volumes, un escalier prétentieux, une table snob (le capot d'une Ferrari). Le toit était original, une verrière en plexi renforcé et isolée au triple vitrage. Tu pouvais niquer à la belle étoile dans n'importe quelle pièce. Couloirs, cuisine, salon, où tu veux, par-devant, par-derrière, à condition de respecter les méthodes ancestrales. En parlant de méthode, j'ai repris celle de Croco. J'ai mis le loft en vente à un prix légèrement en dessous du marché et ça a tout de suite mordu. Visites en pagaille. Du coup, j'avais l'embarras du choix. J'ai sélectionné les futurs propriétaires selon les mêmes critères physiques et confessionnels qu'au boulot. J'ai signé le compromis de vente et j'ai coupé les ponts. Vous connaissez la suite. J'ai récupéré un beau magot. Pas question de laisser dormir l'argent ! Je l'ai fait fructifier en achetant rubis sur l'ongle des trous à rats sous les tôles. J'y logeais une dizaine de jeunettes plus ou moins étudiantes à la Sorbonne.

Des provinciales désargentées et draguées facilement grâce à une bonne tranche de baratin.

J'avais raconté à celle qui faisait lettres modernes, antichambre du Pôle emploi, un boniment sur les vertus stimulantes de la dèche pour l'inspiration.

Une des autres étudiait aux Beaux-Arts. C'est elle qui m'a brodé Hansen sur ma casquette. Je crois bien lui avoir juré que le jeune Picasso avait peint une toile juste en face. Mort de rire ! Picasso squattait à Montmartre. Qui a un minimum de connaissance en histoire de l'art sait ça.

En apparence, j'étais assez chien, mais en réalité je me la jouais grande âme, je me rémunérais pour mes activités de propriétaire aux trois quarts du loyer normal. J'échangeais le dernier quart contre un bon vieux paiement en nature des familles. Comme ça, je revivais mon passé avec Léon. Heureux temps où je négociais les positions les plus acrobatiques dans une moiteur touffue, surproduisant l'électricité statique jusqu'à la décharge salvatrice.

Louer m'a apporté des revenus d'appoints. Je les ai mis de côté et j'ai utilisé la thune pour changer de piaule et quitter Clichy. J'ai acheté un appartement à Saint-Germain-des-Prés. Que de chouettes souvenirs là encore. J'y avais été larbin. Pour une boîte d'édition. À l'époque, tous les matins, je quittais mon bled de Fleury, je passais sous Paris et cinquante marches plus haut, c'était un autre monde. Librairies aux vendeurs prétentieux, magasins de chiffons tenus par des bonnes femmes trafiquées, assommoirs chics. Aux terrasses, tout était hors de portée, la moindre babiole coûtait une fortune. Je pouvais tout juste tremper mes lèvres dans l'expresso.

Plus cher que la goutte de mazout au fond de sa tasse minuscule, le croque-monsieur. Ces deux tranches valaient mon budget pâtes d'un mois.

Même prix que le croque-monsieur : un verre d'eau au Lutétia. La simple salade – avec une tomate et deux fruits compliqués –, c'était cent euros le feuillage. Hors de portée. Je bequetais debout. Souvenirs de vagabondages érectifs en suivant les petites poules. Puis digestion laborieuse sur un banc, j'aimais bien m'arrêter pour mater les filles à papa de Saint-Germain. Fifilles élevées aux meilleures céréales, à l'air vivifiant des sports d'hiver et aux étés en Bretagne. Au Flore, elles suçaient à la paille des alcools sucrés en se racontant leurs plaisirs chers. Je me souviens bien de leurs seins, ils caressaient l'air. La pollution avait de la chance de pouvoir les frôler. Je me rappelle aussi leurs yeux en forme de petits timbres bleus et ronds. Sous leur mèche à la Kate Moss, elles louchaient comme le petit chien d'Ahmed, le boucher de Fleury dont les mains sales avaient contaminé plusieurs beefsteaks (je me réfère au taux de mortalité de sa clientèle).

Je sautais sur Paris en Hong Kong jet. À défaut d'avion privé, il me fallait au moins ça. Le Hong Kong jet, c'est le vol réservé aux as de la finance et du world management. L'avion tacle la moitié du globe vite fait et on atterrit illico presto. Les délais sont respectés à la seconde près. Il vaut mieux, un financier de haute volée n'a pas un instant à perdre. Tous les jours, c'est le contre-la-montre. À cette obligation de voyager vite et bien s'ajoute une nécessité sociale : la clientèle du jet, on doit en être pour montrer qu'on est au top du top.

Conséquence : quand tu voles dans le Hong Kong jet, tu dois éviter la faute de goût. Alors choisis bien tes fringues. À moins que tu veuilles te pourrir en réputation. Un costard Hartwood, une chemise Pink et des moutons de manchette Tiffany feront l'affaire. Tu souhaites montrer que tu veux le pouvoir ? Voyage col ouvert. Rien de plus. Sauf si tu as une casquette avec des inscriptions brodées à ton nom. Paie-toi aussi une sacoche Hermès. De grâce, évite les grosses valises. On reconnaît à sa malle le jeune premier qui potasse les dossiers pour un senior qui le fait trimer. Le respect démarre avec la sacoche Hermès ou Vuitton.

La déco du Hong Kong jet, autre chose que la caravelle merdique améliorée où l'on parque les pauvres sur des fauteuils à puce pour les faire voyager ou les tuer. Niveau fauteuil, le Hong Kong jet, c'était le must. Idem de la bouffe et du service, les hôtesses sont discrètes. Quand elles distribuent les jus d'O, elles ont l'air aussi vivantes que les mannequins en vitrine des galeries Lafayette.

Parmi les clients, des mecs à 90 %. Quelques femmes en tailleur-pantalon. Guindées, mâchoire américaine, avec des yeux menaçants comme des grenades à main, la caricature de l'adjudante-instructrice des marines mais très classe. Rien à voir avec les bimbos du management petit niveau, des hystériques en tenue flashy. Dans le Hong Kong jet, on dirait que tout le monde vole en uniforme. Ça ressemble à une sorte d'espace asexué. Je parie que les chiottes n'ont jamais vu personne baiser.

Attention, aussi bien installé, le piège du Hong Kong jet, c'est de vouloir oublier l'environnement. Garde ! Il y a des yeux derrière les appuie-tête. Alors méfiance en consultant une « prèse » (une présentation de process). Les autres sont aux aguets et ils savent être discrets en matant derrière ton épaule. Plusieurs fuites célèbres ont eu lieu dans l'air. Rappelle-toi ça. À dix mille pieds, l'espionnage est partout. Chacun se cache de l'autre. Seule la couleur du book indique la provenance. Pas d'autre indice.

Si tu croises un collègue, parle foot, tennis ou mieux, voile. Mais jamais boulot. Le cockpit aussi a des oreilles. Tu n'as pas de collègues sur le vol ? Eh bien shoot à loisir les working girls, elles ne te verront pas. Avant le décollage, elles posent leurs dossiers sur la tablette et elles les bossent pendant tout le vol. Sans bouger. On atterrit et elle referme, la leçon est sue.

J'aimais bien ces femmes, elles n'avaient pas le feu au cul, ça me reposait. Tant mieux. C'était le but de ce vol. Le bruit dans la carlingue, il n'y en avait goutte. La traversée de la moitié du globe sert à retrouver un second souffle en vue du *morning meeting* de 8 heures à La Défense. Pour pioncer, compte les moutons ou tes maîtresses. J'avais ma méthode personnelle, je repensais à tous les petits boulots que j'avais faits. Pensum éreintant, au point que leur simple souvenir me forçait à fermer les yeux.

Si le sommeil ne vient pas, il y a la lecture de la presse spécialisée pour occuper la tranche horaire Hong Kong-Paris. Pique du nez dans l'univers des pages saumon du *Figaro économique* ou mate le *Financial Times*. Alors tu feras partie du club pour de bon.

Coïncidence, aujourd'hui, ma boîte était dedans. J'avais même ma bobine sur le papier. Avec la casquette sur la bobine ! J'étais à dix mille mètres du sol avec ma tête dans le journal et Paris sous mes pieds car nous arrivions. On était au-dessus de la Grande Couronne. Dire que c'est là que j'avais fait mes gammes dans le temps. En enchaînant des CDD par centaines sur des boulots absurdes mais poilants. Dire qu'il y a dix ans à peine je distribuais, route de l'aérogare, le courrier sur un pignon fixe. Un doux passé.

Bien que le Hong Kong jet ne soit pas une terre de drague, j'y ai rencontré Mafalda. Des yeux clairs. Un joli profil aigu. Le teint lunaire. Une jupe fendue sur des cuisses soyeuses. Une taille assortie aux gratte-ciel, mais pas trop grande non plus. Ajoutez au tableau des façons presque timides, un air à sortir du couvent. Que d'erreurs ! Je le subodorais au mouillé de sa bouche, à l'ouverture de son gilet décolleté, à la note gourmande de sa poitrine.

C'était une pro du trading sauvage. Elle aurait été cul et chemise avec Croco. Même intérêt pour la crise financière et ses bienfaits. J'ai eu droit à un nouveau cours magistral. Je me suis accroché au siège pour suivre.

– La crise a réussi une bonne purge. Avant elle, les mauvais traders, il y en avait bien trop. Les éjecter du jeu ne fit pas de mal. À ceux qui restaient, la prime de fin d'année. On a partagé.

– Preuve qu'il y a une fraternité des traders.

– Pétée de rire ! C'est pendant ce crash que j'ai dû gagner le plus de fric. La crise a été une affaire en or. J'ai pris des positions sur les actions de banques d'affaires américaines dont les fonds reposaient sur la Bourse. L'astuce, c'était de vendre ces actions, dont je n'étais pas propriétaire, et de les racheter quand elles ont atteint le gouffre. Ça s'appelle *shorter* et quand on sait que le crash a flingué huit banques américaines sur dix, on comprend que les plus grosses fortunes de l'année se sont faites ainsi. Aux States, pendant que le Congrès essayait de faire voter sept cents milliards pour les banques, le meilleur trader a gagné deux milliards...

Elle m'a raconté qu'une banque suisse lui proposait de passer *swing trader*. Si j'ai bien compris, *swinguer*, c'est le must de la profession. Le boulot consiste à tenir des positions lourdes quelques jours quitte à perdre plusieurs valises de liasses. Rien de grave tant qu'on empoche la mise à la fin du combat.

« Sur un marché volatile, il y a des ronds à empiler si on a les nerfs et les billets. Le spéculateur n'arrive à rien sans une assise financière solide qui lui permet d'absorber les fluctuations défavorables. »

En soi, le poste était gratifiant. Et pourtant, ce n'était qu'un job de transit. Les Suisses l'avaient prévenue : si elle faisait l'affaire, elle aurait l'opportunité d'aller se lancer sur le marché asiatique. D'où sa présence sur le vol. On lui filerait la clé du coffre et elle aurait carte blanche pour choisir ses collaborateurs.

« Décrypté, ça signifie que je jouerais le rôle de directeur d'une des succursales spécialisée dans la spéculation, ce qui colle exactement avec mes ambitions et mes compétences. »

Je la voyais déjà me balader à Hong Kong avec les poches pleines de fric. J'avais ma casquette sur la tête.

Avant cela, Mafalda m'a invité en Suisse.

Sinistre. Il n'y avait que des montagnes à l'horizon. Oui, c'est ça la Suisse. Patrie du blanchiment, des tableaux piqués aux Juifs, de la Rolex et du chocolat, le bourreau des tailles sveltes. D'ailleurs, à peine descendu du Boeing, je suis tombé au milieu des gros. Gros cul, gros bide, double menton, la panoplie complète des gras. À éliminer, ça leur mouillait une chemise à l'heure. Je n'ai jamais connu un pays qui puait autant. À côté, les pays du Sud trempent dans une source de Rexona.

Quand les Suisses ne font pas affaire avec les nazis, ils sont juste racistes et s'empiffrent de mijotés. Ça les protège du froid. J'ai pris cinq kilos à saucer leurs plats. Pour perdre ce surplus, je me suis mis à la marche sportive. Les Alpes sont pleines de vert et leurs lacs pleins d'eau froide. Il y a des tas de chemins pour aller entre tout ça. Je partais en riboule avec Mafalda et ma casquette. Après vingt kilomètres en sac à dos, on se foutait à poil dans les cours d'eau et on baisait sur les rochers. J'aimais bien, Mafalda aussi, nous n'étions pas les seuls. Un samedi, au début du printemps, on s'adonnait à notre sport nautique favori dans l'eau claire…

Crac-crac.

Puis bravo ! Bravo ! Bravo !

En nous relevant, après un effort soutenu, quelle surprise ! Une dizaine de scouts des deux sexes, alignés sur trois rangs par ordre de taille, nous applaudirent à tout rompre. Je revois leurs airs ravis, même le Christ sur leurs croix semblait heureux du spectacle. J'avais été à deux doigts de proposer à Mafalda de remettre une tournée. Mais il était temps de remballer : on entendait les sifflets et les voix paniquées des scouts supérieurs en recherche de leurs louveteaux.

Le soir, Mafalda m'a demandé plusieurs fois si je pouvais prendre sa fille en stage chez Nib@Lis.

J'ai fini par dire : « Pas de problème. »

# LA DÉFENSE DE BON MATIN

J'étais de retour pour le week-end à Paris.

Arrivée à Orly, le vendredi, un peu avant 6 heures, méridien de Greenwich.

J'ai chopé un taxi. Je lui ai demandé de bifurquer par Neuilly pour descendre au bout de l'avenue Charles-de-Gaulle. En venant de Paris, la voie royale d'accès à La Défense, c'est le pont de Neuilly.

J'ai fait deux cents mètres dessus pour enjamber la Seine. Il y avait du vent. Je devais tenir ma casquette.

En traversant le pont, j'ai eu une pensée pour Anne-Germaine Heudot. La plus jolie fille de La Défense ou pas loin. Une des plus intelligentes aussi. Elle avait le X sur son CV. Très fine dans l'analyse, hyper-réactive, toujours lucide. Ou presque. Chez elle, tout pouvait se déglinguer soudain. Elle m'amenait alors sous le pont de Neuilly, dans ce coin qui sert de zone de délestage aux clochards. C'était sa garçonnière. L'y accompagner tenait d'un rite initiatique, mystère et fascination. Elle voulait que je la roule où les clodos venaient faire. Elle rêvait aussi qu'ils nous fassent dessus. Quand elle trouvait une flaque de vomi, elle adorait s'asseoir dedans. Sans gêne ! Et sans scrupule. Un soir, nous récupérions près des poubelles : je l'avais serrée pendant une heure debout, non-stop et quasi manu militari. En débriefing, elle m'avait raconté tout à trac son gros coup de la semaine d'avant.

Pour chiper un contrat à un collègue, elle avait mobilisé une dizaine de ses copines pour épingler dans tout Paris, sur les poteaux et dans les boutiques, des petites annonces de baby-sitter et de soirées sado-maso avec le numéro de téléphone professionnel de son concurrent. La ligne était restée embouteillée deux jours. Pendant ce temps Anne Heudot filait à deux cent cinquante vers le contrat sans regarder dans ses rétros.

J'aime retrouver Paris et La Défense au petit matin, après trois semaines hongkongaises. Il est bon de se dépayser jusqu'à l'autre. Le voyage vous décape de vos préjugés. On a l'impression de voir les choses différemment. Fausse impression. Comme tous les jours, une à une les lumières s'allument dans les tours. Le CNIT fait le dos rond. Les carrés s'emboîtent dans le bloc de Cœur Défense. Au fond à droite, il y a Ernst & Young, le cabinet d'audit. Au centre, c'est la Grande Arche. Malgré le crachin et le demi-jour, je la vois très bien, elle tient un poil de travers sur ses pattes, avec la surface de quelques terrains de tennis entre les jambes. Une femme qui craint d'être attaquée serre les genoux tant qu'elle peut, pas l'Arche qui ouvrait ses cuisses à tous les vents.

Sous les pattes de la Grande Arche, un autre que moi aurait trouvé que Paris faisait grande gueule. Vision de touriste. La capitale française fait petit village à côté des hauteurs que je côtoie à Hong Kong. Comparés aux restos perchés en haut de poteaux de verre de quatre cents mètres, les petites gargotes de La Défense allongées sur la dalle sonnent franchouillard. Ce monde a vraiment l'air court sur pattes et exigu. La dalle de Puteaux offre peu de morphotypes différents. Tout ressemble à tout. La preuve, pas de variété ou presque dans les souvenirs des mecs que j'ai saqués.

Je suis monté au niveau vingt-quatre.

À l'accueil, une nouvelle esclave sexuelle, une étiquette « Alison » sur le nichon. Alison m'a dévisagé :

– Monsieur ?

– Monsieur Hansen. C'est écrit sur ma casquette.

– Ah, bonjour, monsieur Hansen.

Visiblement, Alison me connaît.

Eh bien, elle apprendra bientôt à mieux me connaître.

Je fais le chemin jusqu'à mon bureau.

Sifflotage. Je prends mon temps. Je me paie même le luxe de mettre ma casquette en arrière. Plus aérodynamique. On ne sait jamais, je peux affronter des vents contraires.

Sur mon desk, un étrange courrier. Une enveloppe urgentissimo avec des coins consolidés au chatterton.

Ridiculoso plutôt.

J'ouvre quand même.

À l'intérieur, une importante documentation photographique.

Un type de *Nuance floue* qui veut m'envoyer un carton d'invitation pour sa prochaine expo ? Non, merci.

En fait, ce sont des photos d'Anton Hansen et d'une petite nana. Ces coquins m'ont tout l'air de bien s'amuser. Je suis heureux pour moi.

Mais késaco de tout ça ? Des photos pour me faire chanter ? À première vue, il n'y a sur ces clichés qu'un brave gars qui fait son devoir. Rien que son devoir. Et la jeune fille qui collabore avec lui paraît d'accord. C'est peut-être un fan qui m'envoie ces instantanés pour que je les dédicace. Par étourderie, il a oublié d'indiquer son adresse. Ça arrive.

Quelque chose m'intrigue : de quand datent ces prises de vue ? Qui a appuyé sur le déclic ? Oui, qui commandite l'affaire ? Et accessoirement, quelle taille de téléobjectif a été employée ?

Chaque chose en son temps.

Pour ce qui est de la date, à première vue, impossible à dire. Je ne reconnais pas le visage de la nana. Je regarde de plus près, non, rien, je vais pour donner ma langue au chat. Je repère un tatouage au creux des hanches. Une fleur. La fameuse plante inconnue, qui sait ?

Ça me revient ! Il y a un peu plus de deux mois. Au parking. Un flirt poussé avec une stagiaire, la fille de Mafalda. La vingtaine. Étrange, d'habitude, seules les plus de trente ans m'attirent. Mais de temps à autre, je ne crache pas sur une première main. Sauf que celle-ci avait du métier. Comme sa mère. Malgré mon aura de chef des chefs, c'est elle qui menait la danse. Telle mère, telle fille ! Les chiennes ne font pas des chattes ! Mort de rire !

En voulant ranger les photos dans l'enveloppe, je fais tomber une feuille de papier pliée en quatre. Je déplie la feuille. C'est une lettre de motivation. En haut à droite, la photo d'identité de la fille de Mafalda. J'avais filé ce dossier à une nana des RH et basta, débrouille-toi ! Je n'avais même pas jeté un œil au doc.

*Meussieur, madame,*

*J'aies eut 14 an en jouin. [...] Et dans le cadre de mes aitudes de CAP gestion, j'aurai bien voulue avoir un staje de 2 semaine ou bien simplement seulement 15 jour dans une antreprise aussi prestijieuse comme la votre. C'est sure que je sui prête à bien des chauses pour m'intégrer l'auiquipe, comme fer des heures sup et toute autre chause qui feraient plaisir et bien sûr, je le fairai gratuitement.*

Elle ne croyait pas si bien dire.

L'orthographe était plus qu'approximative, mais elle n'avait pas le statut de preuve concernant l'âge de la gamine. Les lacunes de grammaire et de syntaxe sont très répandues dans les sphères du consulting. Sur la foi d'une simple dictée, on donnerait huit ans à n'importe quel manager.

Au verso de la lettre, la photocopie de la carte d'identité de la minette.

Je compte et recompte, et je tombe chaque fois sur treize ans tout rond.

Elle a menti sur son âge.

Treize ! J'entends déjà Derrick me complimenter.

« Je vois que tu as fait allégeance à mon bon vieux principe de chair fraîche. Bienvenue au pays des rois de la jungle. PS : rendez-vous à 16 h 30 pétantes à la sortie du lycée Montaigne. »

Treize ! Chiffre porte-malheur. Je me vois passer sous une échelle. Un chat noir me pousse sur l'épaule. Les images se bousculent. Treize managers à table. Ils parlent de viandes. Ils me coupent les veines des poignets.

Treize !

La petite pute ! Sa parentèle avec Mafalda est acquise. La mère poule lui a appris les ruses du tertiaire, l'intrigue, l'embrouille, « et surtout, ma fille, n'oublie ni ta bite ni ton couteau ! »

Treize ans ! Je vais rejoindre le carré des pointeurs à Fleury-Mérogis. Une cabane à Fleury. La preuve qu'on finit toujours par être ces lieux où on a habité.

Le midi, je reçois sur mon portable high-tech la vidéo complète de mes exploits. Pas à dire, c'est bien Anton Hansen. Alias « Dieu du sexe ». Technique parfaite. Biceps somptueux. Idem des abdos. Je peux remercier ma barre d'haltères.

Ça me redonne un peu d'allant pour finir ma salade aux pruneaux.

Mais qui tire les ficelles de tout ça ? Quelqu'un cherche à se venger ! Est-ce Virginie, la fille du projet Vénome + ? Constance, la jeune coincée de Jezix ? Dominique Foenkinos, ce type aux feedbacks sans saveur ni épice ? Je pense aussi aux consultants… Tous les consultants que j'ai saqués, ça peut être n'importe lequel. Je cherche.

Eurêka ! Le baratin de Mafalda dans l'avion, les causes profondes de la crise, ses enjeux, les conséquences bénéfiques pour les affairistes de tous poils. Mafalda et Croco, tout pareil ! Mêmes centres d'intérêt. Même logorrhée pour présenter l'item. Même figures de style. Trop bizarre, la coïncidence. Le reptile est dans la combine. À l'origine de l'embrouille, je parie. Fini de gamberger, c'est Crocodile ! L'enfant de salaud ! Il est la preuve formelle qu'Adolf Hitler et Eva Braun ont baisé au moins une fois ensemble avant de mourir. Ou post-mortem.

J'imagine Croco faire les cent pas pieds nus dans la cour de promenade de sa taule américaine. Il savoure sa vengeance à chaque pas.

« Un petit pas pour l'homme… »

Vengeance par procuration mais vengeance tout de même.

À 17 heures, j'ai reçu un SMS de salutation amicale signé de la main de Léon. Le Gitan ! Toujours présent dans les mauvais moments ! Conforme à l'éthique de nomadisme généreux des Manouches. Gloire à toi, peuple des chemins et des routes !

Léon ou celui qui m'avait mis la pile au cul, m'avait prévenu des pièges à éviter, conseillé, encouragé. Ses bonnes paroles de sagesse concernant la nature humaine résonnaient encore en moi : « Nos semblables ont l'art de se cacher la vérité. Ils refusent de la voir en face. L'homme est un loup pour l'homme, Anton. Depuis les cavernes, le business marche ainsi. D'où les guerres, qu'elles soient locales, civiles ou mondiales. T'as l'embarras du choix ! Mais l'origine de la guerre, ne la cherche pas : l'envie, la volonté de puissance. »

Léon était une sorte de philosophe. Je ne comprenais pas tout. L'essentiel seulement. Ça suffisait. Ne pas se perdre dans les détails.

« Applique ça à notre profession. Chez les managers, le seul équipement valable, c'est le couteau qu'on porte dans la tête pour effectuer des coupes sombres dans les effectifs en intercontrat, et bien sûr notre bite. C'est à coup de couilles et de coups dans les couilles qu'on avance ! »

Léon n'était pas qu'une sorte de philosophe. C'était aussi un stratège. Il savait comment agir. L'homme aux mille ruses. Il allait trouver la solution pour me sortir de là.

Je l'ai appelé direct.

J'ai pris un temps pour le questionner sur son actualité du moment.

« Quoi de neuf, Gitan ? »

Léon venait d'intégrer Nib@Lis.

« Bienvenue, collègue ! Excellent choix de carrière. Pas mieux que Nib@Lis pour développer tout son potentiel managérial ! »

Évidemment, Léon n'était pas là pour chauffer le banc de touche. Il regardait le poste de world manager avec des yeux gros comme ça. Je ne l'ai pas interrogé sur ses motivations. Je les subodorais. Visiter des tas de pays à l'œil, afficher l'assurance de sa légitimité et de son invulnérabilité sexuelle et autre en tout point du Globe, s'amuser à repérer dans les coutumes locales la dimension libidineuse des rituels, relever des défis… comme conter fleurette à des professionnelles tarifées pour bénéficier gratuitement de leurs services.

– Monsieur Vincent me fera sûrement intervenir comme world manager.

– Comme moi alors !

– Non, pas vraiment.
– Effectivement, chacun sa méthode pour world manager.
– Tu ne comprends pas ce que je te dis, Anton.
– *Sorry*, c'est le décalage entre l'Asie et l'Europe.
– Tu confonds décalage horaire et décalage linguistique, semble-t-il.
– Dit-il d'un air un tantinet arrogant.
– En fait, j'essaie de mettre la manière pour te dire que tu ne seras bientôt plus world manager.
– On ne peut pas toujours rester au sommet, il faut garder les pieds sur terre, mais merci de prévenir !
– Ça vaut mieux que de guérir. Non, ne me remercie pas pour ça. Ni pour les photos et la vidéo. Elles t'ont rappelé de bons souvenirs ?

La nostalgie a toujours été mon point sensible, le Gitan le sait bien.

– Comment as-tu trouvé Mafalda, Anton ?
– Une affaire en or. Tu devrais l'essayer. Elle mettrait toutes les autres putes que tu fréquentes d'accord.
– J'y ai eu droit avant toi.
– Elle est vraiment hors concours, pas vrai ? Où l'as-tu dégotée ?
– Ne me dis pas que tu ne l'as pas reconnue !
– J'attends que tu me communiques l'indice numéro un.
– Petit coquin. Tu fais durer le suspense !
– Vite l'indice !
– Alors écoute bien.
– Je ne fais que ça.
– L'indice numéro un est « Ma Précieuse » !
La fille du Belge ! À l'époque de Jezix, je ne l'avais jamais vue de près. En tout cas, pas assez longtemps pour stocker ses traits espièglement féroces dans mon disque dur.

– Si c'est elle, elle me paraît avoir chopé un méchant coup de vieux. Le temps nous rattrape tous.

– Le deuil de son papa chéri…

Effectivement, le décès de VDB avait eu des répercussions lourdes sur le degré de fraîcheur de Ma Précieuse. La rencontre de la Porsche et d'un platane semblait avoir interrompu tout net la chaîne du froid. Aujourd'hui, elle faisait plus de trente ans. Largement. Sans doute pour ça qu'elle m'avait tant plu. Les charmes du troisième âge.

– Tu voulais la niquer, je crois ?

Exact. J'avais appelé de mes vœux une connaissance biblique de Ma Précieuse.

– Vœu exaucé ! Grâce à toi, Gitan ! Tu l'as payée combien ?

– Gratuit. Crime d'honneur.

– Contre qui ?

– Toi ! On n'est jamais mieux servi que par soi-même.

Ma Précieuse, m'en vouloir ? De quoi ? D'avoir refusé de me placer sous l'armoire, le deuxième jour du team building ?

– Anton, c'est bien toi qui as pourri le bureau du Belge trois jours après son accident ?

– Est-ce qu'il faut que j'appelle un avocat pour ça ?

– Je crois qu'elle t'en a gardé une certaine rigueur.

Comment l'avait-elle su ?

– Tu te souviens de la femme de ménage de Jezix ?

Conchita ! La teigne au balai-brosse. Qui m'avait surpris en train de fouiller dans les poubelles. Je lui avais jeté quelques billets, vingt, trente, cinquante, cent, et débrouille-toi avec. Et si je l'avais vexée ? Au point d'aller trouver Ma Précieuse et de lui livrer, en échange d'une récompense, les noms des profanateurs du bureau de papa Gwendal… C'était un peu gros ! Voilà pourquoi ça tenait la route. Le consulting est la mère patrie de l'extravagance.

– Et la fille de treize ans ?

– La régulière de Derrick. Grâce à toi, la collégienne a pu faire valider son stage de quatrième « découverte des métiers en milieu professionnel ». Elle te remercie pour le petit cadeau bonus que tu lui as offert et qui est immortalisé à jamais sur support numérique.

Vu comme la petite se débrouille, il est inutile qu'elle retourne à l'école. Qu'on la plonge au plus vite dans le bain entrepreneurial, elle est faite pour le monde de l'entreprise. Elle ne tardera pas à grimper quatre à quatre tous les étages de la hiérarchie. En deux temps trois mouvements ! Elle n'atteindra peut-être pas le pic de la pyramide mais ma main à couper qu'on lui donnera quelque chose de plus prestigieux que le téléphone à l'accueil.

– Quant à ton ami inspecteur, je lui ai promis de m'accompagner à Hong Kong.

– T'as vraiment sorti l'aileron de requin pour mettre tout ça au point, Gitan. Félicitations ! Mortel ton plan !

– Je dirais même plus « mort de rire »!

Léon n'a pas finassé. Il voulait le poste de WM à Hong Kong. Il m'a proposé un marché clés en main. Le dilemme était le suivant : ou je flinguais mes business ou c'était la taule pour moi… Il me laissait le week-end pour réfléchir.

# TERRAIN VAGUE

D'ordinaire, mes week-ends parisiens suivaient la même routine. Grasse mat, léger shopping, retour dans ma piaule et préparatifs pour le samedi soir et la drague. Mis à part le shopping et *saturday night*, je restais chez moi. J'adorais glander à domicile. Ne rien foutre. Une manière de perdre son temps. Idem du dimanche. La glande pure. Ensuite, le lundi, retour au bureau, jusqu'au vendredi. Et cassos à HK pour trois semaines orientales.

Cette fois-ci, j'ai marché tout le week-end. Avec ma casquette.

J'ai cherché des plantes inconnues dans les parcs.

Je ne les ai pas trouvées.

En me baladant au hasard, le samedi, je suis tombé sur ce terrain vague où des types jouaient au basket. C'était près de la Seine. À côté du Palais de la Chine ou un pays dans le genre. Je me demandais ce que les bulldozers avaient pété, mais c'est comme ça, il y avait ce terrain vague, avec un banc en plein milieu. Trouver un endroit pareil, en plein Paris, avouez que c'est assez bizarre.

Je me suis souvenu d'un no man's land un peu pareil, à Fleury, à courte distance du Bois des trous. Deux cents mètres de long sur cent de large. Des creux. Des bosses. Des cailloux. Des mauvaises herbes. Je ne sais pas pourquoi les mauvaises herbes se débrouillent toujours pour venir se foutre là-dedans alors que les plantes inconnues n'y sont jamais. Mais qu'importe. C'est la nature. Il faut l'accepter. Les miracles n'existent pas.

Au milieu du terrain de Fleury, il y avait une grosse pierre. Je me rappelle que je m'asseyais dessus et je restais là deux heures, parfois plus. Le vide m'attrapait et je me laissais faire. Je me sentais léger.

J'ai ressenti la même chose ce samedi sur le terrain vague. Je glandais et ça me suffisait. Je m'asseyais sur le banc au milieu de la friche. Parfois, je me levais et je faisais dix pas autour du banc en regardant les petits cailloux. Ils avaient tous une forme différente. C'était bien, il y en avait pour tous les goûts. Quand j'avais fait un tour, je prenais un caillou et je retournais au banc. Je me rasseyais dessus et j'inspectais le caillou sous tous les angles. Je le balançais au loin dès que je l'avais assez vu et je me mettais à penser au monde. Ces mecs qui bougeaient en vain.

Le dimanche, je suis retourné sur le terrain vague près du Palais de la Chine pour prendre un caillou. Des gars en scooter m'ont crié de loin :

– Qu'est-ce que tu fous ici ?

– Je suis venu prendre un caillou. J'ai ma casquette avec moi.

Ils se sont regardés et puis un de la bande a gueulé :

– C'est interdit.

– Et pourquoi ? J'ai ma casquette !

– C'est nos cailloux.

– Dans ce cas, j'en prends un autre.

Je leur ai fait un doigt d'honneur et les types ont cavalé vers moi. Il était temps de partir.

En courant, je me disais : « Tout ça à cause d'un caillou. C'est bête ! »

J'ai trouvé un bon endroit où me planquer. Les types sont passés à côté de moi sans me voir. J'ai fait demi-tour et je suis retourné au terrain vague. Il restait un mec de la bande. Un gringalet. Assis sur un des scooters.

– Ils sont beaux tes scooters.

– N'est-ce pas ? il a dit d'un air pas très rassuré.

J'ai pris un de mes deux cailloux et j'ai pété le rétro du scooter sur lequel il était assis.

– Oh ! Ça va pas ! T'es con ou quoi ?

J'ai continué en pétant un par un les rétros de tous les autres scooters. Le gringalet essayait de m'en empêcher, mais c'était plutôt mou. Je l'ai balancé par terre trois, quatre fois. La cinquième, je lui ai foutu un coup de pied. En plein dans le nez. Il s'est mis à pisser le sang.

Ensuite, je suis passé aux phares.

Bang ! Bang ! Bang !

Après avoir pété tous les phares, je suis allé vers le gringalet. Je lui ai laissé un des deux cailloux.

– Tu diras à tes potes que tu as pété leur scooter avec ça. Si tu ne le fais pas, je reviendrai et j'aurai ta peau. J'aurai aussi ma casquette avec moi.

Le petit mec chialait. Je ne me suis jamais senti aussi heureux de toute ma vie.

J'ai repris le boulot le lundi. Je suis allé voir Monsieur Vincent. Je lui ai dit que je ne voulais plus retourner à Hong Kong.

# GAME OVER

On m'a trouvé un placard. J'ai oublié l'intitulé du poste. Quelle importance ?

Léon m'a informé de mon nouveau planning.

– Tu commences lundi en huit à ton nouveau poste, Anton ! Sois-y dès 7 h 30. Aucun retard ne sera admis.

– Est-ce que je peux prendre ma casquette ?

Léon n'a pas répondu.

J'ai décidé que j'irais à La Défense avec ma casquette le dimanche matin, histoire de m'acclimater à mon nouveau rythme de travail. Fini de courir, de gérer les alertes, d'en vouloir, d'arpenter la zone rouge. Place à la zone blanche. Aussi blanche que le parvis, ce matin. Il n'y a presque personne. Je me sens relax, tranquille. Je ne suis plus travaillé par l'envie.

Ça promet de beaux lendemains. Vivement demain. Vivement lundi.

Le lendemain justement, c'était le lundi.

Au boulot, un mec que je ne connaissais pas m'a indiqué mon nouveau bureau. Un titre bidon était écrit sur la porte.

Vingt mètres carrés. Enfin plutôt quinze. Jolie vue : devant les vitres, après Rueil, sur quatre-vingt-dix degrés ou presque, la banlieue nord. Sœur de ma banlieue sud. On est en famille.

« Salut ma belle ! Vis en paix, Anton veillera toujours sur toi ! »

Je savais l'effet de jeter le nom d'un patelin du ghetto dans la conversation. À La Défense, les types autour de moi frémissaient, ça impressionnait quelques bimbos de savoir que j'avais traversé d'un pied marin ces bas-fonds. En effet, j'avais cherché et trouvé le passage clouté pour foutre le camp, me virer de là. Détaler. Fuir un endroit où j'avais pris des coups mais où j'avais été heureux.

Ensuite, le temps a passé. Il y eut Jezix, Nib@Lis.

Maintenant, il est 18 heures. J'ai ma casquette Hansen sur la tête. J'ai posé mes santiags sur le mobilier laqué noir de mon bureau. Je me laisse fasciner par le vide. Rien de meilleur. C'est comme autrefois à Fleury.

J'avale mon expresso du soir dans mon gobelet de plastique. Pas besoin d'une tasse *I love Wall Street* pour annoncer la couleur et dire que je suis l'ex-star du ring. Sauf que je ne suis pas le champion qui s'est retiré couvert d'honneurs. Je suis une ex-star mise de force sur la touche. Qu'importe, là encore. Je donne le change. Je fais croire. Je me fais croire. Jeu de dupes.

Toute la journée, on vient me voir, je conseille, déconseille, encourage, dissuade, engueule, etc. Mais je n'ai plus aucun pouvoir de décision.

Je ne pèse plus.

Je n'agis plus.

Je mordille les tiges de mes Ray-Ban en réajustant ma casquette, c'est tout. Ça me donne un côté concerné et cool. Tu parles. Du pipeau. Le mensonge s'est retourné contre moi. Les gars m'écoutent et dans mon dos, ils cassent du Hansen.

« Ce mec est le diable. »

En fait, je suis leur hochet. Leur doudou. Ils ont besoin de moi pour se rassurer. Comme la lumière a besoin de l'ombre, si vous voulez. Ils oublient ce qu'ils ont fait, ce qu'ils font, ce qu'ils sont capables de faire. Il y a pire qu'eux : moi. C'est ce qu'ils pensent. Je les rétablis dans leur innocence. Tant mieux. Si quelqu'un pense à mal de moi, si ça lui fait du bien, alors je suis heureux pour lui. Qu'il s'indigne. Qu'ils s'indignent tous. Qu'ils se réjouissent de ce qui m'est arrivé. L'air ravi que ça leur donne ! Ça me fait bien rigoler. L'ivresse de la bonne conscience, de l'indignation facile, grâce à ça, ils se font refaire le masque de l'honnêteté comme les vieilles putes se font retendre les fesses. Prends la photo si tu veux ! Montre-la leur. Ils ne te croiront pas sinon. Ils ne se rendent même pas compte de ce qu'ils font. Pardonne-leur, Jésus.

J'ai fermé derrière moi et j'ai commencé à penser à tout ce que j'avais fait moi aussi.

Je me suis dit : « Ce parcours, je peux le recommencer, le refaire. »

Par simple jeu. Pour montrer que j'étais plus fort que le système. Je referai exactement la même chose.

Mais non. J'étais content d'avoir rompu avec la spirale infernale. À force d'aller de succès en succès, je ne savais plus quelle guerre j'essayais de gagner en réduisant en cendres tous mes concurrents.

Sauf qu'un jour, vous êtes le marteau et le jour d'après, c'est vous le clou. Voilà tout !

La vie se lit comme la Bible, page après page. Eh bien, j'ai été content de tourner la page. De la tourner juste à temps. Que serais-je devenu autrement ? Je serais passé du cliché du jeune à dents longues à celui du type entre deux âges, en milieu de carrière. Je connais ce profil. Le gars a grandi dans l'entreprise et il arrive un jour où la question se pose de savoir s'il a encore le sang pour pousser un peu plus loin. Est-ce que les futurs sacrifices valent le coup ? Le mec hésite à quitter son boulot, à investir ses économies dans une ferme en Dordogne, et puis finalement non, il n'ira pas. La raison ? La frousse de découvrir autre chose. Mais le temps nous rattrape tous. Encore quelques années et l'étape suivante arrive. Vous êtes devenu le vieil essoré qui fait son plein à la machine à café en racontant ses souvenirs de guerre avant de réintégrer son placard pour ancien combattant. Je préfère devenir ce type dès maintenant, ça donne l'impression que j'ai choisi, que j'ai pris le temps de court et que je peux dire : « Entre aujourd'hui et demain, seules les fringues changent ! Enfin presque. Je serais triste de ne plus avoir ma casquette. »

Je suis descendu du vingt-quatrième étage et je suis sorti de la tour avec ma casquette. Le vent glacial que je m'amusais à faire souffler jadis dans les arcanes du consulting est venu m'enrouler et je n'avais pas froid. Je me sentais même au chaud et tranquille, en paix. La vie était agréable. Je pouvais penser à ma plante inconnue sereinement. Existe-t-elle quelque part ? Non. Si elle existait, je l'aurais trouvée. Ou quelqu'un d'autre l'aurait trouvée. Elle n'existe pas. Je le lui souhaite. J'espère qu'elle n'existe pas dans le monde d'aujourd'hui. Celui d'hier peut-être. Sans doute même. La singularité du monde était beaucoup plus remarquable autrefois.

Le 3 janvier, 2015, Austin, Texas, États-Unis d'Amérique.

Oslo (1993), Limoges (1995), Luz Ardiden (2003),
Alpe d'Huez (2004), Vuelta 2012 & 2014.

Remerciements

Alan Könisberg et Derrick m'ont donné les tuyaux pour décrire de façon crédible et précise la réalité extravagante du consulting. Un article d'Ariane Chemin paru dans *Le Monde* du 20 août 2007 m'y a également bien aidé.
Sébastien Th. et Lance Ar. m'ont inspiré le personnage d'Anton Hansen.
Marie-Clémentine Pierre et David Kuhn ont fait que le livre existe.

**Dans la même collection, aux éditions Ipanema**

*Il est très difficile d'attraper un chat dans une pièce sombre, surtout s'il n'y est pas*, 2014
Bruno M.

*Les gens qui comptent*, 2014
Frédéric Petracca

*Les Souriants*, 2014
Fabrice Daimler

*Nouvelles du bord de la falaise*, 2014
Maud Le Coq

Achevé d'imprimer en avril 2015
sur les presses de la Nouvelle Imprimerie Laballery
58500 Clamecy
Dépôt légal : avril 2015
Numéro d'impression : 503285

*Imprimé en France*

La Nouvelle Imprimerie Laballery est titulaire de la marque Imprim'Vert®